Jo Jerg, Werner Schumann, Stephan Thalheim (Hrsg.)

Vielfalt gemeinsam gestalten

Inklusion in Kindertageseinrichtungen und Kommunen.
Erfahrungen und Erkenntnisse aus dem Projekt IQUAnet

Arbeitsgemeinschaft
Integration Reutlingen e.V.

Evangelische Hochschule
Ludwigsburg

Die Deutsche Bibliothek – CIP-Einheitsaufnahme

Jerg, Jo / Schumann, Werner / Thalheim, Stephan (Hrsg.)

Vielfalt Gemeinsam Gestalten – Erfahrungen und Erkenntnisse aus dem Projekt IQUAnet.

Reutlingen, Diakonie Verlag 2014

ISBN: 978-3-938306-32-1

2014

Alle Rechte vorbehalten

© IQUAnet, Ev. Hochschule Ludwigsburg

Titelgestaltung und Layout: Stephan Boehme, Reutlingen

Hergestellt in der Grafischen Werkstätte der BruderhausDiakonie, Reutlingen

Inhalt

Vorwort   7

Teil A   Grußworte und einführende Grundlagen   9

Grußwort Kultusministerium Baden-Württemberg (Christa Engemann)   10

Grußwort Städtetag Baden-Württemberg (Agnes Christner)   14

Wie viel Unterschiedlichkeit passt in eine Kita?
Theoretische Grundlagen einer inklusiven Praxis in der Frühpädagogik
(Annedore Prengel)   17

1.	Egalitäre Differenz als Gleiche Freiheit	22
2.	Ebenen inklusiven pädagogischen Handelns	23
2.1.	Institutionelle Ebene	24
2.2.	Beziehungsebene	26
3.	Die (un)mögliche Vielfalt	28

„Über den Wolken" – Vertrauen und Verantwortung – Gedanken aus der
Vogelperspektive auf inklusive Entwicklungen im Projekt IQUAnet (Jo Jerg)   33

1.	Vertrauen	34
2.	Verantwortung	38

Teil B   Vielfalt gemeinsam gestalten - Projektbericht (Stephan Thalheim)   43

Einleitung   44

Abschnitt I:
IQUAnet - Inklusion, Qualifizierung, Assistenz und lokale Netzwerke für Inklusion   49

1.	Konzeptionelle Grundlagen des Projekts IQUAnet	49
1.1.	Ausgangssituation des Projekts	49
1.2.	Ziele und Aufgaben des Projekts IQUAnet	50
1.2.1.	Jedes Kind ist willkommen – Vielfalt als Chance	51
1.2.2.	Kein Kind soll zurückbleiben oder ausgeschlossen werden – Kooperation als Gewinn und Stärke	51
1.2.3.	Inklusion braucht gemeinsame Verantwortung und eine Politik der vielen Hände und Köpfe – systemübergreifende Vernetzung	52
1.3.	Lokale Netzwerke für Inklusion (Projektebenen) – Inklusion als pädagogische, sozialräumliche, kommunale und landespolitische Aufgabe	52

1.3.1.	Die Kindertageseinrichtung	53
1.3.2.	Der Stadtteil/das Gemeinwesen	53
1.3.3.	Der lokale Beirat	53
1.3.4.	Landesweite Vernetzung	53
1.3.5.	Projektträger und wissenschaftliche Begleitung	54
2.	Inklusion betrifft alle Kinder – ein merkmalsübergreifendes Inklusionsverständnis	55
2.1.	Inklusion unter bildungspolitischer, sozialpolitischer und menschenrechtlicher Perspektive	55

Abschnitt II:
Vier Kindertageseinrichtungen auf ihrem Weg zur Inklusion   **62**

3.	Aktivitäten und Prozesse im Projekt IQUAnet - Beratung, Begleitung, Qualifizierung und Vernetzung von vier Kindertageseinrichtungen	62
4.	(Kurz-)Portraits der projektbeteiligten Einrichtungen	63
5.	Der Index für Inklusion	68
5.1.	Arbeiten mit dem Index für Inklusion - Umsetzungsschritte und Phasen vor dem Hintergrund der Projekterfahrungen	69
5.2.	Einschätzungen und Ergebnisse zum Index für Inklusion	75
5.2.1.	Gesamteinschätzung des Index für Inklusion aus Sicht der Kindertageseinrichtungen	75
5.2.2.	Die Arbeit mit dem Index für Inklusion bedarf der (einführenden) externen Begleitung	77
5.3.	10 zusammenfassende Thesen zur Arbeit mit dem Index für Inklusion	79
6.	Vielfalt gestalten - Themen und Prozesse der projektbeteiligten Einrichtungen	82
6.1.	Inklusive Werte verankern – inklusive Haltung und Kultur entfalten	83
6.2.	Zusammenarbeit im Team - Vielfaltsgemeinschaft Team	90
6.3.	Zusammenarbeit mit und zwischen Eltern – JedeR ist willkommen	90
6.3.1.	Eine Verbindung zwischen Kindertageseinrichtung und den Eltern herstellen	91
6.3.2.	Eltern beteiligen und gegenseitiges Vertrauen entwickeln	92
6.4.	Förderung inklusiv gestalten – Vernetzung und Interdisziplinarität. Kompetenztransfer: Kooperation mit Fachdiensten aus Jugendhilfe, Frühförderung und anderen Professionen	94
6.4.1.	Kooperation mit freien und öffentlichen Trägern der Jugendhilfe	96
6.4.2.	Kooperationserfahrungen mit Einrichtungen der Frühförderung	97
6.4.3.	Kooperation mit medizinisch-therapeutischen Hilfen	99
6.4.4.	Sprachförderung inklusiv gestalten	101
6.5.	Von Kindern lernen – Vielfaltsgemeinschaft unter Kindern	102
6.5.1.	Altersmischung	103
6.5.2.	Verstehen und verstanden werden	104

6.5.3.	Spaß, Freude und gemeinsame Themen	106
6.5.4.	Bedeutung der Haltung der Fachkräfte und der Kultur in der Einrichtung für ein gelingendes Gruppengeschehen	107
6.6.	Übergänge gestalten	108
6.6.1.	Inklusiv von Anfang an – Übergang Familie/Kindertageseinrichtung. Aufnahme und Eingewöhnung: Alle Kinder und Eltern willkommen heißen	109
6.6.2.	Übergang Kindertageseinrichtung – Schule	110
7.	Inklusion benötigt angemessene Rahmenbedingungen	113
7.1.	Qualifizierung/Qualifikation	114
7.2.	Räumliche Anforderungen	115
7.3.	Bedarfsgerechte personelle Ressourcen	116
7.4.	Kompetenztransfer und Interdisziplinarität	118
7.5.	Trägerverantwortung	119
7.6.	Kommunale Funktionsstelle Inklusion	120

Abschnitt III
Sozialraum – Zusammenleben und Partizipation im Gemeinwesen **122**

8.	Inklusive Sozialraumorientierung im Projekt IQUAnet	122
8.1.	Sozialraumorientierte Aktivitäten des Projekts IQUAnet	125
8.1.1.	Sozialraumanalysen	125
8.1.2.	Zukunftswerkstätten	126
8.1.3.	Sozialraumorientierung im Stadtteilbezug	127
8.2.	Fazit	128

Abschnitt IV
Inklusion erfordert eine Politik der vielen Hände und Köpfe – kommunale Verantwortungsgemeinschaften gestalten **130**

9.	Systemübergreifende Zusammenarbeit kommunal gestalten – Themen, Prozesse und Ergebnisse in den kommunalen Beiräten	130
9.1.	Koordination und Vernetzung unterschiedlicher Unterstützungssysteme	132
9.2.	Entgrenzung der Systeme Allgemeinpädagogik und Sonderpädagogik	135
9.3.	Rolle und Perspektiven der Eingliederungshilfe	136
9.4.	Örtliche Bedarfsplanung	138
9.5.	Örtliche Teilhabeplanung	139

Abschnitt V
Transfer der Projekterfahrungen auf Landesebene — 141

10. Inklusive Strukturen gestalten — 141
10.1. Der landesweite Beirat — 141
10.2. Fragen der Verantwortungsgemeinschaft von Land/Kommunen/Trägern im Hinblick auf Rahmenbedingungen für Inklusion - Impulse und Positionen zur Umsetzung der UN-Behindertenrechtskonvention auf Landesebene — 143
10.3. Landesweite Implementierung des Index für Inklusion — Aktivitäten und Perspektiven — 151
10.4. Literatur — 152

Teil C Zusammenfassende Thesen und Empfehlungen aus dem Projekt IQUAnet (2009 -2012) (Wini Dürr, Jo Jerg, Sabine Kaiser, Helga Platen, Werner Schumann, Stephan Thalheim) — 157

I   Empfehlungen auf der Ebene der Kindertageseinrichtungen — 158
II Empfehlungen zur inklusiven Sozialraumorientierung: — 161
III Empfehlungen auf der Ebene der Kommune — 162
IV Empfehlungen auf Landesebene — 166

IQUAnet Projektstruktur — 174

Vorwort

Der vorliegende Bericht setzt sich in Theorie und Praxis mit der Umsetzung des Rechtsanspruchs auf Inklusion in Kindertageseinrichtungen und Gemeinde auseinander. Er bietet einen Einblick in die vielfältigen Erfahrungen und Ergebnisse des Kooperationsprojekts IQUAnet, das in der gemeinsamen Trägerschaft der Ev. Hochschule Ludwigsburg und der Arbeitsgemeinschaft Integration Reutlingen e.V. durchgeführt wurde. Das Projekt unterstützte über drei Jahre inklusive Herangehensweisen in vier Kindertageseinrichtungen und ihren Sozialräumen in Reutlingen und Ludwigsburg. Lokale Beiräte vor Ort und ein landesweiter Beirat ermöglichten auf unterschiedlichen Ebenen die Einbeziehung von Verwaltung, (kommunaler) Politik, Verbänden, Fachdiensten, Selbsthilfe u.a. und den Transfer in die (Fach-) Öffentlichkeit. Die Erfahrungen zeigen, wie mit dem Hintergrund unterschiedlicher Voraussetzungen Vielfalt in Kindertageseinrichtungen sinnvoll genutzt und gestaltet werden kann.

Der Bericht macht aber auch deutlich, dass die Umsetzung des Anspruchs auf Inklusion auf der Grundlage der UN-Behindertenrechtskonvention von allen Fachleuten und Eltern „inklusive" Kompetenzen sowie Engagement erfordert und einen politischen Gestaltungswillen voraussetzt.

Wie komplex die anstehenden Prozesse auf allen Ebenen sind, wird im Abschlussbericht der wissenschaftlichen Begleitung deutlich, der den Schwerpunkt dieser Veröffentlichung bildet.

Die Veröffentlichung gliedert sich in drei Teilbereiche:

Im Teil A eröffnen Grußworte des Kultusministeriums und des Städtetags sowie grundlegende Texte zur Theorie und Praxis von inklusiver Alltagsgestaltung von Annedore Prengel und Jo Jerg politische und fachliche Perspektiven auf das Feld und die Geschichte des Vorhabens.

Teil B umfasst den Abschlussbericht der wissenschaftlichen Begleitung von Stephan Thalheim. Hier werden auf dem Hintergrund der konzeptionellen Grundlagen des Projekts die Erfahrungen und Ergebnisse des Projekts dargelegt. Dabei werden die Prozesse auf den jeweiligen Projektebenen reflektiert. Zunächst wird auf der Ebene der beteiligten Kindertageseinrichtungen die konkrete Arbeit mit dem Index für Inklusion dargestellt und analysiert. In einem nächsten Schritt werden die Einbindung in den jeweiligen Sozialraum thematisiert und die Arbeit und die Perspektiven auf der Kommunal- und Landesebene erläutert.

Im Teil C geben 16 zusammenfassende Thesen und Empfehlungen des Projektteams – Wini Dürr, Jo Jerg, Sabine Kaiser, Helga Platen, Werner Schumann, Stephan Thalheim - einen fokussierten Einblick in die Projektergebnisse. Sie zeigen mögliche Konsequenzen sowie weitere Schritte für alle Beteiligten und Akteurinnen und Akteure auf, die die Wege zu einer inklusionsorientierten Gestaltung des Bereichs der Kindertageseinrichtungen ebnen können.

Unser Dank gilt allen, die zum Projektgelingen beigetragen haben. Ein besonderer Dank gilt den Teams der Kindertageseinrichtungen, den Mitgliedern der lokalen Beiräte in Ludwigsburg und Reutlingen sowie den Mitgliedern des landesweiten Beirats. Nur durch die Mitwirkung und aktive Unterstützung dieser Akteure und Akteurinnen war das Projekt durchzuführen und mit diesem Erfolg abzuschließen.

Wir bedanken uns für die fachlich hervorragende Arbeit bei Sabine Kaiser für die Praxiskoordination und Begleitung der Einrichtungen und bei Stephan Thalheim für die wissenschaftliche Begleitung und Berichterstellung.

Für die Finanzierung des Projekts gilt unser besonderer Dank der Paul-Lechler-Stiftung, der Heidehofstiftung und dem Kommunalverband für Jugend und Soziales (KVJS).

Wir hoffen, dass diese Veröffentlichung zur Weiterentwicklung der Inklusion in Kindertageseinrichtungen, Gemeinden und auf der Landesebene beiträgt. Für die Praxis wünschen wir, dass jeder Leser/jede Leserin für seine/ihre Tätigkeit wertvolle Anregungen findet.

Wini Dürr, Jo Jerg, Helga Platen, Werner Schumann
(Vertretung der Projektträger)

Teil A
Grußworte und einführende Grundlagen

Grußworte

Grußwort Kultusministerium Baden-Württemberg (Christa Engemann)

Sehr geehrtes IQUAnet-Team,

meine sehr geehrten Damen und Herren,

„wie funktioniert Liquid Democracy – flüssige Demokratie?" hat sich die Redaktion des ZEIT-Magazins gefragt. Sie haben ein Experiment gewagt, das dokumentiert ist in Heft Nr. 26 vom Juni 2012. Jeder, der wollte, konnte innerhalb von 5 Wochen an der Aktion „Das Heft Ihrer Wahl" teilnehmen und über Themen abstimmen: „Was regt Sie auf, was fasziniert Sie? Nennen Sie uns Themen, die Ihrer Meinung nach in den Medien zu kurz kommen?" wurden die Leser gefragt. „Die Website" - so schreibt das ZEIT-Magazin - war „verblüffend lebendig. Sie tönte, argumentierte, forderte." „. . . Es wurde gestritten und geworben. An Etikette und Regeln hielten sich alle."

„Am Ende hatte die Seite 2721 Nutzer. 450 Vorschläge wurden bewertet und 700 Kommentare wurden geschrieben." Das Gewinnerthema, das sich in wenigen Tagen durchgesetzt hat, war: „Was sich Behinderte wünschen". Das ZEIT-Magazin setzte die Idee um, behinderte Menschen sichtbar zu machen, sie selbst zu Wort kommen zu lassen. Und so möchte ich heute zuerst einen behinderten Menschen zu Wort kommen lassen. Der 8jährige Ole-Gunnar, der nicht gehen kann, sagte: „Die Stufe zum Schulhof soll verschwinden." Und weiter: „Ich habe viele Freunde. Ich würde den Ball gern besser werfen können. Aber manchmal wünsche ich mir, ich könnte mit den anderen Kindern Fußball spielen." Und so haben behinderte Menschen und ihre Angehörigen Wünsche. Wünsche, die leicht realisierbar sind, andere, die weniger leicht realisierbar sind, und solche, die sich schmerzlicherweise nicht realisieren lassen.

Ich bin überzeugt davon, dass alle hier im Saal Wünsche von behinderten Kindern, Heranwachsenden, Erwachsenen - ob jung oder alt - nennen könnten, auch Wünsche stellvertretend für die behinderte Person, weil sie sich selbst nicht äußern kann. Ich hätte mir so sehr gewünscht, meiner Mutter in ihren letzten Lebensjahren die Ausgrenzungserlebnisse zu ersparen, so z.B., wenn sie mit ihrem Rollstuhl an einen separaten Einzeltisch geschoben wurde, weil sich andere durch ihre Unruhe und ihren Anblick beim Essen gestört fühlten.

Sich ausgegrenzt fühlen, gemeinsam mit der behinderten Person die Ausgrenzung spüren, das ist ein großes Thema: ernst, bedrückend und wichtig zugleich. Ein Thema, das mit Respekt und Menschenwürde zu tun hat.

Und deshalb ist es erfreulich, dass „Was sich Behinderte wünschen" das Gewinnerthema bei dieser Erfahrung des ZEIT-Magazins war. Zeigt es doch das Interesse an Wünschen von Menschen mit Behinderungen. Das ist ein wichtiger Schritt. Ein erfreulicher Schritt.

Viele Schritte sind die Menschen, die hinter IQUAnet stehen, gemeinsam gegangen: Die Eltern, die repräsentiert werden durch Frau Platen und Frau Dürr, die Wissenschaftler: die Herren Prof. Jerg und Prof. Dr. Schumann, Herr

Christa Engemann

Thalheim und die Fortbildnerin: Frau Kaiser. Was sie Jahre, ja Jahrzehnte zusammengeschweißt hat, sind die Wünsche auf selbstverständliche Teilhabe von Menschen mit Behinderungen, auf Inklusion. Sie haben sich nicht beirren lassen, auch wenn es eines langen Atems bedurfte bis zu dem Tag heute. Und IQUAnet weiß, dass die Ziele, die Wünsche und Träume von damals und heute nur in Etappen zu erreichen sind. Auch die Zukunftswünsche.

Manchmal tut es einen Ruck, wie beim Orientierungsplan, in dem wir den Begriff Inklusion damals noch versteckt haben. Und dann tut es einen großen Ruck, wie bei der UN-Behindertenkonvention. Diese Beharrlichkeit, diese Kompetenz, dieses Durchhaltevermögen, diese Zielstrebigkeit, dieses Nichtaufgeben trotz Widrigkeiten habe ich gleich bei unserer ersten Begegnung vor nun fast 10 Jahren bei Ihnen gespürt und bewundert. Sie waren Ansporn für mich bei der Entwicklung und Weiterentwicklung des Orientierungsplans, bei der Sie aktiv mitgewirkt haben. Was will das Kind? Was kann das Kind? Was braucht das Kind? Wie erfährt ein Kind die Welt? Wie wird es ein Mitglied der Gemeinschaft? Das sind die zentralen Fragen des Orientierungsplans. Die Fragen an die Erzieherinnen und Erzieher. Die Fragen an die Träger. Die Fragen an die Eltern und an alle, die für ein gelingendes Aufwachsen von Kindern Verantwortung tragen. Diese Fragen beziehen alle Kinder ein.

Ich darf Ihnen, IQUAnet vormals IQUA, herzlich danken für die vertrauensvolle und inspirierende Zusammenarbeit. Durch Sie bin ich auf den Index für Inklusion gestoßen, den ich im letzten Frühjahr an alle Kindertageseinrichtungen verschickt habe zusammen mit Ihrer Tagungsdokumentation „Vielfalt entdecken." Der Index für Inklusion konkretisiert das, was im Orientierungsplan – insbesondere im Kapitel „Vielfalt, Gemeinsamkeit und Unterschiedlichkeit" - steht und ermutigt zur Umsetzung. Was Orientierungsplan und Index für Inklusion darüber hinaus gemeinsam haben, ist, dass beide mit Fragen arbeiten. „Fragen als Denkanstöße" haben wir das im Orientierungsplan genannt. Das ermöglicht einen Dialog, einen Dialog im Team, einen Dialog mit dem Träger, einen Dialog mit Eltern. Die Fragen wirken standortbestimmend und öffnend.

Es ist ein guter Tag heute, ein guter Tag für die Kinderrechte und die Rechte von Menschen mit Behinderung, ein guter Tag für die Inklusion in Kindertageseinrichtungen. Ohne die kooperative Aufgeschlossenheit von kommunalen Partnern in Ludwigsburg und Reutlingen geht es nicht und Sie sind solche Partner par excellence. So sind Sie gemeinsam Schritte gegangen, die beispielgebend sind - Beispiel gebend für weitere Kooperationen mit Kommunen. Verba docent, exempla trahunt. Worte belehren, Beispiele reißen mit, wörtlich übersetzt. Oder freier übersetzt: Beispiele wirken mehr als Worte. So ähnlich hat sich der römische Philosoph Seneca geäußert in einem Brief, der eigentlich auch ganz gut auf unseren gemeinsamen Weg passt: *„Es ist ein langer Weg über Vorschriften, ein kurzer und wirkungsvoller über Beispiele."*

Beispiele reißen mit. Das werden Sie heute an den Praxisbeispielen erleben. Das Kultusministerium dankt Ihnen, den vier Kitas, die in drei Jahren in dem Projekt IQUAnet mitgewirkt haben: der städtischen Kindertagesstätte Gustav-Groß-Straße und dem Evang. Kindergarten Sonnenblume in Reutlingen sowie dem Evang. Friedrich-

Fröbel-Kinderhaus und dem Kath. Kindergarten Arche Noah. Unser gemeinsames Anliegen mit IQUAnet und den Kommunen ist, dass diese Beispiele eine enorme Strahlkraft entwickeln mögen und anderen Mut machen, auch Erfahrungen zu sammeln mit inklusiven Kulturen.

„Es ist ein langer Weg über Vorschriften" – sagte Seneca einst; diesen Weg haben wir schon begonnen, gerade, weil er ein langer ist. Im Kindertagesbetreuungsgesetz ist die gemeinsame Erziehung, Bildung und Betreuung grundsätzlich verankert. Aufgenommen ist auch, dass bei der kommunalen Bedarfsplanung die Belange behinderter Kinder angemessen zu berücksichtigen sind. Jedes Kind (mit oder ohne Behinderung) hat ab dem vollendeten dritten Lebensjahr bis zum Schuleintritt einen Rechtsanspruch auf den Besuch des Kindergartens.

Kinder, die aufgrund ihrer Behinderung einer zusätzlichen Betreuung bedürfen, sollen zusammen mit Kindern ohne Behinderung in Gruppen gemeinsam gefördert werden, sofern der Hilfebedarf dies zulässt (§ 2 Abs. 2 Kindertagesbetreuungsgesetz). Kinder mit Behinderung haben Anspruch auf Eingliederungshilfe nach § 35 a des Achten Buches Sozialgesetzbuch und §§ 53, 54 des Zwölften Buches Sozialgesetzbuch. Die in § 1 Abs. 1 Kindertagesbetreuungsgesetz (KiTaG) genannten Einrichtungen sind integrative Einrichtungen sobald ein Kind, das im Sinne von § 2 des Neunten Buches Sozialgesetzbuch behindert oder von einer Behinderung bedroht ist, aufgenommen wird.

Trotz dieser Verankerung und des Rechtsanspruchs und der grundsätzlichen Bereitschaft von Erzieherinnen und Erziehern, der inklusiven Bildung gerecht zu werden, wäre es falsch, drum rum zu reden, dass schlichtweg auch Unsicherheit und Angst, etwas falsch zu machen, nicht in der Lage zu sein, jedem einzelnen Kind gerecht zu werden, sich hemmend auswirkt. Deshalb bedarf es der Ermutigung.

Ermutigend ist, was im sog. KiföG-Bericht des Bundesministeriums für Familie, Senioren, Frauen und Jugend 2011 steht, dem dritten Zwischenbericht zur Evaluation des Kinderförderungsgesetzes (Angebot an Kindertagesbetreuung für Kinder unter drei Jahren für das Berichtsjahr 2011), und zwar unter *„5.3 Gute Betreuung für alle Kinder – Inklusion von Vielfalt"*:

„Inklusive (Früh-)Pädagogik hat den Auftrag und das Ziel, die durch das Kinder-und Jugendhilfegesetz (KJHG) aufgetragene Beachtung von Individualität und kollektiver Heterogenität in einer Institution für alle verschiedenen Kinder zu realisieren und somit Vielfalt als Normalität zu begreifen und sie als Lernchance für alle zu gestalten. Gesamtgesellschaftlich betrachtet verfügt inklusive Frühpädagogik somit über ein enormes demokratisches Potenzial, da Kinder nicht mit dem Stigma defizitär behaftet sind und nicht einem gleichsetzenden Normalitätskonzept unterworfen werden, sondern Tendenzen der Ausgrenzung und Diskriminierung von frühester Kindheit vorgebeugt wird."

Wie ist das zu schaffen?

Im Koalitionsvertrag steht es. Von Anfang an. *„Inklusion voranbringen und gemeinsam mit den Trägern, Verbänden und Betroffenen ihre Umsetzung in die Wege leiten"* heißt es wortwörtlich. Das ist Auftrag in dieser

Legislaturperiode. Das ist die Messlatte. Bei der Weiterentwicklung der Verwaltungsvorschrift zur Kooperation zwischen Kindertageseinrichtungen und Grundschulen wird Inklusion verankert. In der AG „Frühkindliche Bildung" des Kultusministeriums werden Schritte zur Umsetzung diskutiert.

Gemeinsam ist es zu schaffen, mit gemeinsamer Anstrengung. Der Index für Inklusion ist ein wichtiges Instrument dazu. Wir nähern uns dem Tag, an dem es kein Traum mehr ist, dass alle Kinder willkommen sind in der Krippe und der Kita um die Ecke, weil es normal ist und weil es ermutigende Bedingungen dafür gibt.

Grußworte

Grußwort Städtetag Baden-Württemberg (Agnes Christner)

Sehr geehrte Damen und Herren,

als Mitglied des landesweiten Beirats konnte ich nicht nur den Prozess und die Ergebnisse an den zwei Standorten in unseren Mitgliedstädten Ludwigsburg und Reutlingen verfolgen, sondern auch an den sehr intensiven Diskussionen über die Konsequenzen für die notwendige Weiterentwicklung im ganzen Land teilnehmen.

„Vielfalt gemeinsam gestalten" – das Thema der heutigen Abschlussveranstaltung beschreibt nach meiner Auffassung sehr treffend die Anforderungen an die inklusive Ausrichtung der frühkindlichen Bildung und die Umsetzung der UN-Behindertenrechtskonvention.

In der Zielsetzung, für alle Kinder eine bestmögliche Erziehung, Bildung und Betreuung zu gewährleisten, sind wir uns sicher alle einig, genauso wie in der Zielsetzung einer inklusiven Gesellschaft, also einer Gesellschaft, die frei ist von Ausgrenzung und in der Vielfalt als Bereicherung gesehen wird.

Einig sind wir uns sicher auch darin, dass insbesondere die letzte Zielsetzung nicht kurzfristig erreichbar sein wird und wir zwar auf dem Weg sind, aber noch viele Schritte vor uns haben.

Generell geht es bei der Inklusion um die Akzeptanz von Vielfalt sowie um den Umgang mit Unterschiedlichkeiten, und auch das Projekt hatte die Inklusion ja nicht nur auf Kinder mit Behinderung fokussiert, sondern die ganze Vielfältigkeit aller Kinder mit Benachteiligung im Blick.

Gemeinsam gestalten

Es reicht nicht, dass Eltern die inklusive Betreuung ihrer Kinder wollen oder die Fachkräfte sagen: „Okay, das versuchen wir." Vielmehr braucht es eine sinnvolle und effiziente Vernetzung und Koordination.

Inklusion kann nicht an der Tür der Kindertagesstätte aufhören, sondern muss gelebte Zielrichtung im gesamten Sozialraum, im gesamten Stadtteil sein. Das war für mich auch eines der erstaunlichsten Ergebnisse des Projekts IQUAnet, dass von einer gelungenen Inklusion in den Kindertagesstätten durchaus Impulse für die Stadtteilentwicklung ausgehen können.

Inklusion ist aber auch eine Frage der Haltung der Fachkräfte. Die Vermittlung einer Haltung, die Vielfalt wertschätzt, ist deshalb auch eine Anforderung an die Aus- und Fortbildung. Das Projekt macht deutlich, dass gute Erfahrungen aus gemeinsamem Leben und Lernen noch viel konsequenter umgesetzt werden müssen, wenn Inklusion gelingen soll. Zudem braucht es auch den gemeinsamen politischen Gestaltungswillen auf allen Ebenen – kommunal vor Ort, auf Landes- und auf Bundesebene –, damit die Rahmenbedingungen stimmen. Teilhabe hat neben individuellen Aspekten immer auch strukturelle Voraussetzungen – auch dies ist ein Projektergebnis.

Agnes Christner

Zum Glück ist es ja nicht so, dass wir in Baden-Württemberg mit der Inklusion ganz am Anfang stehen. Die Betreuung von Kindern mit Behinderung in Kindertageseinrichtungen hat in den vergangenen Jahren auch in Baden-Württemberg deutlich zugenommen. Die Zahl der Kindertageseinrichtungen, in denen Kinder mit Behinderung und nicht behinderte Kinder gemeinsam betreut wurden, lag 2010 bereits bei 30 Prozent. Obwohl integrative Betreuungsangebote damit zunehmend an Bedeutung gewonnen haben, liegt Baden-Württemberg mit einem Inklusionsanteil von 41,4 Prozent im Bundesvergleich nach einer aktuellen Bertelsmann-Studie auf dem vorletzten Platz.

Dies liegt sicher auch daran, dass beispielsweise im Schuljahr 2010/2011 noch mehr als 4.500 Kinder die über 250 Schulkindergärten besuchten und dort noch kein Rückgang zu verzeichnen ist. Trotzdem ist damit der Elementarbereich immer noch deutlich weiter als dies beispielsweise im Schulbereich der Fall ist. Dieser ist zurzeit deutlich stärker im Fokus der politischen Diskussion. Gegenwärtig werden in fünf Schwerpunktregionen mit einem Schulversuch Erfahrungen gesammelt, die in eine Änderung des Schulgesetzes einfließen sollen.

Im Bereich der Kinderbetreuung kommt mit dem Rechtsanspruch für Kinder über einem Jahr ab 01.08.2013 eine neue Herausforderung auf uns zu. Dieser Rechtsanspruch gilt grundsätzlich auch für Kinder mit Behinderung. Nach dem baden-württembergischen Kindertagesbetreuungsgesetz sollen sie – sofern der Hilfebedarf dies zulässt – gemeinsam in Gruppen mit Kindern ohne Behinderung gefördert werden. Während es für Kinder über drei Jahren mit den Schulkindergärten noch eine Sonderbetreuungsform gibt, ist dies für Kinder unter drei Jahren nicht der Fall.

Wir sind uns sicher alle einig, dass es im Hinblick auf die gemeinsam gewollte Zielsetzung nicht sinnvoll ist, hier neue Sonderbetreuungssysteme zu schaffen. Die Betreuungsangebote müssen möglichst von vorneherein so ausgestattet werden, dass sie Kinder mit Beeinträchtigung nicht ausgrenzen.

Wir sind deshalb in einer Arbeitsgruppe auf Landesebene intensiv am Nachdenken, wie die finanzielle Mehrbelastung der Kommunen und Einrichtungen, die eine inklusive Betreuung anbieten, besser als bislang berücksichtigt werden kann.

Weiter haben wir uns als Städtetag bei der Diskussion um die Fortschreibung des Fachkräftekatalogs dafür eingesetzt, dass künftig Physiotherapeuten, Krankengymnasten, Ergotherapeuten, Beschäftigungs- und Arbeitstherapeuten sowie Logopäden nicht nur in integrativen Gruppen eingesetzt werden können, sondern grundsätzlich als Fachkräfte anerkannt werden. Damit könnten die Einrichtungen multiprofessionelle Teams aufbauen.

Das sind alles wichtige Ansätze, sie reichen aber für eine grundsätzliche Neuausrichtung nicht aus. Wenn wir aber Inklusion so verstehen, dass die Regelsysteme zu Angeboten für alle Kinder werden, brauchen wir ein Gesamtkonzept, das das bisherige System unterschiedlicher Zuständigkeiten und Verantwortlichkeiten zusammenführt, eine klare Verständigung über den notwendigen Entwicklungsprozess, aber auch eine Sicherstellung der Ausstattung der Einrichtungen mit den erforderlichen Ressourcen – personell, räumlich und sachlich (baulich). Dies schließt auch eine Klärung einer eventuell notwendigen Änderung der landesgesetzlichen Grundlagen (Kindertagesbetreuungsgesetz) und der Finanzierung der Mehr- und Folgekosten ein.

Inklusion im Elementarbereich muss auch ihre Fortsetzung in der Schule finden.

Auch in den Schulen im Land gibt es zwar bereits eine breite Erfahrungsbasis zum gemeinsamen Unterricht von Kindern und Jugendlichen mit und ohne Behinderung. Im bisherigen Konzept der Integration wurden die Schüler/-innen jedoch grundsätzlich gemeinsam nach einem einheitlichen Bildungsplan unterrichtet. Demgegenüber bedeutet Inklusion, dass sich der gemeinsame Unterricht an den Fähigkeiten und Bedürfnissen der einzelnen Schüler orientieren muss. Die Erfahrungen im laufenden Modellversuch zeigen deshalb sehr deutlich, dass die Inklusionsdebatte deutlich stärker als bislang zu einer neuen Schulstruktur führen muss und eine systematische Veränderung des Schulsystems voraussetzt.

Wenn von Seiten der Schulen nur in begrenztem Umfang sonderpädagogische Ressourcen zur Verfügung gestellt werden, wird erwartet, dass die Inklusion durch eigentlich nachrangige Leistungen der Eingliederungshilfe im Rahmen der Sozial- oder Jugendhilfe ermöglicht wird. Aus diesem Aufeinandertreffen von Schulsystem und einzelfallbezogener Sozial- bzw. Jugendhilfe resultieren vielfältige grundsätzliche Fragestellungen und ein Bedarf an Zuständigkeits- und Aufgabenklärung. Dies ist im Elementarbereich ähnlich. Auch dort ist Inklusion häufig nur mit zusätzlichen Leistungen der Jugend- oder Sozialhilfe möglich, mit den entsprechenden notwendigen Klärungen zwischen Träger der Kindertagesstätte, Sozial- und Jugendhilfeträger und dazwischen die Eltern, die häufig gar nicht wissen, wer denn nun ihr Ansprechpartner ist und teilweise kein Verständnis für die nicht immer einfachen und aufwändigen Klärungsprozesse haben.

Aus unserer Sicht ist es deshalb erforderlich, dass es sowohl im Schulbereich wie auch im Elementarbereich eine einheitliche Zuständigkeits- und Finanzierungsverantwortung gibt. Ohne eine solche grundsätzliche Klärung werden wir immer Schnittstellen und unterschiedliche Auffassungen über Zuständigkeiten und finanzielle Verantwortung haben.

Die Städte wollen den Ausbau inklusiver Bildungsangebote für alle Kinder. Dies darf nach unserer Auffassung jedoch nicht ausschließen, dass zumindest in einer Übergangsphase die gemeinsame Betreuung und Bildung von Kindern mit und ohne Behinderung vorrangig in Schwerpunkteinrichtungen stattfindet.

Langfristig wird man sicher auch die Frage beantworten müssen, ob Inklusion für alle das Ziel ist oder ob wir auf Dauer ein Nebeneinander von Regeleinrichtungen und Schulkindergärten bzw. sonderpädagogischen Bildungseinrichtungen brauchen bzw. uns leisten können.

Für diese Diskussion liefern die Projektergebnisse von IQUAnet wichtige Impulse.

Wie viel Unterschiedlichkeit passt in eine Kita?
Theoretische Grundlagen einer inklusiven Praxis in der Frühpädagogik[1]
(Annedore Prengel)

Mit dem amerikanischen Slogan *Celebrate Diversity* ist die Gemeinsamkeit der *Inklusiven Pädagogik*, der *Diversity-Education*, der *Pädagogik der Vielfalt*, der *Menschenrechtsbildung* und der *demokratischen Erziehung* angezeigt: Trotz der unterschiedlichen Begriffe haben die dahinter liegenden Ansätze gemeinsame Ziele. Mit ihren jeweiligen Formulierungen betonen sie nur verschiedene Aspekte einer Intention. Sie alle verknüpfen *Interkulturelle Pädagogik* (Diehm 2008), *Geschlechterbewusste Pädagogik* (Prengel 2009) und *Integrative Pädagogik* (Lingenauber 2008). Wir haben es demnach mit einer vielschichtigen, internationalen pädagogischen Bewegung zu tun.

Im folgenden Beitrag werden die gemeinsamen Kerngedanken dieser Ansätze angesichts ihrer Komplexität reflektiert. Dabei werde ich interdisziplinäre theoretische und empirische Erkenntnisstände aus der Erziehungswissenschaft, den Sozialwissenschaften, der Psychologie und der Sozialphilosophie nutzen sowie auf Praxisberichte aus dem Elementarbereich zurückgreifen.

In drei Schritten suche ich nach Antworten auf die Frage, wie wir angesichts der vielseitigen Erkenntnisse pädagogisch angemessen handeln können: Ausgehend von der Einführung in theoretische Grundlagen (Teil 1), werden im Teil 2 zentrale Ebenen pädagogischen Handelns präsentiert. Im Teil 3 wird nach Widersprüchen sowie nach dem Möglichen und nach dem Unmöglichen einer *Pädagogik der Vielfalt* gefragt.

Theoretische Grundlagen Inklusiver Pädagogik

Für eine fundierte Auseinandersetzung mit dem Thema Inklusive Pädagogik ist die Klärung ihrer grundlegenden Kategorien „Egalität" oder „Gleichheit" sowie „Verschiedenheit" oder „Heterogenität" wichtig. Was diese Kategorien bedeuten, zeigt sich nicht voraussetzungslos auf einfache Weise, denn erst unsere Wahrnehmungsperspektiven und unsere Begriffe lassen die Gleichheiten und die Unterschiede zwischen Kindern hervortreten.

---

[1] „Dieser Artikel basiert auf einem Vortrag der im Juni 2010 auf dem WiFF-Fachforum in München gehalten wurde. Der Text ist abrufbar unter: http://www.weiterbildungsinitiative.de/uploads/media/WiFF_Fachforum_Inklusion_Impulsreferat_Prof._Dr._Prengel.pdf". Herzlichen Dank an das DJI München für den Wiederabdruck.

Zur Perspektive der Gleichheit

Inklusive Pädagogik eröffnet zunächst eine Perspektive, in der die Gleichheit der Kinder, die eine Kita besuchen, bewusst werden kann. Um dazu sinnvolle Aussagen zu treffen, wäre es aber falsch, nur von *der Gleichheit* zu sprechen, vielmehr muss präzisiert werden, um *welche* Gleichheiten es geht, und in welchen Hinsichten von Gleichheit gesprochen wird. Denn allgemeine, pauschale Gleichheitsaussagen wären eine undifferenzierte Gleichsetzung, eine In-Eins-Setzung aller Kinder und damit genau das, was Inklusive Pädagogik nicht will. Für Inklusive Pädagogik sind vielmehr ganz bestimmte Hinsichten der Gleichheit grundlegend:

- Inklusive Pädagogik sieht Kinder als Gleiche an hinsichtlich ihrer Grundbedürfnisse nach ausreichender Nahrung, nach feinfühliger Bindung an eine verlässliche erwachsene Bezugsperson, nach gleichberechtigten Beziehungen in den Gleichaltrigen-Gruppen, nach freier Bewegung und reicher geistiger Anregung.
- Inklusive Pädagogik sieht Kinder als Gleiche an hinsichtlich ihres Rechts auf Bildung sowie weiterer grundlegender Rechte.

Diese Gleichheitshinsichten, Bedürfnisse und Rechte, die alle Kinder gemeinsam haben, sind vor allem in einem Dokument verbrieft – nämlich in der Kinderrechtskonvention. Die Behindertenrechtskonvention betont einmal mehr das Gleichheitsrecht auf Bildung ausnahmslos *für alle*! Auf der Basis einer solchen Gleichheit eröffnet Inklusive Pädagogik eine Perspektive, in der die Verschiedenheit der Kinder in den Vordergrund kommt.

Zur Perspektive der Heterogenität

Die Beachtung der Verschiedenheit lässt sich auffächern in mehrere wichtige Bedeutungsebenen, die auch ineinandergreifen und von denen im Folgenden vier vorgestellt werden (Heinzel/Prengel 2002): Verschiedenheit – Vielschichtigkeit – Veränderlichkeit – Unbestimmtheit.

Verschiedenheit

Heterogen wird primär in der Bedeutung von *verschieden, anders, plural* aufgefasst (Kimmerle 2000) – bezogen auf die Differenzen zwischen Kindergruppen, bezogen auf gruppeninterne Untergruppen und bezogen auf die Differenzen zwischen einzelnen Kindern, also auf ihre individuelle Einzigartigkeit.

Sollen plurale Differenzen wahrgenommen werden, dann werden eine Reihe von Kategorien benutzt, anhand derer deutlich wird, dass Kinder und Jugendliche sich in Folgendem deutlich unterscheiden:

- Alter
- Ökonomische Lebenslagen
- Ethnisch-kulturelle Herkunft
- Religiöse Glaubensrichtung
- Geschlechtszugehörigkeit
- Sexuelle Orientierung
- Herkunftsfamilie
- Qualität ihrer Bindungserfahrungen
- Körperliche, emotionale, soziale und kognitive Entwicklung sowie Sozialisation
- Erfahrungen in den Gleichaltrigen-Gruppen
- Individuelle Bildungsbiografie.

Diese Stichworte bilden jedoch kindliche Diversität nicht vollständig ab. Es gibt eine Fülle weiterer Gruppierungen, die zu erwähnen sind, beispielsweise

- Kinder beruflich Fahrender
- Kinder ohne sicheren Aufenthaltsstatus
- Hochbegabte Kinder
- Kinder aus Regenbogenfamilien
- Kinder mit psychisch kranken Eltern
- Kinder mit kriminellen Eltern
- Pflege- und Adoptivkinder
- Vernachlässigte, missbrauchte und misshandelte Kinder
- Reiche Kinder
- Luxusverwahrloste Kinder
- Halbwaise und elternlose Kinder
- Kranke Kinder
- Sterbende Kinder
- Kinder, denen es so gut geht wie vermutlich nie einer Generation zuvor.

Wenn Heterogenität auf wissenschaftlicher Ebene zum Erkenntnis leitenden Interesse wird, entstehen Forschungsvorhaben, die Kinder in ihrer Mannigfaltigkeit untersuchen, um herauszufinden, wie verschieden sie als einzelne in Gruppierungen oder als Generation im Unterschied zu Erwachsenen leben und lernen. Dazu gibt es die Publikation „Kinderjahre" des Schweizer Kinderarztes Remo H. Largo (2000).

In pädagogischen Arbeitsfeldern findet sich als entsprechendes handlungsleitendes Motiv der Wunsch, der Verschiedenheit der Kinder in der Praxis gerecht zu werden. Heterogene Lerngruppen werden nicht nur in Kauf genommen, sondern als bereichernd favorisiert (Schader 2000; Hinz 1993; Preuss-Lausitz 1993).

Für Inklusive Pädagogik ist charakteristisch, dass sie nach der Pluralität der Hinsichten fragt und so eine Fülle von Perspektiven auf die sogenannten *Heterogenitätsdimensionen* eröffnet. Sie baut auf der Basis der Integrativen Pädagogik auf und führt sie weiter, indem sie auch die Geschlechterpädagogik und die Interkulturelle Pädagogik, die jeweils eine Heterogenitätsdimension in den Blick nehmen, aufgreift und sie miteinander verbindet.

Vielschichtigkeit

In einer weiteren Perspektive des *Heterogenen* kann sich die Aufmerksamkeit auf *intra*personelle oder *intra*kollektive Heterogenität, also auf die personale oder gruppeninterne Vielschichtigkeit richten.

Die Tatsache, dass die kindliche Persönlichkeit wie die aller Menschen mannigfaltige und zugleich gegensätzliche Persönlichkeitsanteile aufweist und nicht eindimensional zu begreifen ist, wird in der Psychoanalyse anhand des *Theorems des Unbewussten* gefasst.

Aktuelle psychologische Forschungen arbeiten mit einem vielschichtigen Modell des Selbst, das eine Vielzahl von Substrukturen aufweist (Hannover 1997). Daraus folgt eine Aufmerksamkeit für die jeweils nicht im Vordergrund sichtbaren Persönlichkeitsanteile und es ist zu fragen, welche ganz anderen Empfindungen sich zum Beispiel hinter der Aggressivität, hinter der Hilfsbereitschaft, hinter der Höchstleistung eines Kindes oder auch eines Erwachsenen verbergen könnten. In dieser Perspektive können wir auch Seiten in uns entdecken, die uns selbst fremd sind. Julia Kristeva hat das in ihrer Studie „Fremde sind wir uns selbst" (1990) thematisiert.

An dieser Stelle ist der Hinweis auf die *Theorie der Intersektionalität* (Mc Call 2005) wichtig. Dieser zunächst in der feministischen Forschung entwickelte Ansatz untersucht die Tatsache, dass die genannten Differenzlinien sich überschneiden: Menschen gehören nicht nur einer Geschlechtergruppe an, sondern auch anderen Gruppierungen, beispielsweise Altersgruppen, sozialen Schichten, Kulturen oder Ethnien. Wir sind somit herausgefordert, plurale sozialstrukturelle Kategorien zu denken, zu untersuchen und pädagogisch handelnd zu berücksichtigen. Nur dann lassen sich polarisierende Pauschalisierungen vermeiden. Das lässt sich besonders deutlich an der Jungendebatte zeigen: Verzichtet man darauf, andere Gruppenzugehörigkeiten der Jungen, z.B. ihren Sozialstatus, mitzudenken, fördert man Vorurteile, so wie es gegenwärtig hinsichtlich der Jungen mit Migrationshintergrund geschieht, bei denen die Überschneidung mit weiteren Heterogenitätsdimensionen, wie die ökonomische Lebenslage, oft nicht berücksichtigt wird.

Veränderlichkeit

Für die Inklusive Pädagogik ist die Aufmerksamkeit für die Veränderlichkeit der Gruppierungen oder der einzelnen Person von Bedeutung. *Heterogen* wird hier interpretiert als *prozesshaft, in Bewegung, dynamisch sich entwickelnd*. Forschung soll angesichts dieser Dynamik in wissenschaftlichen Biografie- und Langzeitstudien sowie in sozialwissenschaftlichen und sozialhistorischen Studien der Tatsache gerecht werden, dass Menschen als einzelne und als soziale Gruppierungen niemals völlig gleich bleiben, und dass Veränderungen in der Zeit erfasst werden sollen.

Die Deutung von Heterogenität als Veränderlichkeit in der Zeit sowie als Vorher-Nachher-Differenz hat als Folge, auf identifizierende Festschreibungen aller Art zu verzichten – gleichwertig, ob sie sich nun auf kulturelle Differenzen, auf Ability-Differenzen, auf Geschlechterdifferenzen oder auf Aussagen zur individuellen Diagnostik beziehen. Stets geht es darum zu wissen, dass Aussagen über Kinder grundsätzlich iterativ, d.h. nur als vorläufig gültige Arbeitshypothesen getroffen werden sollten (Eberwein/Knauer 1991).

Diese Dynamik betonen gegenwärtig Ansätze, die die Vorsilbe *trans* benutzen, so zum Beispiel *Trans*kulturalität und *Trans*gender oder *Trans*itionen. In diesem Sinne fokussieren auch die Disability-Studies auf *Trans*gressionen, wenn sie folgendes Motto wählen: *Behindert ist man nicht, behindert wird man* (Degener 2007; zusammenfassend: Prengel 2007).

Unbestimmtheit

Aufschlussreich für die Inklusive Pädagogik ist ein Verständnis von *heterogen* als *unbegreiflich* und *unsagbar* – das heißt: Begriffe, Definitionen, Daten, Diagnosen und Forschungsergebnisse können Realität nicht abbilden. Stets existieren relevante Aspekte der Kinder, mit denen wir arbeiten oder über die wir forschen, die aber unsere Erkenntnisse nicht erfasst haben.

Heterogenität als Erkenntnismotiv enthält also auch immer die Frage, inwieweit eine wissenschaftliche Aussage, zum Beispiel über Kinder und Kindheit, stets begrenzt, unvollständig, vorläufig und fehlbar ist (Wimmer/Schäfer1999; Adorno 1980).

Daraus folgt die Einsicht, dass es unmöglich ist, einen Menschen definitiv zu diagnostizieren oder einer Kategorie zuzuordnen. Unerlässlich ist die Offenheit für Unbestimmtes, Unvorhergesehenes, Unbekanntes und damit auch für Spontaneität, Eigenlogik und Kreativität der einzelnen Kinder und deren Kinderkultur (Heinzel 2002, 2000; Marotzki 1988). Unerlässlich ist demnach eine vehemente Kritik an etikettierenden Zuschreibungen. Zugleich sind fachlich fundierte Kategorien für soziale oder kulturelle Lebenslagen, für Behinderungsarten und für Geschlechter unverzichtbar, denn ohne sie wären Bildungsstatistik, Kommunikation über pädagogische Konzepte und diagnostische Aussagen nicht möglich. Wir sollten uns klar machen, dass kategoriale Aussagen immer nur Annäherungen an kindliche Wirklichkeit erlauben.

1. Egalitäre Differenz als Gleiche Freiheit

Nach dem Durchgang durch die für die Inklusive Pädagogik relevanten und komplexen Begriffsbestimmungen von Gleichheit und Verschiedenheit geht es nun darum, den Zusammenhang von Gleichheit und Verschiedenheit zu klären. Verschiedenheit oder eben Heterogenität wird prägnant durch die Abgrenzung von Homogenität und Hierarchiebildung, also von Angleichung und Rangordnungen. Monistische, das heißt vereinheitlichende, identifizierende, klassifizierende, linear vergleichende und hierarchisierende Denkweisen werden kritisiert.

Dieses Denken der Differenz ist ein Kind jenes kulturgeschichtlichen Phänomens, das wir „Postmoderne" nennen. Auch zur *Kritischen Theorie* besteht ein wichtiger Bezug, der im berühmten Diktum Adornos, dem Wunsch „ohne Angst verschieden sein können" zum Ausdruck kommt (1976, S. 130f.; vgl. auch Friedeburg 1997, 1994).

Ähnliche Denkfiguren finden sich auch in älteren Traditionslinien aufgeklärten Denkens, zum Beispiel in der Figur „Nathan der Weise" des Dichters Gotthold Ephraim Lessing (1729–1781): Die Prinzipien von Gleichheit und Verschiedenheit sind unauflöslich miteinander verbunden, beide bedingen einander. Gleichheit ohne Differenz wäre Gleichschaltung, und Differenz ohne Gleichheit wäre Hierarchie.

So einsichtig dieser Zusammenhang ist, so schwierig ist es doch, gedanklich seine Komplexität aufrechtzuerhalten und diese nicht einseitig aufzulösen.

Die Denkfigur der *egalitären Differenz* bringt den genannten Zusammenhang präzise auf den Begriff. Sie stellt nichts als ein anderes Wortspiel für das dar, was den Kern der Menschenrechtsidee ausmacht: Die gleiche Freiheit, die allen Menschen zukommt!

Das Wertschätzen von Vielfalt ist nichts anderes als das Wertschätzen von Freiheit. Heterogenität zeichnet sich durch ihre Unbestimmbarkeit aus. Dabei geht es gerade nicht darum, Menschen auf eine Identität festzulegen, beispielsweise als behindert, als Ausländer, als Migrant, als Mädchen oder als Junge. Es geht vielmehr um das Ideal, jedem Kind die Möglichkeit zuzugestehen, einen eigenen Lernweg sowie einen eigenen Lebensentwurf zu suchen.

Der unauflösliche Zusammenhang vom Recht auf Gleichheit und vom Recht auf Freiheit zeigt sich darin, dass dies für jedes Kind gleichermaßen gelten soll und darin, dass jedem Kind sein individueller Eigensinn gleichermaßen zugestanden wird.

Fazit

Ausgangspunkt von Inklusion in der Pädagogik ist die Gleichheit und Verschiedenheit der Kinder. Inklusive Pädagogik stellt sich die Aufgabe, das Verhältnis von Gleichheit und Verschiedenheit neu zu definieren und neu auszubalancieren. Inklusive Pädagogik arbeitet daran, im Sinne der gleichen Freiheit das demokratische Gleichheitsprinzip ohne den Zwang zur Angleichung gelten zu lassen und Freiheit für Vielfalt ohne den Drang zur Hierarchiebildung wertzuschätzen, ja sogar zu feiern.

Darin kommt eine visionäre Hoffnung zum Ausdruck: Eine inklusive Pädagogik der heterogenen Lerngruppe möge im gesellschaftlichen Teilsystem Bildungswesen Beiträge zur Demokratisierung in der aktuellen Phase moderner Gesellschaften leisten.

2. Ebenen inklusiven pädagogischen Handelns

Menschenrechtserklärungen, demokratische Verfassungen und die ihnen verpflichteten inklusiven Bildungsmodelle formulieren Ziele und ermöglichen Orientierung. Sie sind jedoch nicht Beschreibungen gesellschaftlicher Wirklichkeit. Demokratie ist unvollkommen – in allen gesellschaftlichen Bereichen (Enwezor u.a. 2002).

Zielformulierungen dürfen nicht mit Tatsachenbehauptungen verwechselt werden, sonst nähern wir uns wirklichkeitsfremden Ideologen. Menschenrechts- und Demokratietheorien haben klargestellt, dass die Realität auch in demokratischen Gesellschaften mit den historisch stets gegebenen Brüchen und Unvollkommenheiten zu tun hat.

Es wäre jedoch falsch, die Inklusive Pädagogik zu idealisieren. Auch sie muss als fehlbar und als verwickelt in gesellschaftliche Zwänge und menschliche Schwächen begriffen werden. Professionelle Erfahrungen in pädagogischen Einrichtungen aller Art zeigen ebenso wie empirische Studien Folgendes auf:

- auch in inklusiven Einrichtungen arbeiten sterbliche Menschen mit Stärken und Schwächen,
- auch in inklusiven Kitas lernen Kinder mit ihren jeweils unterschiedlichen Grenzen,
- auch in inklusiven Kitas funktioniert das Management mal mehr oder weniger gut,
- auch in inklusiven Kitas gelingen kognitive Lernprozesse mal besser und mal schlechter und
- auch in inklusiven Kitas kann die soziale Integration in heterogenen Kindergruppen sich mal besser und mal schlechter entwickeln.

Doch auch und gerade angesichts dieses Wissens kann eine inklusive Frühpädagogik Schritte zur Demokratisierung in der Bildung gehen.

Auf dem hier angedeuteten realistischen Hintergrund werden im Folgenden Einsichten zur Inklusiven Pädagogik auf drei ausgewählten zentralen Ebenen des Bildungswesens zur Diskussion gestellt: auf der *institutionellen Ebene*, auf der *didaktischen Ebene* und auf der *Beziehungsebene*.

2.1. Institutionelle Ebene

Inklusive Pädagogik beginnt mit institutioneller Gleichheit, denn die Voraussetzung inklusiven pädagogischen Handelns ist die für alle verschiedenen Kinder gleiche Möglichkeit der Anwesenheit in einer gemeinsamen Einrichtung.

Die empirischen Erhebungen zeigen: Gegenwärtig kann in Deutschland bei einem Viertel der regulären Kindergärten davon gesprochen werden, dass sie weitgehend alle Kinder aufnehmen – und dies in unterschiedlichen Ausprägungen. In dieses Viertel aller Kindertagesstätten geht heute die Hälfte aller behinderten Kinder, während die Regelschulen sich Zeit lassen und immer noch nicht mehr als ein Sechstel der behinderten Kinder aufnehmen. Sozioökonomisch benachteiligte Kinder, unter ihnen ein erheblicher Anteil mit Migrationshintergrund, besuchen aber tendenziell etwas weniger den Kindergarten (Angaben zu den Quellen der Daten vgl. Prengel 2010) – und innerhalb der Schule sind diese Kinder von Bildungsarmut betroffen (Edelstein 2007).

Angesichts dieser Daten werden in den einschlägigen Studien auf der institutionellen Ebene eine Reihe von Handlungskonsequenzen gezogen:

- Der Anteil an integrativen Kindertagesstätten, die wohnortnah alle Kinder ihres Einzugsbereichs aufnehmen, muss erhöht werden.
- Das frühpädagogische Angebot muss vor allem für die kleine Gruppe sozial benachteiligter Kinder, die keinen Kindergarten besuchen, erreichbar gemacht werden. Umstritten ist, wie das geschehen soll, ob mit einer Verfeinerung eines niederschwelligen Angebots oder indem zunächst das letzte Kindergartenjahr verpflichtend gemacht wird (Bien u.a. 2006).
- Sozial benachteiligte Kinder mit Migrationshintergrund sollen möglichst vor dem dritten Lebensjahr Kindertagesstätten besuchen, um frühzeitig die deutsche Sprache zu lernen.
- Auch für Kinder mit Behinderungen ist der Kontakt zu Gleichaltrigen schon vor dem dritten Lebensjahr entwicklungsförderlich (Seitz 2009, S. 39).

Auf der institutionellen Ebene ist hinsichtlich der Zusammenarbeit mit Eltern aus verschiedenen soziokulturellen Lebenszusammenhängen und hinsichtlich der Kooperation mit Behörden und vielfältigen lokalen Partnern das *Modell der Familienzentren* ein wichtiger Ansatz (Syassen 2009). Alle einschlägigen Fallberichte und Untersuchungen weisen die *Zusammenarbeit mit Eltern* als bedeutenden, herausfordernden und konfliktreichen Bestandteil Inklusiver Pädagogik aus.

Janet Gonzalez-Mena aus den USA hält in ihrem wissenschaftlich fundierten Ratgeber für die Frühpädagogik (2008) fest, dass mit kultureller Vielfalt tiefgreifende Unterschiede im Umgang mit erziehungsrelevanten Themen einhergehen wie Autorität, Gemeinschaft, Spiel, Alleinsein oder Strafe. Die Autorin postuliert konsequent einen kulturellen Pluralismus und die dialogisch-gleichberechtigte Auseinandersetzung zwischen Teamangehörigen mit verschiedenen kulturell bedingten Positionen sowie mit den ebenso kulturell heterogenen Eltern. Ein Verdienst der Publikation ist es, auf die Dilemmata, die für das Leitbild inklusiver Institutionen mit einer nicht nur rhetorischen Wertschätzung von Heterogenität einhergehen, aufmerksam zu machen.

Auf der institutionellen Ebene sind folgende Punkte zentral:

- Ausreichende Ausstattung mit Ressourcen
- Multiprofessionelle Kooperation mit regelmäßigen Teamsitzungen und Supervision sowie mit systematischer Fortbildung
- Kooperation mit externen Partnern – und zwar so, dass spezielle Hilfen in die Einrichtung zum Kind kommen
- Halt durch institutionelle Strukturen, um die Bindung an die Eltern zu stützen und neue Bindungen an Erwachsene und Kinder zu ermöglichen.

Didaktische Ebene

Geht es um gemeinsames Leben und Lernen von Mädchen und Jungen mit und ohne Behinderungen sowie mit verschiedenen sozioökonomischen und soziokulturellen Herkünften, dann hat Inklusive Didaktik im Elementarbereich bestimmte Gleichheiten und bestimmte Freiheiten für kindliche Heterogenität zu ermöglichen.

Zum lang erprobten didaktischen Repertoire der Kleinkindpädagogik gehören vielfältige reformpädagogische Ansätze, die eine hohe Affinität zur Inklusiven Pädagogik haben.

Sabine Lingenauber (2010) zeigt dies in ihren Publikationen zur Reggiopädagogik auf:

Die pädagogischen Fachkräfte verfügen über reiche Erfahrungen mit der Montessori-Pädagogik, mit dem Situationsansatz, mit der Reggiopädagogik, mit der Spielpädagogik und mit vielen anderen Konzepten, die auf jeweils verschiedene Weise gleichermaßen für alle Kinder eine *Freiheit für Vielfalt* ermöglichen.

Die Didaktik des Elementarbereichs ist jedoch von Widersprüchen geprägt. Viele Pädagoginnen und Pädagogen des Elementarbereiches lehnen den Begriff *Didaktik* für ihre Bildungsstufe ab, weil sie darin eine Verminderung der kindlichen Freiheit befürchten.

Frühpädagogik und Schulpädagogik haben eine gemeinsame Verantwortung für beides. Sie verantworten die – jeweils altersangemessene – Qualifizierung der Kinder für Kulturtechniken, die von älteren Generationen entwickelt wurden, und die erst Partizipation und Chancengleichheit in dieser Kultur ermöglichen, gleichzeitig verantworten sie die Öffnung von Freiräumen für „heterogenen" kindlichen Eigensinn.

Der Öffnung für heterogene Interessen, Themen sowie für die Kreativität der Kinder steht die Notwendigkeit einer gezielten Vermittlung von *Vorläuferfähigkeiten* für die Kulturtechniken gegenüber. Diese beiden Richtungen dürfen nicht gegeneinander ausgespielt werden, vielmehr sind sie miteinander zu verknüpfen, denn beides ist mit guten Gründen notwendig: die Freiheit für kindlichen Eigensinn *und* die Heranführung an Kulturtechniken. Gerade für bildungsbenachteiligte Kinder kann eine solche Förderung eine existenzielle Chance sein, da sie dies in ihren Familien meist nicht erfahren.

In der Didaktik der Inklusiven Frühpädagogik stellt die Gestaltung des Raums und des Materialangebots eine zentrale didaktische Handlungsdimension dar (Jobst 2007, S. 91ff.):

- Für Kinder mit Beeinträchtigungen sind Aktivitäten mit alltäglichen Materialien den Übungen mit speziellen therapeutischen Materialien vorzuziehen.
- Im Hinblick auf die Bildung von Mädchen und Jungen wird die Auflösung der traditionellen Puppen- und Bauecken vorgeschlagen, um zweigeschlechtliche Trennungen zu überwinden (Prengel 2009).
- Für eine an der Vielfalt orientierte interkulturelle Erziehung wird das Angebot von Büchern, Dekorationen und Theaterutensilien aus verschiedenen Kulturen gefordert (Gonzalez-Mena 2008).
- Im Rahmen des Anti-Bias-Approachs und des Projekts Kinderwelten wurden spezielle Materialien entwickelt.
- Die Berliner Initiative *Mit allen Sinnen Lernen e. V.* (2009) hat sich zum Ziel gesetzt, neue kreative Lern- und Erfahrungswelten für Kinder zu gestalten, dazu gehört beispielsweise die *Vielfalt im Koffer*, eine Sammlung kreativer Materialien für die Förderung von Toleranz zum Ausleihen für Kindergärten und Grundschulen.

Anhand eines gut gestalteten Materialangebots kann in der Kita der Zusammenhang von *Gleichheit und Freiheit* zum Tragen kommen, denn der *gleiche Zugang zu allen Materialien* kann gepflegt und bewusst eingeübt sowie mit Freiheiten der individuellen Materialwahl kombiniert werden.

2.2. Beziehungsebene

Für die Begründung und Realisierung Inklusiver Pädagogik ist die Ebene interpersoneller Beziehungen besonders bedeutsam. Als stichhaltiges Argument für die gemeinsame Erziehung wird immer wieder postuliert, dass Kindern mit und ohne Behinderung, Kindern aus verschiedenen Kulturen und Subkulturen, Kindern auf verschiedenen Entwicklungsständen und Kindern verschiedenen Geschlechts das Zusammensein mit den jeweils anderen nicht vorenthalten werden darf.

Separation hat zur Folge, dass Kindern die Möglichkeit genommen wird, gemeinsam mit anderen Kindern aufzuwachsen und mit deren Lebenssituationen vertraut zu werden.

Separiert können sie in der biografisch wichtigen Phase der Kindheit es nicht lernen, Kontakt mit den anderen zu pflegen und Vorurteile erst gar nicht entstehen zu lassen. Diese Separation in der Kindheit ist gesellschaftlich folgenreich, weil die wichtige Chance nicht wahrgenommen wird, die kulturell verankerte Abwehr als fremd und bedrohlich aufzulösen – beispielsweise gegenüber Menschen des anderen Geschlechts, gegenüber Menschen mit Behinderungen oder mit anderem soziokulturellem Hintergrund.

Die Siegener Integrationsforscherin Maria Kron pointiert dies wie folgt:

„In der Entwicklungslogik ist es widersinnig, Kinder in ihrer wichtigsten Sozialisationsphase voneinander zu isolieren und später von ihnen als Jugendliche oder Erwachsene zu verlangen, dass sie sich gegenseitig in ihrer Besonderheit achten und akzeptieren" (Kron 2008, S. 193).

Sonderkindergärten weisen eine nach Behinderungsarten variierende, aber insgesamt sehr hohe Betreuungsdichte auf, sodass eine sehr intensive individuelle Beziehung der Kinder zu Erwachsenen angeboten werden kann. Obwohl es an wissenschaftlichen Studien zur Sonderpädagogik mangelt, ist anzunehmen, dass in den Hoffnungen, die auf die Förderung durch erwachsene Bezugspersonen gesetzt werden, die Attraktivität der Sondereinrichtungen begründet ist.

Maria Kron vermutet, dass eine behinderungsspezifische, fachlich hochdifferenzierte individuelle Förderung die Kinder im Hinblick auf Interaktionskontexte mit einzelnen Erwachsenen zu qualifizieren vermag (Kron/Prengel 2009). In Sondereinrichtungen mangelt es aber an Transfermöglichkeiten für Interaktionskontexte mit Gleichaltrigen sowie für das Bewältigen von komplexen Alltagsbedingungen. Maria Kron, die als junge Wissenschaftlerin Mitglied des Forschungsteams um Helmut Reiser in Frankfurt und Co-Autorin der die Theorie Integrativer Prozesse begründenden Studie war, setzt die in den 1980er-Jahren in Frankfurt begonnene Tradition fort, indem sie integrative Interaktionen in Kindertagesstätten in detaillierten Beobachtungsstudien erforscht. Auch Rita Fritzsche (2007) kann mit ihren Beobachtungen dieser Tradition zugeordnet werden. Maria Kron (2008) gelingt es anhand ihrer qualitativen Studien, Merkmale sozialer Interaktionen in heterogenen Kindergruppen herauszuarbeiten.

Als wichtiger Forschungsbefund ist festzuhalten, dass in heterogenen Kindergruppen „Kooperation auch dort möglich ist, wo Erwachsene zunächst Hindernisse sehen" (Kron 2008, S. 198). Die *kindliche Unvoreingenommenheit* wird als ein großes Potenzial angesehen, das im Spiel der Kinder untereinander integrative Prozesse ermöglicht.

Zahlreiche Untersuchungsberichte stellen in eindrucksvollen, dichten Beschreibungen und Szenenportraits Beispiele des Gelingens gemeinsamer Erziehung dar, indem Kinder es lernen, sich als gleichberechtigt und verschieden zu achten (Kreuzer 2008, S. 31).

Situationen, in denen Beziehungen in den Gleichaltrigen-Gruppen erschwert sind, können nach Maria Kron anhand von fünf charakteristischen Mustern analysiert werden:

- Wenn ein dominanzbestrebtes Kind oder eine kleine Subgruppe durch physisch oder verbal aggressives Auftreten eine stabile Hierarchie etabliert, kommt es zur Ausgrenzung von anderen.
- Wenn ein überlegen erscheinendes Kind Hilfe gegenüber Schwächeren überbordend auslebt, kann es versäumen, die Bedürfnisse des vermeintlich Schwachen ernst zu nehmen.

- Wenn Kinder sich gerade erst neue Regeln und Routinen angeeignet haben, können sie dazu neigen, diese sehr rigide zu vertreten sowie Kinder, die aufgrund einer Behinderung dem neuen Anspruch nicht genügen, abzulehnen.
- Wenn Kinder mit geringer Fähigkeit zur Selbststeuerung in absichtlichen oder unabsichtlichen Übergriffen agieren, können sie andere stören oder verletzen.
- Wenn ein Kind aufgrund eigener Orientierungslosigkeit nicht in der Lage ist, Interesse und Verständnis für andere zu entwickeln, gelingt es ihm nicht, sich anderen auf akzeptable Weise anzunähern.

Die norwegische Soziologin Borgynn Ytterhus (2008) bestätigt auf der Basis einer sechsmonatigen Beobachtungs- und Befragungsstudie in fünf norwegischen Kindergärten die Analysen von Maria Kron: Kinder lehnen andere Kinder ab, die ihnen Schmerzen zufügen und die über sie bestimmen wollen. Eine andere Gruppe von Motiven der Ablehnung hat bei Kindern im Kindergartenalter mit der Beherrschung von Regeln der Körperkontrolle zu tun; Kinder, die keine Kontrolle über ihren Speichelfluss sowie über Blase und Darm haben, können Gefahr laufen, mit diesen Verhaltensweisen abgewertet zu werden.

Vor dem Hintergrund der Geschehnisse auf der institutionellen und der didaktischen Ebene ist die Ebene interpersoneller Beziehungen ein äußerst spannendes und für Kinder und Erwachsene existenzielles Forschungs- und Handlungsfeld der Inklusiven Pädagogik!

3. Die (un)mögliche Vielfalt

Die aktuelle Bedeutung der Inklusiven Pädagogik in Kindertagesstätten beruht auf einer mehr als 200 Jahre dauernden Vorgeschichte der Historie des Kindergartens:

Als die regierende Fürstin Pauline zur Lippe 1802 die erste deutsche Kinderbewahranstalt gründete, ging es unter anderem darum, die Kinder der Arbeiterinnen nicht verelenden zu lassen (Reyer 2006). In den 175 Jahren – vom Anfang des 19. Jahrhunderts bis zur Gründung der ersten integrativen Kindergärten für alle Kinder (auch die mit und ohne Behinderungen) am Ende des 20. Jahrhunderts und bis zur multikulturellen Heterogenität in den Kindergärten des 21. Jahrhunderts – hat eine sehr erfolgreiche Entwicklung der Frühpädagogik stattgefunden.

Den Erkenntnisgewinn dieser Entwicklung hat die Integrationsforschung in den 1980er-Jahren auch für die heutige Zeit gültig formuliert:

„Als integrativ im allgemeinsten Sinn bezeichnen wir diejenigen Prozesse, bei denen ‚Einigungen' zwischen widersprüchlichen innerpsychischen Anteilen, gegensätzlichen Sichtweisen, interagierenden Personen und Personengruppen zustande kommen.

Einigungen erfordern nicht einheitliche Interpretationen, Ziele und Vorgehensweisen, sondern vielmehr die

Bereitschaft, die Position der jeweils anderen gelten zu lassen, ohne diese oder die eigene Position als Abweichung zu verstehen. Einigung bedeutet den Verzicht auf die Verfolgung des Andersartigen und stattdessen die Entdeckung des gemeinsam Möglichen bei Akzeptanz des Unterschiedlichen." (Klein u.a. 1987, S. 37f.)

Angesichts dieser komplexen Beziehungen und angesichts der überaus großen Heterogenität der Kinder, die auch ihre Vielschichtigkeit, Veränderlichkeit und Unbekanntheit umfasst, stellt sich abschließend noch einmal die Frage, wie eine Kindertagesstätte alle diese Differenzen fassen kann?

Ihre vielseitige und vielschichtige Pluralität tragen die Kinder alltäglich hinein in die Kitaräume – aus diesem Grunde ist sie darin auch vorhanden. Die Frage, um die es hier geht, ist demnach anders zu stellen:

Wie viel Unterschiedlichkeit passt in das emotionale und rationale Fassungsvermögen der beteiligten professionell Tätigen sowie zwischen die Buchdeckel, in die Redemanuskripte und in die rezipierbaren Dateien der Fachleute aus Praxis, Bildungspolitik und Wissenschaft?

Anzuerkennen ist, dass menschliches geistiges Fassungsvermögen nicht ausreicht, die kindliche Heterogenität mit ihren unermesslichen verschiedenen Facetten wahrzunehmen und zu begreifen.

Eine *Pädagogik der Vielfalt* kann nicht *die* Vielfalt „haben", Inklusion ist immer nur bruchstückhaft und schrittweise zu realisieren. Jede Kita ist jeweils ihrer Kultur und den historischen und kulturellen Normen ihrer Zeit verhaftet. Aber diese „erwachsene" Anerkennung von Bedingtheit, Begrenztheit und Fehlbarkeit Inklusiver Pädagogik bedeutet nicht, die Anerkennung der anderen Seite aufzugeben – dies lehren die Theorien der unvollendeten Demokratie. Es steht der Inklusiven Pädagogik zu, die befreienden und beglückenden Seiten des inklusiven Bildungsmodells zu feiern. Beides geht zusammen, realistisch sein **und** idealistisch! Obwohl professionelle Kompetenz so begrenzt ist, geht zwar nicht die ganze Vielfalt, aber doch eine ganze Menge davon in den pädagogischen Sachverstand.

Literatur

Adorno, Theodor W. (1976): Minima Moralia. Reflexionen aus dem beschädigten Leben. Frankfurt am Main

Adorno, Theodor W. (1980): Negative Dialektik. Frankfurt am Main

Bien, Walter/Rauschenbach, Thomas/Riedel, Birgit (Hrsg.) (2006): Wer betreut Deutschlands Kinder? DJI-Kinderbetreuungsstudie. Weinheim/Basel

www.dji.de/kinderbetreuungssurvey/Resumee_Betreuungsbuch.04_07.pdf (20.09.2009)

Degener, Theresia (2007): Behinderung neu denken. Disability Studies. In: Partizip. www.partizip.de/Illustrierte/Reportagen/Neu_denken/neu_denken.html (04.01.2008)

Diehm, Isabell (2008): Pädagogik der frühen Kindheit in der Einwanderungsgesellschaft. In: Thole, Werner u.a. (Hrsg.): Bildung und Kindheit. Pädagogik der Frühen Kindheit in Wissenschaft und Lehre. Opladen/Farmington Hills, S. 203–211

Eberwein, Hans/Knauer, Sabine (Hrsg.) (1991): Handbuch Lernprozesse verstehen: Wege einer neuen (sonder-)pädagogischen Diagnostik. Weinheim

Edelstein, Wolfgang (2007): Schule als Armutsfalle – Wie lange noch? In: Overwien, Bernd/Prengel, Annedore (Hrsg.): Recht auf Bildung. Zum Besuch des Sonderberichterstatters der Vereinten Nationen in Deutschland. Opladen/Farmington Hills, S. 123–133

Enwezor, Okwui/Basualo, Carlos/Bauer, Ute Meta/Maharaj, Sahat/Nash, Mark (Hrsg.) (2002): Demokratie als unvollendeter Prozess. Ostfildern

Friedeburg, Ludwig von (1994): Recht auf Gleichheit – Recht auf Differenz. In: Neue Sammlung, 23. Jg., H. 4, S. 561–578

Friedeburg, Ludwig von (1997): Differenz und Integration im Bildungswesen der Moderne. In: Zeitschrift für Soziologie der Erziehung und Sozialisation ZSE, 7. Jg., H. 1, S. 42–55

Fritzsche, Rita (2007): Beobachtungen im Alltag einer Integrationsgruppe. In: Schöler, Jutta (Hrsg.) (2007): Ein Kindergarten für alle. Kinder mit und ohne Behinderung spielen und lernen gemeinsam. 2. bearb. Aufl. Berlin, S. 80–116

Gonzalez-Mena, Janet (2008): Diversity in early care and childhood: honouring differences. Boston

Hannover, Bettina (1997): Das dynamische Selbst. Bern

Heinzel, Friederike (Hrsg.) (2000): Methoden der Kindheitsforschung. Ein Überblick über Forschungszugänge zur kindlichen Perspektive. Weinheim/München

Heinzel, Friederike (2002): Kinder im Kreis. Weinheim/Basel

Heinzel, Friederike/Prengel, Annedore (Hrsg.) (2002): Heterogenität, Integration und Differenzierung in der Primarstufe. Jahrbuch Grundschulforschung, Bd. 6. Opladen

Hinz, Andreas (1993): Heterogenität in der Schule. Hamburg

Jobst, Sabine (2007): Inklusive Reggio-Pädagogik. Berlin/Freiburg

Kimmerle, Heinz (2000): Philosophien der Differenz. Eine Einführung. Würzburg

Klein, Gabriele/Kreie, Gisela/Kron, Maria/Reiser, Helmut (1987): Integrative Prozesse in Kindergartengruppen. Über die gemeinsame Erziehung von behinderten und nichtbehinderten Kindern. DJI-Materialien, Reihe Integration behinderter Kinder. Weinheim/München

Kreuzer, Max (2008): Zur Beteiligung von Kindern im Gruppenalltag von Kindergärten – Ein Überblick zu Ergebnissen deutscher Integrationsprojekte. In: Kreuzer, Max/Ytterhus, Borgunn (Hrsg.): „Dabeisein ist nicht alles." Inklusion und Zusammenleben im Kindergarten. München/Basel, S. 22–33

Kristeva, Julia (1990): Fremde sind wir uns selbst. Frankfurt am Main

Kron, Maria (2008): Integration als Einigung – Integrative Prozesse und ihre Gefährdungen auf Gruppenebene. In: Kreuzer, Max/Ytterhus, Borgunn (Hrsg.): „Dabeisein ist nicht alles." Inklusion und Zusammenleben im Kindergarten. München/Basel, S. 189–199

Kron, Maria/Prengel Annedore (2009): Interviews mit Maria Kron zur Inklusiven Pädagogik im Elementarbereich. Potsdam/Siegen

Largo, Remo H. (2005): Kinderjahre. Die Individualität des Kindes als erzieherische Herausforderung. 10. Aufl. München

Lingenauber, Sabine (Hrsg.) (2008): Handlexikon der Integrationspädagogik. Bochum

Lingenauber, Sabine (Hrsg.) (2010): Handlexikon der Reggiopädagogik. Bochum

Marotzki, Winfried (1988): Bildung als Herstellung von Bestimmtheit und Ermöglichung von Unbestimmtheit. In: Hansmann, Otto/Marotzki, Winfried (Hrsg.): Diskurs Bildungstheorie 1: Systematische Markierungen. Weinheim, S. 311–333

Mc Call, Leslie (2005): The Complexity of Intersectionality. In: Signs, Journal of Women in Culture and Society, 30. Jg., H. 3, S. 1771–1802

Mit allen Sinnen lernen e.V. (2009): Homepage. www.mit-allen-sinnen-lernen.de/(01.08.2010)

Prengel, Annedore 2007: Im Schwebezustand: Schulen und transgressive Lebenswelten – Ansätze in Forschung und Lehre. In: Schweizerische Zeitschrift für Bildungswissenschaften, 29. Jg., H. 3, S. 363–378

Prengel, Annedore (2009): Geschlechterbewusste Frühpädagogik. Lehrbriefe Frühkindliche inklusive Bildung der Hochschule Fulda, Modul 9: Geschlechterbewusste Pädagogik. Fulda

Prengel, Annedore (unter Mitarbeit von Katja Zschipke, Dorit Horn, Sebastian Schultz) (2010): Inklusion in der Frühpädagogik – Bildungstheoretische, empirische und pädagogische Grundlagen. DJI München

Preuss-Lausitz, Uwe (1993): Die Kinder des Jahrhunderts. Zur Pädagogik der Vielfalt im Jahr 2000. Weinheim/Basel

Reyer, Jürgen (2006): Einführung in die Geschichte des Kindergartens und der Grundschule. Bad Heilbrunn

Schader, Basil (2000): Sprachenvielfalt als Chance: Handbuch für den Unterricht in mehrsprachigen Klassen. Hintergründe und 95

Unterrichtsvorschläge für Kindergarten und Sekundarstufe I, Orell Füssli Verlag: Zürich

Seitz, Simone (2009): Mittendrin verschieden sein – inklusive Pädagogik in Kindertageseinrichtungen. Lehrbriefe Frühkindliche inklusive Bildung der Hochschule Fulda, Modul 9: Integrative und inklusive Pädagogik in Kindertageseinrichtungen. Fulda

Syassen, Heide Marie (2009): Vom Kindergarten zum Familienzentrum – Wandel des gesellschaftlichen Auftrags und seine konkrete Umsetzung. In: Knauf, Helen (Hrsg.): Frühe Kindheit gestalten. Perspektiven zeitgemäßer Elementarbildung. Stuttgart, S. 31–44

Wimmer, Michael/Schäfer, Alfred (1999): Einleitung. Zu einigen Implikationen der Krise des Repräsentations-Gedankens. In: Schäfer, Alfred/Wimmer, Michael (Hrsg.): Identifikation und Repräsentation. Opladen, S. 10–26

Ytterhus, Borgunn (2008): „Das Kinderkollektiv" – Eine Analyse der sozialen Position und Teilnahme behinderter Kinder in der Gleichaltrigen-Gruppe. In: Kreuzer, Max/Ytterhus, Borgunn (Hrsg.): „Dabei sein ist nicht alles". Inklusion und Zusammenleben im Kindergarten. München/Basel, S. 112–131

Jo Jerg

„Über den Wolken" – Vertrauen und Verantwortung – Gedanken aus der Vogelperspektive auf inklusive Entwicklungen im Projekt IQUAnet (Jo Jerg)

> Wer andern gar zu wenig traut,
> hat Angst an allen Ecken;
> Wer gar zu viel auf andre baut,
> erwacht mit Schrecken.
>
> *(Wilhelm Busch)*

Die im Folgenden dargelegten Gedanken sind ein Versuch, elementare Projekterfahrungen aus einer von den Details abstrahierenden und vom Einzelfall losgelösten Perspektive zu bündeln. Dies geschieht auf der Grundlage von drei Leitzielen des Projekts IQUAnet, die als richtungsweisend für die Unterstützung inklusiver Entwicklungen gesetzt waren (vgl. Konzeption IQUAnet 2009):

1. „Jedes Kind ist willkommen" – Vielfalt als Chance für Inklusion

2. „Kein Kind soll zurückbleiben oder ausgeschlossen werden" – Kooperationspartner als Gewinn und Stärke

3. „Inklusion braucht geteilte Verantwortung und die Politik der vielen Hände und Köpfe" – Verantwortungsgemeinschaften in Kommunen

Diese Ziele sollten auf drei Ebenen realisiert werden:

a) in der Kita vor Ort und im Sozialraum

b) auf der kommunalen Ebene (Projektbeiräte in Ludwigsburg und Reutlingen)

c) auf der Landesebene (landesweiter Beirat).

Aus den vielfältigen Erfahrungen im Projekt IQUAnet haben sich im Laufe der Zeit zwei zentrale Begriffe herauskristallisiert, die für eine Inklusionsorientierung bzw. für „Vielfalt gemeinsam gestalten" auf allen Ebenen bedeutsam scheinen: **Vertrauen und Verantwortung.**

Diese beiden globalen und bedeutenden Begriffe sind nicht spektakulär und neu sondern selbstverständliche Voraussetzungen für soziales Zusammenleben und professionelles Handeln. Sie können in dieser Einführung nur ein wenig berührt und müssen eng an die drei zentralen Ziele des Projekts gebunden werden. Vertrauen und Verantwortung sind auf allen drei Ebenen bedeutend: auf der persönlichen Beziehungsebene, auf der Ebene der Institutionen und Verbände sowie nicht zuletzt auch bei den politischen Entscheidungsträgern in Form von Systemvertrauen oder Strukturverantwortung. Beide Begriffe Vertrauen und Verantwortung speisen sich aus und zeigen sich in ihrem Verständnis u.a. in Haltungen, Ethik und Moralvorstellungen und sind wechselseitig miteinander verbunden: Vertrauen benötigt Verantwortung und Verantwortung schafft Vertrauen.

1. Vertrauen

Vertrauen hat derzeit Konjunktur – vor allem wenn es schwindet, wird es sichtbar und thematisiert. Das Vertrauen in die Welt, das Vertrauen in die Finanzmärkte, das Vertrauen in die Politik und in die Institutionen usw. wird brüchig. Aktuell geht es vor allem in den politischen und wirtschaftlichen Diskursen darum, Vertrauen zu schaffen, um die Finanzmärkte zu beruhigen. Es werden unvorstellbare Milliardenbeträge bereitgehalten, um das Vertrauen in die Finanzmärkte zu gewinnen, obwohl sich diese in den letzten Jahrzehnten nicht durch ein verantwortungsvolles Handeln auszeichneten und dadurch auch das Vertrauen verloren ging. Es wäre zu wünschen, dass nur ein Bruchteil dieser Summen für die Zukunft einer inklusiven Gesellschaft, insbesondere in die Zukunft von Kindern, vor allem derjenigen, die in Risikolagen leben, investiert bzw. für diese bereitgestellt wird. Diese Prioritätensetzung und dieses Missverhältnis in der Verteilung des gesellschaftlichen Reichtums muss hier ausgesprochen werden - auch wenn diese Ungleichheit auf der globalen Ebene an dieser Stelle nicht weiter behandelt werden kann -, weil Vertrauen und Verantwortung ohne diesen Hinweis nicht im richtigen Licht bzw. in ihren Grenzen im Kontext von Inklusion erscheinen würden. Es sind Machtverhältnisse und von Menschen gemachte Situationen, die nicht ohne einen grundlegenden Richtungswechsel zu verändern sind, und sie führen dazu, dass die Möglichkeiten der Verantwortungsübernahme im Projektrahmen begrenzt werden und sich die produzierte Ungleichheit nur punktuell verschieben lässt.

Wenig öffentlich thematisiert wird das Vertrauen auf der Beziehungsebene (vgl. Endress 2002: 5). Vielleicht wäre dies aber bedeutsam für die Entwicklung gesellschaftlicher Inklusionsprozesse.

Anthony Giddens definiert Vertrauen folgendermaßen: *„Vertrauen lässt sich bestimmen als Zutrauen zur Zuverlässigkeit einer Person oder eines Systems (...), wobei dieses Zutrauen einen Glauben an die Redlichkeit oder Zuneigung einer anderen Person oder an die Richtigkeit abstrakter Prinzipien (technischen Wissens) zum Ausdruck bringt"* (Endress 2002: 42). Diese Erwartungsgewissheit (Offe 2001: 367) gegenüber dem Freund/der Freundin, der Börse oder anderen Bereichen rührt aus der Überzeugung, dass die gewünschten Reaktionen von anderen Personen und Institutionen letztendlich mit keinem Risiko behaftet und deshalb nicht unberechenbar sind.

Die theoretischen Begründungen für Vertrauen sind vielfältig, die Vorstellungen unterschiedlich: ist Vertrauen ein Gefühl, eine Erwartung, ex ante oder ex post, präreflexiv? Unterschiedliche Autoren sind sich darin einig, dass Vertrauen (a) Komplexität reduziert (sachliche Dimension), (b) stabile Rahmenbedingungen für das Miteinander bzw. für Interaktionsprozesse schafft (soziale Dimension) und (c) die Aufrechterhaltung sozialer Beziehungen ermöglicht (zeitliche Dimension) (vgl. Endress 2002: 11). Was meint dies konkret?

Die Unübersichtlichkeit und die Unabwägbarkeiten unserer gesellschaftlichen Entwicklungen zeigen, dass wir uns insgesamt immer mehr auf andere verlassen müssen, in Dinge vertrauen, die wir nicht mehr überschauen. Das Vertrauen in ExpertInnen (Giddens) begleitet unseren Alltag und dessen Bewältigung. Dies gilt auch für Menschen in besonderen Lebenslagen. Bei Behinderungsfragen z.B. wird die medizinische Expertise richtungsweisend, bildet aber auch einen fragilen Rahmen für das Vertrauen in medizin-technische Verfahren, da die grundlegenden Fragen des menschlichen Daseins in der Regel nicht eingebunden sind. Das Vertrauen ist hier besonders bedeutsam, weil die Realitäten im Hinblick auf Unbestimmbarkeit, Unübersichtlichkeit etc. Menschen verunsichern. Vertrauen hilft, auch mit diesen Unsicherheiten zu leben und handlungsfähig zu bleiben. Reemtsma spricht in diesem Kontext von der Reduktion von Erwartungsunsicherheit (vgl. Reemtsma 2008: 37).

Vertrauen bildet nach Endress eine grundlegende Voraussetzung alltäglichen Handelns (vgl. Endress 2002: 5) bzw. ist eine elementare Voraussetzung sozialer Prozesse. Vertrauen gibt es eben nicht halb oder dreiviertel! Vertrauen heißt, ein „Sich-verlassen auf und keinen Grund zum Zweifeln haben" (ebd.: 42). Gleichwohl kennen wir aus dem Alltag den Ausspruch: „Ich traue der Sache nicht ganz!" Dieser Zweifel an dem Vertrauen ist schon mit Misstrauen durchzogen und deshalb nicht mehr als Vertrauen zu definieren.

Vertrauen ist auf der einen Seite ein Versprechen und auf der anderen Seite ein Sich-darauf-Verlassen. Vertrauen beinhaltet eine zeitliche Verschiebung, weil das Versprechen bzw. das Vertrauen sich erst später bewahrheitet oder sich nicht einlöst (vgl. Endress 2002: 35). Mit anderen Worten: *„Wer Vertrauen erweist, nimmt Zukunft vorweg. Er handelt so, als ob er der Zukunft sicher wäre"* (Luhmann ^{4}2000: 9) durch ein *„Stillstellen von Reflexivität"* (Endress 2002: 80).

Niklas Luhmann stellt das Vertrauen als Reduktion der Komplexität in den Kontext von riskanten Lebenssituationen: *„Vertrauen ist eine Lösung für spezifische Risikoprobleme"* (Luhmann in Endress 2002: 30); Vertrauen spielt eine Rolle, wenn ein Risiko vorhanden ist (vgl. ebd.: 36).

Diese Definitionen von und Perspektiven auf Vertrauen beschreiben sehr treffend unseren Kontext und Situationen von Kindern mit Unterstützungsbedarf bzw. mit Benachteiligungen. Für den Bereich der frühkindlichen Bildung und Erziehung erscheint m.E. das Thema eine besondere Bedeutung zu bekommen. Denn: Das Leben beginnt mit Vertrauens- und Verantwortungsfragen. Die Entwicklung von Vertrauen beginnt schon vor dem ersten Tag des Lebens. Aus dem geschenkten Vertrauen der Eltern, auf das ein Kind absolut angewiesen ist, erwächst das Selbstvertrauen des Kindes (vgl. Honneth 2003: 168).

Vertrauen im Alltag der Kindertageseinrichtung

Blicken wir auf den Projektkontext von IQUAnet, so stellt sich die Frage, welche Rolle Vertrauen in Rahmen der Kindertagesstätte spielt. Wesentliche Ebenen sind das Vertrauen der ErzieherInnen in sich selbst, das Vertrauen in das Kind, das Vertrauen zu den Eltern, das Vertrauen ins Team und in die Einrichtung.

„Jedes Kind ist willkommen", und „kein Kind soll zurückbleiben" sind Sinnbilder für Inklusion. Sie einzulösen erfordert Vertrauen. In den Begleitungen der Kindertageseinrichtungen mit dem „Index für Inklusion" wurde sichtbar, dass es zunächst eines Vertrauens der Fachkräfte in sich bzw. zu sich selbst bedarf, eines Glaubens an sich selbst, um sich diesen Ansprüchen der Inklusion zu stellen und sich für Inklusionsprozesse zu öffnen. Eng verknüpft damit ist das Vertrauen in das Team, in die KollegInnen, um sich auf gemeinsame Ziele verständigen und sie verfolgen zu können. Die Wertschätzung und Unterstützung der Leitung und des Trägers können zu diesem (Selbst-)Vertrauen viel beitragen. Gerade auf der Teamebene zeigt sich, dass eine inklusive Gestaltung sehr stark von diesem gegenseitigen Vertrauen der Fachkräfte sowie von demokratisch gelebten und geführten Strukturen in Einrichtungen abhängt.

Jedem Kind ist Vertrauen zu schenken; Vertrauen in seine Fähigkeiten und Möglichkeiten, seinen Beitrag für die Gemeinschaft zu leisten; Vertrauen in die Potentiale der Kinder, Begegnungen untereinander herzustellen. Dieses Vertrauen zu geben, ist eine große Herausforderung. Offen sichtbar und erlebbar wird die Vertrauensbasis in der Auseinandersetzung mit schwierigen Interaktions-, Kommunikations- und Lebenssituationen zwischen Kindern oder mit Erwachsenen.

Mit dem Alltagsleben der Kindertageseinrichtung eng verbunden ist auch ein Vertrauen zu den Eltern, das es zu entwickeln gilt – in den Projekteinrichtungen ein zentraler Aspekt. Eltern in besonderen Lebenslagen haben oft wenig Vertrauen in Institutionen, auch ein geringes Systemvertrauen. Aufgrund von unterschiedlichen Erfahrungen mit den sogenannten Fach-ExpertInnen sind sie misstrauisch. Eltern machen zum einen die Erfahrung, dass ihr Wissen nicht gefragt ist, sie als ExpertInnen für ihre Kinder nicht ernst genommen werden und sie sich zum anderen gleichzeitig auf die FachexpertInnen verlassen sollen, die über Diagnosen verfügen und nicht auf Augenhöhe offen kommunizieren. Misstrauen ist eine wiederholte Erfahrung des Enttäuschtwerdens (vgl. Endress 2002: 76). Davon betroffen sind direkt auch die Kinder, weil Unsicherheiten der Erwachsenen bzw. in den Erwachsenenbeziehungen auch bedeutsam für den Kinderalltag werden. U.a. haben Zielsetzungen von Teams, Eltern in schwierigen Lebenslagen zu stärken und sie dabei zu unterstützen, dass sie ihren Kindern vertrauen, damit die Kinder ein Selbstvertrauen entwickeln können, das Vertrauen gestärkt sowohl in Bezug auf die eigenen Wirkkräfte des Teams als auch das Vertrauen der Eltern in die Institution.

Jo Jerg

Der Start in die Kindertageseinrichtung heißt für Eltern, Vertrauen in andere zu haben und das Kind in der Regel einer fremden Welt/fremden Personen anzuvertrauen. Das ist für Eltern ein wichtiger Aspekt, sich sicher zu sein, dass das Kind an dem neuen und zunächst fremden Ort die notwendige Unterstützung erfährt, um sich wohlfühlen und Beziehungen zu anderen Kindern aufbauen zu können. Deshalb schätzen und thematisieren Eltern von Kindern mit Unterstützungsbedarf Organisationen und Fachkräfte, in die sie Vertrauen haben können bzw. die ihnen mit Vertrauen begegnen. Das Willkommensbuch einer Kindertageseinrichtung (siehe Kapitel 6.6.1) steht als ein Beispiel für die Kultivierung des Vertrauens. Dies ist keine Selbstverständlichkeit und bedeutet, dass ein gemeinsamer Deutungsinhalt, ein wechselseitiges Verständnis für die Situation des Kindes zu entwickeln, vorhanden ist und nicht ein Kampf um das gleiche Recht des Kindes ausgefochten werden muss. Vertrauen in die MitarbeiterInnen der Kindertageseinrichtung zu haben, bedeutet eine große Entlastung und Erleichterung in den alltäglichen Bewältigungsanforderungen von Eltern. Vertrauen in pädagogische Fachkräfte zu haben, unterstützt auch ein Systemvertrauen, ein Vertrauen in gesellschaftliche Institutionen. Letztendlich kann dieses Institutionsvertrauen nur durch das konkrete Handeln und gegenseitige Vertrauen der Akteure und Akteurinnen im Feld (hier Kita) entstehen bzw. erhalten bleiben.

Vertrauen in die Kooperationsbeziehungen erweitert die Realisierungschancen für inklusive Entwicklungen, weil eine Inklusionsorientierung nur im Verbund in vielfältigen Partnerschaften mit anderen Diensten wie Sozialdiensten, Frühförderung etc. getragen werden kann. Kooperationen sind nur tragfähig, wenn vertrauensbildende Maßnahmen entwickelt, also Vertrauensvorschuss gegeben wird, um das gegenseitige Vertrauen und Sich-verlassen-Können auf die oder den anderen zu erfahren, ohne zunächst definitive Sicherheiten zu haben. Dieses Prinzip gilt für alle Partnerschaften in Kindertageseinrichtungen. Auch Eltern müssen in Diskussions- und Entscheidungsprozesse mit einbezogen werden. Dieses Vertrauen in kooperatives Arbeiten bedeutet Machtverzicht, weil die Macht mit anderen geteilt werden muss. Sie geht aber einher mit einem Gewinn an Einfluss durch die größere Stärke des Verbunds.

Diese Grundsätze für die Kooperation vor Ort sind auch auf die **kommunalen und landesweiten Strukturen** zu übertragen, es bedarf an Handlungsverdichtungen, gemeinsamen dauerhaften Kooperationen, um Vertrauen zu entwickeln. Auf diesen Ebenen ist das Verhältnis von Vertrauen und Regeln (z.B. Herstellung von Garantien und rechtlicher Regeln) bedeutsam. Organisationen und Institutionen haben die Funktion, Leitlinien in Leistungen umzusetzen, und bieten dadurch vertrauensschaffende Standards – in unserer Situation für Inklusion – sowie eine „Vertrauenskultur" (Sztompka) (vgl. Endress: 59). Das Lenin zugeschriebene Zitat „Vertrauen ist gut, Kontrolle ist besser" setzt eher auf Misstrauen und Zwang. Vielleicht wäre es hilfreich, den Satz zu verändern in: „Kontrolle ist gut, Vertrauen ist besser", um damit eine Möglichkeit der Zusammenarbeit wachsen zu lassen.

Zu guter Letzt gilt davon unabhängig aber auch: *„Vertrauen ist eine Oase des Herzens, die von der Karawane des Denkens nie erreicht wird"* (Khalil Gibran). Herzensangelegenheiten sind in der Regel bestechend wirksam. – Es bleibt noch offen: Wie kommt die Inklusion in die Herzen? Und unabhängig davon bleibt immer eine kritische und transparente Reflexion der Kooperationen nötig, denn: *„Vertrauen bleibt ein Wagnis"* (Luhmann ⁴2000: 31) und ist jederzeit zerbrechlich.

Vertrauen benötigt Verbindlichkeit und stellt somit eine enge Verbindung zur Verantwortung dar, die als zweiter zentraler Begriff hier kurz erläutert wird.

2. Verantwortung

Der Begriff Verantwortung leitet sich aus dem lateinischen respondere „antworten, Antwort geben" her (Dudenonline). Im Begriff der Verantwortung steckt das Wort Antwort. *Verantwortung meint: „[mit einer bestimmten Aufgabe, einer bestimmten Stellung verbundene] Verpflichtung, dafür zu sorgen, dass (innerhalb eines bestimmten Rahmens) alles einen möglichst guten Verlauf nimmt, das jeweils Notwendige und Richtige getan wird und möglichst kein Schaden entsteht" (www.duden.de).*

„Wer Verantwortung trägt, kann sich nicht alleine auf formale Vorschriften berufen, er muss auch den Geist der Aufgabe erfassen und erfüllen. In diesem Sinn erstreckt sich Verantwortung auch auf Haltungen und Einstellungen." (Nida-Rümelin 2011: 5)

Verantwortung heißt, sich bemühen, die richtigen Antworten zu finden. Diesem Verständnis von Verantwortung liegen gesellschaftliche oder individuelle Normen und Werte zugrunde, die sich v.a. aus dem Recht, der Religion; dem Humanismus, der Moral und der Ethik speisen. Die Verantwortung hat eine soziale Dimension, sie bezieht sich auf die Mitmenschen/Umwelt und muss gegenüber der jeweiligen Autorität gerechtfertigt werden (Rechtsprechung, Gott etc.). Verantwortung können einzelne Menschen, Gruppen oder auch die Gesellschaft übernehmen. Sie kann aufgegeben werden, aber auch freiwillig entstehen.

Bei der Betrachtung gesellschaftlicher Entwicklungen wird sichtbar: Die steigende Differenzierung und Trennung gesellschaftlicher Aufgaben verringert zwar die Komplexität, begrenzt aber die Verantwortung für Institutionen und Organisationen. Sondereinrichtungen zum Beispiel verringern die Komplexität in Regeleinrichtungen, in unserem Rahmen die Komplexität in Kindertageseinrichtungen. Gleichzeitig wird dadurch Verantwortung z. B. für Bildung aufgeteilt und an unterschiedliche Orte delegiert.

Aus der Perspektive der Betroffenen/Gesellschaftsmitglieder, u.a. Familien mit einem Kind mit einem Unterstützungsbedarf, entsteht bei inklusiven Angebotswünschen umgekehrt eine komplexe Realität: diese Differenzierung in unterschiedlichen Einrichtungen und Zuständigkeiten bildet Hürden und Barrieren. Aus dieser

Betroffenen-Perspektive erhöht sich die Komplexität, da vielerorts niemand erkennbar zuständig ist. Verantwortung und (funktionale) Ausdifferenzierung der Gesellschaft sind für Inklusion deshalb nicht leicht kompatibel. Organisationen und Institutionen einschließlich der Verwaltung haben jeweils ihre eigene Logik entwickelt. Wer antwortet auf konkrete Fragen zur Inklusion? Die vorhandenen Delegationen haben einen Preis. Niemand fühlt sich mehr zuständig bzw. verantwortlich, zu antworten und zu handeln. Das Prinzip „Verschiebebahnhof", Betroffene vom einen zum anderen zu schicken, ist ein beliebtes Mittel, um die Verantwortung „vom Leibe zu halten". Gleichzeitig verhindert diese Nichtzuständigkeit das Nutzen von Spielräumen für einen grundlegenden Veränderungsprozess. In nicht wenigen Situationen sehen sich diejenigen, die bisher von der Delegation profitiert und die exklusive Räume gestaltet haben, als kompetent an für Inklusion.

Avishai Margalit hat in seinem Buch „Politik der Würde" die Frage gestellt, was eine „anständige" Gesellschaft auszeichnet: „Eine Gesellschaft ist dann anständig, wenn ihre Institutionen die Menschen nicht demütigen." Und dies heißt konkret für jedes Kind: nicht einer Kosten-Nutzen-Rechnung unterworfen werden zu dürfen – und hier liegt das Problem: die sogenannten Sachzwänge, die immer wieder mit Geldzwängen und nicht mit Rechten gerechtfertigt werden. Unter diesem Diktat des Preises bleiben die Bedürfnisse und Interessen der einzelnen Kinder im Hintergrund.

In der Praxis werden die Entscheidungsfreiräume für inklusive Settings immer stärker als begrenzt und eingegrenzt beurteilt, so dass der Eindruck entsteht, dass die Hände bei den Verantwortlichen gebunden sind. Verantwortung setzt Handlungsfreiheit voraus. Das Kita-Gesetz und der Orientierungsplan in Baden-Württemberg können hier beispielhaft herangezogen werden. Darin wird betont, dass eine gemeinsame Bildung und Erziehung ermöglicht werden soll, *„sofern der Hilfebedarf es zulässt"* (KiTaG § 2, Abs. 2, Orientierungsplan 2011: 7). Dieser Zusatz und diese Einschränkung können heißen, dass 100% der Kinder inklusive oder nur 20% der Kinder den gemeinsamen Regelkindergartenalltag mit den anderen Kindern teilen. Es sind Ermessungs- und Handlungsspielräume, die gemeinsame Erziehung und Bildung ermöglichen. Das bedeutet, dass die Möglichkeiten von Personen und ihrem Verantwortungsbewusstsein abhängen. Im Bundesländervergleich zeigt sich, dass z.B. die Vorgaben der Kindertagesgesetze sehr unterschiedlich umgesetzt werden und einige Bundesländer, die bisher Einschränkungen der Teilhabe formuliert hatten, eine hohe Inklusionsquote aufzeigen (vgl. Jerg 2011). Hier zeigt sich, dass Verantwortung Entscheidungsleistungen sind, die Ungewissheiten eine Bindung geben (vgl. Mieg 1994: 62ff).

Wofür bei Inklusion Verantwortung übernehmen? Für Bildungsgerechtigkeit, für Chancengleichheit, für die Würde jedes einzelnen Kindes? – Dies gilt für alle Handlungsebenen und geht nur gemeinsam.

Auf der **Kita-Ebene** liegt die Aufgabe, Verantwortung für die angemessene Unterstützung aller Kinder zu übernehmen und Antworten zu finden für die Unterstützung von Familien in schwierigen Lebenssituationen bzw. mit besonderem Unterstützungsbedarf. Die Kindertageseinrichtung und ihr Team kommen hier alleine an Grenzen. In der Praxis zeigt sich, dass ein kooperatives Miteinander mit unterschiedlichen Beratungs-, Assistenz- und Sonderdiensten die Unterstützungsmöglichkeiten im inklusiven Setting erhöhen.

„Je komplexer die induzierte soziale Perspektive, umso größer die Verantwortung" (Mieg: 153). Die zurückhaltende Haltung von ErzieherInnen hinsichtlich der Aufnahme von Kindern mit Unterstützungsbedarf beruht nicht selten auf der Schwierigkeit, Verantwortung zu übernehmen für etwas, das nicht zu übersehen ist und nach dem eigenen Verantwortungsgefühl nicht gesichert ist. Deshalb sind Kooperationen wichtige Bausteine einer inklusiven Gestaltung von Prozessen.

Auf der **kommunalen Ebene** ist rückblickend festzustellen, dass sich einige Kooperationen im Projektzeitraum ergeben haben, in denen versucht wurde mit strukturellen Antworten versäulte Alltagswelten zu überwinden. Dies ist aber ein zäher und noch ergebnisoffener Prozess. In der Modellprojektphase wurde im Einzelfall immer wieder in schwierigen Situationen eine Unterstützung bzw. ein Zugang ermöglicht, aber dies wurde nicht auf das System übertragen und somit nicht nachhaltig gestaltet. In einzelnen konkreten Einzelsituationen sind Handlungsspielräume erweitert und bisherige Grenzen der Verantwortungslinien überschritten worden. Einzelne Personen in der Verwaltung nehmen den Handlungsspielraum wahr und ermöglichen erweiterte Optionen. Dies ist aber personenabhängig und zeigt die Bedeutung der persönlichen Verantwortung und damit auch ihre Fragilität.

In der Regel steht in den einzelnen Systemen das Prinzip der Wirtschaftlichkeit vor dem Recht auf Inklusion.

Im Blick auf die **Landesebene** wird erkennbar, dass die Diskussionen um Inklusion zugenommen haben und hinsichtlich Qualifizierungsmaßnahmen auf allen Ebenen – Politik, Kommunen, Verbände, Träger – Aktivitäten entwickelt und auch Gelder investiert werden. Das fördert u.a. die Kompetenzerweiterung der Fachkräfte. Es sind damit aber noch keine ausreichenden strukturellen Rahmenbedingungen für inklusive Entwicklungen geschaffen.

Es ist im Kontext des Projekts immer wieder sichtbar geworden, dass über den Sinn und Gewinn einer gemeinsamen Bildung und Erziehung aller Kinder eine doch große Übereinstimmung herrscht. Sobald sich aber die Frage der Verantwortung stellt, wird diese Frage begrenzt auf den Fokus, gegenüber wem die Verantwortung im Sinne von Rechenschaft abgelegt werden muss und systemimmanent kommen dann logischerweise immer die Sachzwänge zum Tragen, die ohne weiteres auch hinterfragt werden könnten – die aber ohne Hinterfragung eine durchschlagende Wirkung erzielen. Partielle Interessen verhindern eine deutlich sichtbare Veränderung der versäulten Strukturen.

Im bildlichen Sinn wird deutlich: Man streckt die Hand nicht als erster aus, weil man die Sorge hat, die anderen ziehen an der Hand und ziehen somit gleichzeitig ihre eigene Hand zurück. Man hat nicht das Vertrauen, das der andere etwas drauflegt. Inklusionsorientierte Entwicklungen sind aber nur erfolgreich, wenn alle ihren Beitrag leisten. Das Delegationsprinzip muss überwunden werden und Vertrauen in die gemeinsame Verantwortung entwickelt werden.

Schluss

Inklusion erfordert eine Verantwortungsgemeinschaft, benötigt viele Hände, Hände die frei sind, um Dinge anzupacken, die noch nicht inklusiv gestaltet sind. Hier stellt sich die Frage der kollektiven Verantwortung – zunächst der gemeinsamen Verantwortung. Dies steht im Gegensatz zu unserer ursprünglichen Zielformulierung der geteilten Verantwortung im Projekt IQUAnet, die zwar aus dem damaligen Verständnis für unser Projektteam logisch erschien, aber heute nicht mehr sinnvoll erscheint. Ausgangspunkt zu Beginn des Projekts war die Vorstellung, dass in den letzten Jahrzehnten die Zuständigkeit für die Personen mit besonderem Unterstützungsbedarf sowie die Verantwortung für diesen Personenkreis exklusiv an Einrichtungen abgegeben wurden. Vor diesem Hintergrund entstand die Idee, dass die Verantwortung auf mehreren Schultern verteilt werden sollte. Der Projektverlauf zeigte: es benötigt zunächst eine gemeinsame Verantwortung und erst danach darf die Frage der Zuständigkeiten und der Verteilung der Aufgaben bedeutsam werden. Denn eine interessante Beobachtung ist dabei, dass die Verantwortungsbereiche aller anderen Beteiligten immer klarer zu benennen sind als die eigenen. Mit der Vorstellung einer inklusiven Bildung und Erziehung ist auch die Mitverantwortung und Beteiligung des Gemeinwesens notwendig. Für diese inklusive Entwicklung müssen noch mehr BürgerInnen dazugewonnen werden. Dies ist noch ein weitgehend unbearbeitetes Feld.

Die UN-BRK ist eine gemeinsame Basis, eine Verbindung, die zwar in ihren Umsetzungsvorstellungen z.T. noch sehr unterschiedlich gelesen wird. In vielen Arbeitszusammenhängen ist aber zu sehen, dass die bisherige Trennung der Bereiche Regel- und Sondereinrichtung zu bröckeln beginnt. Notwendig ist eine Kontrolle über gesetzliche Regelungen, die handlungsweisend sind, aber aus einer formalen Strukturqualität in eine lebendige, im alltäglichen Prozess erfahrbare Lebensqualität münden müssen. Es ist eine Kultur des Vertrauens zu entwickeln, damit die Chance besteht, dass daraus ein Vertrauen erwächst, das Verbindungen stärker betont und mit einer gemeinsamen Verantwortung eingeht. Die „Weisheit der Vielen" wird zum handlungsleitenden Prinzip.

Über den Wolken ist das Denken grenzenlos – es wäre aber schön, wenn Kinder und ihre Familien relativ zeitnah nach ihrer Geburt in einem inklusiv orientierten Institutionssetting landen könnten und der Boden für die „Inklusion von Anfang" bestellt wäre – unabhängig von Benachteiligungsformen und vom Unterstützungsbedarf. Wir sollten aus dem Vertrauen, das Kinder uns schenken, verbindliche Strukturen entwickeln und das Kind in den Mittelpunkt der Betrachtung stellen. Inklusion verträgt keine Delegation in ausgrenzende Systeme.

„Am Anfang der Herkunft des Bewusstseins vom Ich liegt die Anwesenheit des Du, und vielleicht sogar die Anwesenheit des Wir. Erst im Dialog, in der Auseinandersetzung, in der Opposition und auch im Streben nach neuer Gemeinschaft entsteht das Bewusstsein meines Ich, als autonomes Wesen, gesondert vom anderen. Ich weiß, dass ich bin, weil ich weiß, dass der andere ist" (Józef Tischner 1986 in Kapuściński 2008: 67)

In diesem Sinne liegt die Verantwortung für den Anderen und das Vertrauen in andere auf der Hand.

Literatur

Endress, Martin 2002: Vertrauen, Bielefeld

Honneth, Axel 2003: Kampf um Anerkennung. Zur moralischen Grammatik sozialer Konflikte, Frankfurt, erw. Auflage

Iquanet 2009: Projektkonzeption: download: www.iquanet.de

Kapuściński, Ryszard 2008: Der Andere, Frankfurt

Kultusministerium Baden-Württemberg 2011: Orientierungsplan für Bildung und Erziehung in baden-württembergischen Kindergärten und weiteren Kindertageseinrichtungen. Download: http://www.kindergarten-bw.de/site/pbs-bw/get/documents/KULTUS.Dachmandant/KULTUS/import/pb5start/pdf/KM_KIGA_Orientierungsplan_2011.pdf

Mieg; Harald 1994: Verantwortung. Moralische Motivation und die Bewältigung sozialer Komplexität, Opladen.

Nida-Rümelin, Julian: Verantwortung. Reclam, Stuttgart 2011, S. 5.

Luhmann, Niklas ⁴2009: Vertrauen, Stuttgart

Offe, Claus 2001: Nachwort. Offene Fragen und Anwendung in der Forschung. In: Hartmann, Martin/Offe, Claus (Hg.): Vertrauen. Die Grundlage des sozialen Zusammenhalts, Frankfurt

Reemtsma, Jan Philipp 2008: Vertrauen und Gewalt. Versuch über eine besondere Konstellation der Moderne, Hamburg

Tischner, Jósef 1989: Das menschliche Drama, München 1989. Polnisches Original: *Filozofia dramatu*, 1986. In: Ryszard Kapuciski

Teil B
Vielfalt gemeinsam gestalten - Projektbericht
(Stephan Thalheim)

TEIL B: Vielfalt gemeinsam gestalten - Projektbericht (Stephan Thalheim)

> „Wir haben viel zu sehr, viel zu lange nur aus dem Blickwinkel der Gruppen gedacht, deren Lebenssituation wir im Sinne der Normalisierung verändern wollten.
> Wir haben eben nicht ausgehend von der sie umgebenden gesamten sozialen Gemeinschaft gedacht und gehandelt – doch gerade darin liegt ja ein Schlüssel zur Veränderung"
>
> (Anne-Dore Stein 2010)

Einleitung

Vielfalt gestalten. Wenn wir eine Kindertageseinrichtung zum ersten Mal betreten, wissen wir nicht, welche Vielfalt sich darin verbirgt. Welche Vielfalt an Kindern und welche Vielfalt an familiären und lebensweltlichen Hintergründen, welche Vielfalt an MitarbeiterInnen, welche Vielfalt an Ideen und Haltungen, welche Vielfalt an Kulturen und Werten, welche Vielfalt an Kooperationspartnern, welche Vielfalt an positiven Erfahrungen und welche Vielfalt an belastenden Herausforderungen. Vielfalt ist insofern zunächst ein offener, unbestimmter und fluider Begriff. „*Vielfalt ist als solche nicht zu haben, denn alle Denk- und Handlungsweisen sozialer Akteure, auch in der Pädagogik, sind durch historische Voraussetzungen bedingt und von gesellschaftlichen Macht- und Hierarchiestrukturen durchzogen*" (Prengel 2009, S.6). Diese Vielfalt und die damit einhergehenden Konstruktionen von Gleichheit und Verschiedenheit gilt es zunächst mit einem neugierig- forschenden, differenzsensiblen Blick in ihrer Unterschiedlichkeit zu entdecken (vgl. Jerg/Schumann/Thalheim (2011): „Vielfalt entdecken", Reutlingen). Wer erfährt Barrieren für Partizipation? Wo gelingt gemeinsames Spielen und Lernen? Wo werden Ansatzpunkte für eine inklusionsorientierte Weiterentwicklung gesehen?

Ob wir hierin eine Belastung oder eine Bereicherung sehen, ob die vorgefundene Vielfalt tatsächlich die gesamte Vielfalt aller Kinder und Familien des Wohnumfelds abbildet, ob das zusammen Leben, Lernen, Arbeiten und Spielen für alle Beteiligten zufriedenstellend gelingt, hängt von einer Vielzahl pädagogischer Haltungen, struktureller Möglichkeitsräume und politischer Entscheidungen ab.

Vielfalt *gestalten*. Hierin liegt zugleich die Perspektive des aktiven Tätigwerdens, des gestalterischen Umgangs mit Vielfalt und der Erweiterung lösungsorientierter Handlungsoptionen. Aber lässt sich *Vielfalt* gestalten? Vielfalt kann man wertschätzen und als Quelle vielfältiger Erfahrungen sehen. Man kann das Gemeinsame in der Vielfalt, die Bedürfnisse nach Anerkennung und Wertschätzung, nach Zugehörigkeit und Partizipation, nach Selbstwirksamkeit und Mitgestaltung, nach Verstehen und Verstanden-Werden, die jedem Menschen innewohnen, in den Blick nehmen oder das Trennende, Unterscheidende in der Vielfalt wahrnehmen, das Be-

Stephan Thalheim

sondere oder das Andere. Wie lässt sich der Blickwinkel auf Vielfalt gestalten? Wie lassen sich Teilhabe- und Verwirklichungschancen, wie lässt sich ein Umfeld oder System gestalten *„das in der Lage ist, auf Vielfalt einzugehen, und zwar so, dass alle Kinder, Jugendliche und Erwachsene gleichermaßen wertgeschätzt werden"* (Toni Booth 2010)?

Vielfalt gestalten – unter diesem Titel wird im Folgenden versucht, die Projekterfahrungen aus drei Jahren „IQUAnet – Inklusion, Qualifizierung, Assistenz in lokalen Netzwerken" aus Sicht der wissenschaftlichen Begleitung zu bündeln.

Diese Erfahrungen sind eingebettet in einen 10-jährigen Entwicklungsprozess inklusionspädagogischer Qualifizierung (IQUA). Dabei durchliefen die bisherigen Projekte unterschiedliche Phasen und Schwerpunktsetzungen, die jeweils durch Tagungen und Dokumentationen einer breiten (Fach-)Öffentlichkeit zugänglich gemacht wurden.

Den Ausgangspunkt bildete die Einführung der „Richtlinien für die Gewährung von Eingliederungshilfe in allgemeinen Kindergärten und Schulen" (Eingliederungshilferichtlinien) 2001 durch den damaligen LWV Württemberg-Hohenzollern (vgl. Thalheim (2004) „Ein Kindergarten für alle Kinder", Reutlingen). Um eine qualitative Umsetzung der gemeinsamen Erziehung in Kindertageseinrichtungen bemüht, wurde damals schnell deutlich, dass Inklusion nicht allein durch strukturelle Grundlagen in Form individueller zusätzlicher Hilfen zu bewirken ist – Dabei-Sein ist nicht alles! Daher wurden zunächst Zusatzkräfte, die im Rahmen der Eingliederungshilfe eingesetzt werden, qualifiziert (vgl. Jerg/Schumann/Thalheim (Hrsg.) (2003): „Von Anfang an! – Qualifizierung zur InklusionsassistentIn in Kindertageseinrichtungen"; Reutlingen).

Ein Ergebnis dieser ersten Projektphase war, dass die Qualifizierung unter inklusiven Gesichtspunkten nicht bei den IntergrationshelferInnen/InklusionsassitentInnen kumuliert bleiben kann. Inklusionspädagogische Qualifizierung wurde zunehmend als allgemeinpädagogische Anforderung erkannt und umgesetzt.

Der zeitgleich auflebende Bildungsdiskurs in der Frühpädagogik und die Entwicklung des Orientierungsplans bildeten hier günstige Bedingungen, Inklusion als Anforderung und Herausforderung an eine zeitgemäße Frühpädagogik zu diskutieren (vgl. Jerg/Schumann/Thalheim (Hrsg.) (2006): „Vielfalt und Unterschiedlichkeit im Bildungsdiskurs"; Reutlingen).

Hieraus entwickelte IQUA unterschiedliche Fortbildungsformate, wie die Weiterbildung zur „Fachkraft für gemeinsame Erziehung und inklusive Pädagogik", Fortbildungsbausteine zum Orientierungsplan und Inhouse-Fortbildungen. Die Erfahrungen und Ergebnisse zu inklusionspädagogischen Qualifizierungsanforderungen wurden dokumentiert und auf Landesebene, beispielsweise in der Überarbeitung des Orientierungsplans, kommuniziert. (vgl. Thalheim/Jerg/Schumann (Hrsg.) (2008): „Inklusion im Kindergarten – Qualität durch Qualifikation"; Reutlingen). Inklusion wurde als eine Orientierung und fester Bestandteil im Orientierungsplan verankert und somit zu einer Maxime in der Qualitätsentwicklung für baden-württembergische Kindertageseinrichtungen.

PROJEKTBERICHT

In dieser Projektphase wurde u. a. deutlich, dass:

- Inklusion weit über Fragen der gemeinsamen Erziehung von Kindern mit und ohne Behinderung hinaus weist. Behinderung stellt nur eine – wenn auch die am stärksten ausgrenzende und benachteiligende - Differenzlinie dar. Die dichotome Konstruktion von behindert/nicht-behindert wird der Realität individueller Vielfalt nicht gerecht;
- Inklusion nicht an der Türe der Kindertageseinrichtung endet, sondern der Berücksichtigung sozialräumlicher Zugänge, kommunaler Strukturen und familiärer Lebenslagen bedarf;
- Inklusion nicht allein pädagogisch umzusetzen und nicht allein pädagogischen Fachkräften zu überantworten ist.

Mit dem Projekt IQUAnet sollte, neben der inklusionsorientierten Gestaltung von Kindertageseinrichtungen und der Qualifizierung, der Gedanke der systemübergreifenden Vernetzung in sozialräumlichen und kommunalen Strukturen sowie der Transfer in Bildungs- und Sozialpolitik auf Landesebene einbezogen werden. Die Grundlage bildete ein erweiterter, merkmalsübergreifender Inklusionsbegriff (vgl. Abschnitt 2), der sich nicht auf die Lebenslage Behinderung begrenzt, sondern die volle und wirksame Teilhabe und Partizipation aller Kinder und Familien in den Blick nimmt und versucht, Vielfalt und Unterschiedlichkeit als Normalität und Chance zu begreifen.

Die Projektträger, die Arbeitsgemeinschaft Integration Reutlingen e.V. und die Evang. Hochschule Ludwigsburg, sowie das IQUA-Team stellten sich zwischen 2009 und 2012 diesen ehrgeizigen Zielen und Herausforderungen.

Die Ratifizierung der Konvention der Vereinten Nationen über die Rechte von Menschen mit Behinderung (UN-BRK) durch die Bundesregierung verschaffte dem Projekt zusätzliche Dynamik.

Mit den konzeptionellen Grundlagen des Projekts IQUAnet schließt sich insofern ein Kreis aus 10 Jahren Projekterfahrung: Inklusion lässt sich nicht allein durch strukturelle Bedingungen umsetzen – erst recht nicht allein durch individuelle, gesondert zu beantragende Hilfen. Inklusion verwirklicht sich in gelebten Bezügen und Beziehungen auf kommunaler Ebene und bedarf daher entsprechender pädagogischer, institutioneller und sozialräumlicher Entwicklungen. Inklusive Pädagogik bildet dabei eine wesentliche Grundlage, die Basis inklusiver Entwicklungen. Rechtliche und strukturelle Bedingungen sind immer nur so gut wie ihre Umsetzung.

Gleichzeitig gerät Pädagogik an Grenzen, wo strukturelle und rechtliche Bedingungen und Voraussetzungen dem eigenen inklusiven Anspruch und Bemühen entgegenstehen, ggf. bestehende Ungleichheiten manifestieren und gesellschaftliche Konstruktionen aufrechterhalten. Beide, Akteure und Strukturen stehen in einem wechselseitigen Abhängigkeitsverhältnis.

Diese doppelte Perspektive, dass strukturelle (Weiter-)Entwicklungen auf der praktischen Ebene einer inklusionsorientierten Ausrichtung der Kindertageseinrichtungen und ihrer Pädagogik mit entsprechender Qualität umgesetzt werden müssen, um Wirkung zu entfalten, sowie, dass gleichzeitig die volle, wirksame und gleichwürdige Teilhabe im Sozialraum bzw. auf kommunaler Ebene entsprechender struktureller Entwicklungen auf kommunal- und landespolitischer Ebene bedarf, bildet die Matrix dieses Berichts.

Stephan Thalheim

Die gleichzeitige Berücksichtigung von pädagogischen, sozialräumlichen, strukturellen und politischen Gestaltungsebenen kann dabei als besondere Herausforderung und als Alleinstellungsmerkmal des Projekts IQUAnet betrachtet werden.

Entsprechend gliedert sich der Bericht in fünf Teile. Die einzelnen Berichtsteile wurden so gefasst, dass sie jeweils auch für sich stehen können.

Abschnitt I gibt Einblick in die konzeptionellen und theoretischen Grundlagen des Projekts IQUAnet.

Abschnitt II beschreibt die Prozesse in den vier beteiligten Kindertageseinrichtungen und die Erfahrungen in der Arbeit mit dem Index für Inklusion.

Abschnitt III widmet sich den Projekterfahrungen unter einer sozialräumlichen Perspektive.

Abschnitt IV liegt der Schwerpunkt auf den Bemühungen um eine systemübergreifende Verantwortungsgemeinschaft und bei strukturellen Gestaltungsfragen auf kommunaler Ebene.

Der Transfer der Projekterfahrungen auf Landesebene steht in Abschnitt V im Mittelpunkt.

An den Bericht anschließend sollen Empfehlungen, die auf Grundlage der Projekterfahrungen und der Ergebnisse der wissenschaftlichen Begleitung vom gesamten IQUAnet Team gemeinsam erarbeitet wurden, den Bericht abrunden.

Vielfalt gestalten heißt Kooperation gestalten, so kann man im Rückblick auf das Projekt IQUAnet die Kernthese, den roten Faden, der sich durch die Projektergebnisse zieht, beschreiben.

Kooperation im Team, Kooperation mit und zwischen Eltern, Kooperation in der Gemeinschaft der Kinder, Kooperation mit und zwischen unterschiedlichsten Unterstützungssystemen, Kooperation unterschiedlicher Interessengruppen im Sozialraum, Kooperation mit und zwischen kommunalen und landesweiten Entscheidungsträgern.

Dies erfordert eine Dialogbereitschaft und Dialogfähigkeit aller Beteiligten und – so der Soziologe Richard Sennett – die Überwindung eines „Behauptungsfetischismus" (vgl. Sennett 2012). Inklusion ist in diesem Sinne weder durch Delegation von Verantwortung auf „zuständige" Stellen, noch durch Einzel- oder Gesamtmaßnahmen zu erreichen, sondern erfordert situative Lösungen, ein Sich-aufeinander-Einlassen und die Wirkmächtigkeit konkreter Handlungsschritte.

In diesem Sinne formuliert das Projekt IQUAnet, wie auch der Index für Inklusion, zwar klare Ziele und Positionen, verzichtet aber auf die Formulierung von idealen „Soll-Vorstellungen".

Für Sennett liegt in einer Kultur des Miteinanders, der Kooperation als Grundhaltung, eine der zentralen Herausforderungen in komplexen, von Ungleichheit, von der Tendenz zur Homogenisierung und permanentem

Wettbewerb gekennzeichneten Gesellschaften, sozusagen der ‚Kitt', der Gesellschaft zusammen hält (vgl. Sennett 2012).

Im Sinne von Kooperation, Dialog und Einigungsprozessen konnten im Verlauf des Projekts IQUAnet eine Vielzahl von inklusionsorientierten Prozessen angestoßen werden.

Stephan Thalheim

Abschnitt I

IQUAnet
Inklusion, Qualifizierung, Assistenz und lokale Netzwerke für Inklusion

1. Konzeptionelle Grundlagen des Projekts IQUAnet

1.1. Ausgangssituation des Projekts

Kindertageseinrichtungen stehen vor dem Hintergrund der gesellschaftlichen Entwicklungen vor großen Herausforderungen. Die Umsetzung des (Selbst-)Bildungsanspruchs und die mit der gemeinsamen Erziehung von Kindern mit und ohne Beeinträchtigungen verbundenen Fragen fordern die sozial- und bildungspolitischen Entscheidungsträger, die pädagogischen Fachkräfte und sonstigen Beteiligten des Gemeinwesens heraus, gewohnte Blickwinkel zu hinterfragen. *„[...] Frühkindliche Bildung hat eine hohe gesellschaftliche Bedeutung für die künftige Innovationsfähigkeit Deutschlands, sie ist insbesondere auch ein wichtiger Motor für mehr Chancengleichheit und soziale Integration. Vor allem ist sie aber ein zentraler Baustein in der Bildungsbiografie eines jeden Kindes. [...] Jedes einzelne Kind auf der Basis seiner individuellen Fähigkeiten zu betrachten, ist zum Leitprinzip frühkindlicher Bildung geworden, nicht nur in der Theorie, sondern auch in der Praxis"* (Forum Menschenrechte 2011, S. 10).

Hierbei stellt sich u.a. die Frage, wie die Erwartungen an eine immer frühere Förderung von individuellen Kompetenzen und Fragen danach, wie gerechtes, demokratisches und friedvolles Zusammenleben in Vielfalt und Unterschiedlichkeit gelingen kann, in Einklang zu bringen sind.

Wie kann diesen Herausforderungen begegnet werden? Welche Anforderungen bestehen hinsichtlich der pädagogischen Herangehensweisen, der institutionellen Organisationsformen, der interdisziplinären Zusammenarbeit sowie bezüglich einer konsequenten Qualifizierung des Personals? Wie können und müssen sich auch kommunale Strukturen weiter entwickeln? Wie kann Inklusion, über die Kindertageseinrichtung hinaus, auch im Gemeinwesen verankert werden, so dass unterschiedliche Kinder nicht nur in der Kindertageseinrichtung, sondern auch am Leben in der Gemeinde teilhaben können?

Der Orientierungsplan für Bildung und Erziehung für die baden-württembergischen Kindergärten des Kultusministeriums Baden-Württemberg trägt diesen Anforderungen in seiner konzeptionellen Ausrichtung Rechnung. So wird die Bedeutung der Inklusion, über Aspekte der gemeinsamen Erziehung von Kindern mit und ohne zusätzlichen Unterstützungsbedarf hinaus, sowohl als Querschnittsthema, als auch im Abschnitt 1.6 *„Vielfalt, Unterschiedlichkeit und Gemeinsamkeit"* ausdrücklich hervorgehoben.

So nennt der Orientierungsplan unter Punkt 1.6 u. a.: *„Jedes Kind hat das Recht auf gleichberechtigte Bildungschancen und soziale Teilhabe. Dies erfordert von den Beteiligten eine Haltung und ein Handeln mit dem Ziel der Inklusion. Die pädagogische Fachkraft ist herausgefordert, die vorgefundene Vielfalt anzuerkennen und sich mit Bildungsbarrieren auseinanderzusetzen, diese abzubauen und Zugangswege zu erweitern. [...] Erzieherinnen schaffen insgesamt ein Klima, in dem jedes Kind seine Fähigkeiten angstfrei zeigen kann und vor Etikettierungen und Diskriminierung geschützt ist"* (Ministerium für Kultus, Jugend und Sport Baden-Württemberg 2011).

Unter Punkt 2.1.2 heißt es weiter: *„Die pädagogischen Fachkräfte nehmen jedes Kind so an, wie es ist. Es muss nicht erst besondere Leistungen erbringen, Fähigkeiten haben oder Entwicklungen durchlaufen. [...] Ausdruck dieser Grundhaltung sind auch Prinzipien des pädagogischen Handelns wie Partizipation, Integration, Ganzheitlichkeit sowie eine vorurteilsbewusste, geschlechtersensible Bildung und Erziehung"* (ebd.). Wie können Kindertageseinrichtungen diesem Anspruch gerecht werden?

1.2. Ziele und Aufgaben des Projekts IQUAnet

Ziel des Projekts IQUAnet war es, den Anspruch auf Inklusion in Kindertageseinrichtungen und im Gemeinwesen zu verbreiten und ihn an zwei ausgewählten Standorten – Ludwigsburg und Reutlingen - konsequent und exemplarisch umzusetzen. Dabei wird Inklusion im erweiterten Sinne verstanden. Neben Kindern mit Behinderungen sollen alle Kinder Berücksichtigung finden. Jedes Kind ist ein besonderes und braucht Besonderes. Hierunter auch die, welche durch schwierige soziale und oder kulturelle Bedingungen erschwerte Entwicklungsbedingungen erfahren.

Dieses Ziel sollte exemplarisch vor Ort umgesetzt werden durch

- die Unterstützung der Integration von einzelnen Kindern (auch mit hohem Assistenzbedarf) und Inklusion aller Kinder und ihrer Eltern;
- die Beratung und Qualifizierung von ErzieherInnen, LeiterInnen, Einrichtungen und Schlüsselpersonen im Gemeinwesen;
- die Aktivierung und Einbeziehung der Ressourcen des Sozialraums und der Kommune;
- die Ausgestaltung der Kooperation zwischen den Einrichtungen und den zuständigen Stellen und Fachdiensten;
- Hinweise auf Entwicklungsnotwendigkeiten der bestehenden Finanzierungsgrundlagen;
- die nachhaltige Weiterentwicklung der lokalen Strukturen im Sinne einer inklusionsorientierten Ausrichtung der kommunalen Unterstützungs- und Hilfsangebote.

Die sich daraus ergebenden Aufgaben sollen in lokalen/regionalen Netzwerken für Inklusion mit Unterstützung des IQUA –Teams umgesetzt werden.

Es wurden drei Leitziele als roter Faden für das Projekt formuliert:

1.2.1. Jedes Kind ist willkommen – Vielfalt als Chance

Alle Kinder gehen in die Kindertageseinrichtung ihrer Nachbarschaft. Jedes Kind ist willkommen und wertgeschätzt. Diese Vielfalt und Unterschiedlichkeit - auch die der Eltern und ErzieherInnen - gewährleisten beste Entwicklungschancen für alle Kinder.

Schritte in der Kindertageseinrichtung

- Beratung, Begleitung und Qualifizierung des Teams mit Hilfe des Index für Inklusion
- Gemeinsame Entwicklung von Methoden zum Umgang mit Vielfalt und Unterschiedlichkeit und Identifikation von Barrieren für Partizipation
- Gestaltung inklusiver Bildungssituationen, Austauschbeziehungen mit und zwischen Eltern sowie Ausbau von Kooperationsbeziehungen.

1.2.2. Kein Kind soll zurückbleiben oder ausgeschlossen werden – Kooperation als Gewinn und Stärke

Jedes Kind bekommt von Anfang an die notwendige Unterstützung, um gleichberechtigt am Leben in der Gemeinschaft teilzuhaben. Die Kooperationsstrukturen der Kindertageseinrichtung sollen so nachhaltig entwickelt werden, dass die bestehenden und neuen Unterstützungssysteme flexibel genutzt werden können und im sozialen Nahraum verankert sind.

Schritte im Sozialraum

- Bestandsaufnahme möglicher Angebote und Formen der Zusammenarbeit im Gemeinwesen
- Netzwerkbildung durch Unterstützung bestehender und neuer Kooperationen der Kindertageseinrichtungen
- Ausgestaltung eines niederschwelligen Unterstützungssystems (Hilfemix) für alle Kinder, die zusätzliche Unterstützung brauchen, sowie Verbesserung der Zugänglichkeit und Nutzung bestehender Freizeit-, Beratungs- und Unterstützungsangebote
- Entwicklung und Umsetzung von ressourcenorientierten und demokratischen Ansätzen im Stadtteil, wie z. B. Zukunftswerkstätten.

Um eine selbstverständliche Teilhabe für alle Kinder im Stadtteil zu ermöglichen, sind sowohl unterschiedliche Fachkräfte und BürgerInnen als auch Politik und Verwaltung in kontinuierliche Kooperationsstrukturen einbezogen.

1.2.3. Inklusion braucht gemeinsame Verantwortung und eine Politik der vielen Hände und Köpfe – systemübergreifende Vernetzung

Neben den genannten Ebenen kommt auch der Weiterentwicklung kommunaler und landesweiter Strukturen und Entscheidungsaspekte in der Umsetzungsperspektive eines „Kindergartens für alle Kinder" eine wesentliche Bedeutung zu.

Hierbei geht es nicht zuletzt darum, vorhandene unterschiedliche Zuständigkeiten, Kompetenzen und Verantwortlichkeiten auf lokaler Ebene sinnvoll zu bündeln, zu vernetzen und effektiv zu verankern.

Eine digitale Logik von Zuständigkeiten/ Nichtzuständigkeiten, bzw. von Abgrenzung unterschiedlicher Zuständigkeitsbereiche wird aktuellen Sozialstaatsentwicklungen nicht gerecht. Inklusion lässt sich nicht im Rahmen von einzelnen Professionen, Disziplinen oder Leistungsträgern alleine verantworten und umsetzen, sondern fordert die Vernetzung und Kooperation unterschiedlicher Verantwortungs- und Kompetenzbereiche. Beispielhaft seien hier die örtliche Bedarfsplanung, die Teilhabeplanung, Leistungsbereiche der Frühförderung und der Eingliederungshilfe, Aufgaben der Kommunen im Rahmen der Daseinsvorsorge und im Verantwortungsbereich der Kindergartenträger benannt.

Schritte regional und überregional

- Einbezug unterschiedlicher potentieller Kooperationspartner in das Projekt (z. B. (Eltern-)Initiativen, Fachdienste und (sonder-)pädagogische Fachkräfte)
- Unterstützung der Entwicklung vor Ort erfolgt durch lokale Beiräte in den Standortkommunen sowie durch einen landesweiten Beirat, um inklusive Entwicklungen zu verfestigen und übertragbar zu machen
- Überregionale Tagungen zur landesweiten Verbreitung der Projekterfahrungen, um inklusionsorientierte Entwicklungen anzustoßen.

1.3. Lokale Netzwerke für Inklusion (Projektebenen) – Inklusion als pädagogische, sozialräumliche, kommunale und landespolitische Aufgabe

Ausgangspunkt und Auswahlkriterium für die Unterstützung „Lokaler Netzwerke für Inklusion" waren Standorte, an denen von Seiten der zuständigen Beteiligten Interesse an einer inklusiven Ausrichtung der Kindertageseinrichtungen in der Gemeinde bestand und (Kooperations-)Strukturen ansatzweise vorhanden waren. Die Netzwerke wurden, ausgehend von jeweils zwei Kindertageseinrichtungen, die bereit sind, den Anspruch auf Inklusion und Bildung für alle Kinder umzusetzen, unterstützt. Die Vernetzung soll Synergieeffekte schaffen.

1.3.1. Die Kindertageseinrichtung

Der Projektschwerpunkt der lokalen Angebote bezog sich auf die Beratung und Qualifizierung von jeweils zwei Teams bzw. Kindertageseinrichtungen in den betreffenden Stadtgebieten in den Städten Ludwigsburg und Reutlingen.

Die modellhafte Erprobung des international verbreiteten „Index für Inklusion –Tageseinrichtungen für Kinder" (vgl. Booth/Ainscow/Kingston 2004; deutsche Fassung: GEW 2006) stellt dabei eine Möglichkeit zur Umsetzung der einrichtungsspezifischen Ziele dar. Der „Index für Inklusion" bietet ein reflektiertes Spektrum an Fragestellungen und Herangehensweisen zur konkreten Unterstützung inklusiver Prozesse in Kindertageseinrichtungen und Gemeinde.

1.3.2. Der Stadtteil/das Gemeinwesen

Neben der Öffnung der Kindertageseinrichtung in den Stadtteil und Unterstützung der Kooperationsbeziehungen im Gemeinwesen sollten Zukunftswerkstätten und andere Aktivitäten zur Umsetzung des Inklusionsanspruchs durch Vernetzung von sozialräumlichen Ressourcen, z.B. der beteiligten Eltern, BürgerInnen und Einrichtungen beitragen.

1.3.3. Der lokale Beirat

An beiden Projektstandorten wurden die Prozesse durch „lokale Beiräte" begleitet.

Der „lokale Beirat" setzte sich jeweils zusammen aus den Leitungen der beteiligten Kindertageseinrichtungen, VertreterInnen der betreffenden Träger der Kindertageseinrichtungen, Fachkräften der Frühförderung und freien Trägern der Jugendhilfe, der Verwaltung (aus Kommune, Landkreis, Staatlichem Schulamt) und der (organisierten) Eltern. Er begleitete die praktische Umsetzung der inklusiven Entwicklungen und Erfahrungen in den Einrichtungen und setzt sich für die strukturelle Implementierung und Weiterentwicklung ein. Er sorgte für eine kritische Begleitung des Projekts und eine positive Akzeptanz der Projektziele in der Öffentlichkeit vor Ort.

1.3.4. Landesweite Vernetzung

Die Projekterfahrungen in der Umsetzung der genannten Ziele wurden durch den Transfer auf Landesebene in der Breite nutzbar gemacht. Entwicklungen sollten angestoßen werden, durch

- regelmäßige Sitzungen eines landesweiten Beirats, auf denen die Projektentwicklungen diskutiert wurden;
- fünf überregionale Veranstaltungen und Fachtagungen zu den Projekterfahrungen;
- die Durchführung einer Studienfahrt nach Jena und den Austausch über Erfahrungen an anderen Orten;

- Anregungen für Weiterentwicklung sozial- und bildungspolitischer Prozesse und für die Gestaltung der rechtlichen Grundlagen;
- die Dokumentation und Veröffentlichungen der Projekterfahrungen.

Der **landesweite Beirat** unterstützte dabei die Projektentwicklung und vertritt die inhaltlichen Positionen und Interessen des Projekts im sozial- und bildungspolitischen Kontext und in der (Fach-)Öffentlichkeit auf Landesebene. Er setzte sich u.a. zusammen aus VertreterInnen des Kultusministeriums, Vertretung der kommunalen Spitzenverbände, des KVJS, der überregionalen Arbeitsstelle Frühförderung, der überregionalen Fach- und Trägerverbände, der beteiligten Kommunen und Landkreise, der organisierten Elternvertretung sowie Vertretern der Heidehof- und der Paul-Lechler-Stiftung.

1.3.5. Projektträger und wissenschaftliche Begleitung

Das Projekt IQUAnet wurde in Kooperationsträgerschaft der Evang. Hochschule Ludwigsburg und der Arbeitsgemeinschaft Integration Reutlingen e.V. durchgeführt.

Diese enge Kooperation bezieht das ExpertInnenwissen von Eltern und Angehörigen mit ein und ermöglicht niederschwellige Zugänge zu den Zielgruppen.

Die Auswertung und Reflexion der Erfahrungen und Prozesse im Projektverlauf sollen einen Transfer der Erkenntnisse an anderen Orten ermöglichen.

Das Projekt wurde gefördert von der Paul-Lechler-Stiftung, der Heidehof-Stiftung und vom Kommunalverband Jugend und Soziales Baden-Württemberg (KVJS).

2. Inklusion betrifft alle Kinder – ein merkmalsübergreifendes Inklusionsverständnis

Mit Beginn des Projekts IQUA vor 11 Jahren verbanden wir die Einführung der Konzepte der Inklusion und der Assistenz. Damit war intendiert, zu einer inhaltlichen Auseinandersetzung beizutragen und Behinderung als einen Vielfaltsaspekt und eine Möglichkeitsform unter anderen zu sehen, Dichotomien sollten überwunden und Kinder nicht auf einzelne Merkmale reduziert werden. Im Vordergrund stand das Gemeinsame kindlicher Grundbedürfnisse. Fragwürdigen Praxisentwicklungen der Integration wurde ein Theoriekonzept der Inklusion entgegengestellt, das darauf abzielt, das soziale Umfeld und Systeme so zu gestalten und zu unterstützen, dass sie den unterschiedlichen Anforderungen der einzelnen Kinder und Familien gerecht werden.

Inzwischen droht der Inklusionsbegriff inflationär zu verwässern und bewusst oder unbewusst für jede Form der Begegnung von Menschen mit und ohne Behinderung enggeführt zu werden. Damit wird er nicht nur seines Innovationspotentials beraubt, sondern als bloßer *„Euphemismus"* (Feuser 2012) auch überflüssig. Wo es nur um die Hereinnahme auch von (einzelnen) Kindern mit Behinderung geht, ist dies als *„gemeinsame Erziehung von Kindern mit und ohne Behinderung"* daher auch begrifflich zu unterscheiden.

Im Folgenden soll daher zunächst eine Annäherung an den Inklusionsbegriff unter unterschiedlichen Perspektiven voran gestellt werden.

2.1. Inklusion unter bildungspolitischer, sozialpolitischer und menschenrechtlicher Perspektive

Das dem Projekt IQUAnet zugrundeliegende Inklusionsverständnis beruht auf zwei (unterschiedlichen) Zugängen. Zum einen ein Verständnis von Inklusion/Exklusion, das auf der soziologischen Analyse der Systemtheorie nach Luhmann fußt (vgl. Jerg/Schumann/Thalheim 2006). Diese Analyseperspektive ermöglicht eine differenziertere Sicht auf Teilhabe bzw. Partizipation als freie und gleiche Entscheidungsmöglichkeiten bzw. auf Verwirklichungschancen und auf Exklusion als strukturelle Ausgrenzung und Diskriminierung.

Zum Anderen beruht das Inklusionsverständnis auf einer wertebasierten Pädagogik, auf die im Folgenden näher eingegangen werden soll.

Damit ist zum einen eine soziologische Analysedimension, als auch zum anderen eine werteorientierte Zieldimension angesprochen, die als unterschiedliche Zugänge differenziert werden müssen:

„Probleme entstehen für die Pädagogik der Vielfalt, wenn die Aussageebenen des Deskriptiven und des Normativen verwechselt werden. Normative Aussagen dienen der Klärung der Ziele, sie beschreiben nicht die soziale Realität. [...]Pädagogik der Vielfalt verkommt zur Ideologie, wenn wir behaupten, dass wir sie mit dem einen oder anderen pädagogischen Modell realisieren. Eine solche Skepsis sollte aber nicht dazu führen, dass das Kind mit dem Bade ausgeschüttet wird. Die Herausforderung an vielfaltorientiertes pädagogisches Handeln ist, für die unausweichliche Verwobenheit von Macht- und Hierarchiestrukturen sensibel zu sein und zugleich in Entscheidungsspielräumen Schritte zu mehr Gleichheit und Freiheit zu suchen" (Prengel, A. 2009, S.6f).

[1] Inklusion aus pädagogischer und bildungspolitischer Perspektive

„Das UN-Übereinkommen über die Rechte des Kindes macht klare Vorgaben: Bildung hat sich am Kindeswohl auszurichten; alle Kinder haben einerseits das gleiche Recht auf Bildung und sollen gemeinsam lernen, andererseits sind sie je nach ihren Begabungen unterschiedlich zu fördern; alle Kinder sind außerdem an den sie betreffenden Belangen zu beteiligen." (Forum Menschenrechte 2011: 10)

Im dritten Zwischenbericht zur Evaluation des KiFöG heißt es: *„Seit Jahren gibt es in Deutschland und vielen anderen Ländern weltweit verstärkte Bemühungen, allen Kindern eine uneingeschränkte Teilhabe und die Chance auf Entwicklung ihrer Persönlichkeit, ihrer Begabungen, ihrer Kreativität sowie ihrer geistigen und körperlichen Fähigkeiten zu ermöglichen [...] Jedoch umfasst der Begriff des Inklusionskonzepts mehr als die Integration von Kindern mit Behinderung. Es geht um die Wertschätzung aller Kinder mit ihrer Vielfalt von Merkmalen, die eine Gesellschaft ausmachen wie Schicht/Milieu, Kultur/Ethnie, Sprache, Gender, sexuelle oder politische Orientierung, Religion und andere. Somit überwindet Inklusion die Differenzlinie behindert/ nichtbehindert und setzt von Lebensbeginn an auf Gemeinsamkeit und das Ideal des gemeinsamen Lebens und Lernens aller Kinder mit der Bandbreite möglicher körperlicher, psychischer, sozialer und kognitiver Beschaffenheiten, einschließlich aller vorkommenden Stärken und Schwächen. [...] Inklusive Frühpädagogik hat den Auftrag und das Ziel, die durch das Kinder- und Jugendhilfegesetz (KJHG) aufgetragene Beachtung von Individualität und kollektiver Heterogenität in einer Institution für alle verschiedenen Kinder zu realisieren und somit Vielfalt als Normalität zu begreifen und sie als Lernchance für alle zu gestalten. Gesamtgesellschaftlich betrachtet verfügt inklusive Frühpädagogik somit über ein enormes demokratisches Potential"* (BMFSFJ 2012, S.72f).

Das Forum Menschenrechte formuliert hierzu vier Schlüsselaspekte: *„Es geht darum, dass das Bildungssystem die Bedürfnisse aller Lernenden berücksichtigt und sich an sie anpasst. [...] Die unterschiedlichen Bedürfnisse aller Lernenden stehen im Mittelpunkt. Es geht um mehr Chancengleichheit in der Bildung und damit um die Verringerung sozialer Ungleichheit und Exklusion. [...] Kinder lernen nicht nur unterschiedlich und brauchen unterschiedliche Unterstützung, sondern leben auch in unterschiedlichen Lebensverhältnissen und bringen daher unterschiedliche Voraussetzungen für weitere Bildungsprozesse mit. Um die gleichen Menschenrechte für alle Kinder zu realisieren, ist Förderung in unterschiedlicher Form notwendig. [...] Für einen inklusiven Ansatz zur Gestaltung des Bildungssystems sprechen auch funktionale Gründe: Wenn alle Kinder gemeinsam betreut und unterrichtet werden, müssen Erzieherinnen und Lehrkräfte Mittel und Wege finden, auf individuelle Unterschiede einzugehen. Davon profitieren letztlich alle Kinder. Zweitens können inklusive Bildungseinrichtungen Einstellungen zu Vielfalt verändern, wenn alle Kinder gemeinsam betreut und unterrichtet werden. Sie bilden damit die Grundlage für eine tolerante und diskriminierungsfreie Gesellschaft. Drittens gibt es eine ökonomische Begründung: Es ist weniger kostenintensiv Schulen und Bildungseinrichtungen einzuführen und zu erhalten, die alle Kinder gemeinsam unterrichten, als ein komplexes, jeweils auf verschiedene Gruppen spezialisiertes System unterschiedlicher Einrichtungstypen zu erhalten. Viertens stehen inklusive Bildung und qualitativ hochwertige*

Bildung miteinander in Verbindung. Die meisten Konzepte von Bildungsqualität beinhalten zwei wichtige Komponenten, die durch inklusive Bildung gefördert werden: die kognitive Entwicklung des Lernenden einerseits, und die Förderung von Werten und Einstellungen, gesellschaftlichem Verantwortungsbewusstsein und/ oder kreativer und emotionaler Entwicklung andererseits [...] Im Umgang mit gesellschaftlicher Vielfalt in Einrichtungen der frühkindlicher Bildung zeigt sich, ob und inwieweit die Kernaussagen des UN-Übereinkommens über die Rechte des Kindes tatsächlich in der Praxis gelten". (Forum Menschenrechte 2011: 58f)

Entsprechend verfolgen der Index für Inklusion und das Projekt IQUAnet ein merkmalsübergreifendes Inklusionsverständnis und setzen eine Kultur der Vielfalt, die sich gegen jede Form der Ausgrenzung und Diskriminierung[2] stellt, in den Mittelpunkt, auf der die pädagogische Praxis- und Strukturentwicklung aufbaut.

Als die Gruppe, die am stärksten benachteiligt bzw. von Ausgrenzung bedroht ist (vgl. Cloerkes 2007[3]), können Kinder mit Behinderung mithin als Indikator gesehen werden, als Lackmustest dafür, wie gut eine individualisierte, kindzentrierte und ressourcenorientierte Pädagogik und die kommunale Umsetzung der Kinderrechte gelingt. „Dabei sein ist nicht alles" (vgl. Ytterhus/ Kreuzer 2011) ist die Perspektive. Es geht um die Qualität des Zusammenlebens, der Interaktion, der Beziehungen und der individuellen Entwicklungs- und Bildungsprozesse in den Bildungseinrichtungen und in der Kommune - für alle Kinder.

Inklusion ist damit als Axiom – vergleichbar mit Begriffen wie Demokratie oder Nachhaltigkeit – als Zielvorstellung und Prozess zu begreifen, der von jedem Startpunkt aus begonnen werden kann.

---

2 Diskriminierung wird hier verstanden als jegliche wertende „Unterscheidung" aufgrund eines oder mehrerer Merkmale

[2] Inklusion im Kontext der Bürger- und Menschenrechte

„In offenen und zunehmend pluralen Gesellschaften bilden die Menschenrechte den einzig legitimen Werterahmen" (Forum Menschenrechte 2011:7)

Auf den Zusammenhang von Inklusion und Menschenrechten weist u.a. Annedore Prengel hin: *„Mit ihrer Emphase für Gleichheit und Verschiedenheit weist inklusive Pädagogik einen engen Bezug zum Kerngedanken der Philosophie der Menschenrechte und der Menschenrechtsbildung, der ‚gleichen Freiheit' auf (Bielefeld 1998). Gleichheit soll im Sinne der Menschenrechte bezüglich gleicher Rechte als Voraussetzung von Pluralität gelten. Man säße einem Missverständnis auf, wenn man annähme, postmodernes Wertschätzen von Heterogenität stünde im Gegensatz zu Gleichheit, denn nur indem durch Gleichheit Vielfältiges aus der Unterlegenheit in hierarchischen Rangfolgen gelöst wird, entsteht Freiheit"* (Prengel 2010: 21).

Auch die Deutsche UNESCO e.V. (DUK) formuliert in ihren Papieren zu Inklusion und Bildung Inklusion als Menschenrecht und als übergreifendes Prinzip sowohl der Bildungspolitik als auch der Bildungspraxis, verbunden mit der Überzeugung, dass die Verantwortung für alle Kinder bei den Regeleinrichtungen liegt (vgl. DUK 2010; DUK 2011). In ähnlicher Weise formuliert der Deutsche Verein für öffentliche und private Fürsorge (DV), dass die Verantwortung für alle Kinder bei der Regeleinrichtung liegen sollte und Kindertageseinrichtungen so auszustatten und in die Lage zu versetzen seien, dass langfristig individuelle und gesondert zu beantragende Zusatzleistungen für einzelne Kinder überwunden werden können (vgl. Deutscher Verein für öffentliche und private Fürsorge 2011, S.4).

Vielfaltsorientierte pädagogische Konzepte sind nach Prengel *„alle dem Kerngedanken der Menschenrechte und Menschenrechtsbildung, dem Axiom, dass Menschen frei und gleich geboren sind, verpflichtet. Darin haben sie einen sicheren Boden und daran können sie sich verlässlich orientieren"* (2009, S.6).

Die UN-Konvention über die Rechte von Menschen mit Behinderungen (UN-BRK) stellt in diesem Sinne keinen gesonderten Rechtsrahmen für Menschen mit Behinderungen dar, sondern konkretisiert bestehendes Menschenrecht im Hinblick auf die Lebenslage Behinderung. Innovativ ist die UN-BRK dahingehend, dass sie nicht nur individuelle Schutz- und Freiheitsrechte hinsichtlich individueller Autonomie, Nichtdiskriminierung, Chancengleichheit und Gleichberechtigung formuliert, sondern erstmals ein Recht auf *„die volle und wirksame Teilhabe an der Gesellschaft und Einbeziehung in die Gesellschaft"* (UN-BRK, Art.3) formuliert. Dies wird als gesamtgesellschaftliche Aufgabe betrachtet (vgl. Bielefeldt 2009). Das Deutsche Institut für Menschenrechte als nationale Monitoringstelle in der Umsetzung der UN-BRK sieht hierin eine kindeswohlrelevante Richtungsentscheidung: *„Das Recht auf Inklusion ist ein Recht der Person mit Behinderung. Die Eltern haben bei der Ausübung der elterlichen Sorge den Leitgedanken der Inklusion zu beachten und ggf. zu erklären, warum sie keine inklusiven Bildungsangebote wahrnehmen. Die Elternberatung, von welcher Seite auch immer, muss einbeziehen, Eltern das Recht auf inklusive Bildung vorzustellen und die Eltern hinsichtlich ihrer Gewährsfunktion aufzuklären"* (Deutsches Institut für Menschenrechte 31.03. 2011, S.14, vgl. hierzu auch ‚Gemeinsam leben' 4/2011). Der menschenrechtliche Anspruch auf inklusive Bildung ist, soweit das Kindeswohl als wirksame Umsetzung geltender Menschenrechte für Kinder und Jugendliche verstanden wird, weder mit einem Elternwahlrecht noch mit Vorbedingungen wie z.B. in § 2 KitaG „*. . . sofern der Hilfebedarf dies zulässt. . .*" vereinbar und durchaus in der historischen Tradition der Einführung der Schulpflicht oder des Verbots von Kinderarbeit zu sehen.

Die Frage stellt sich damit nicht mehr nach dem „ob", sondern nach dem „wie" der Umsetzung von Inklusion.

[3] Inklusion unter einer sozialpolitischen Perspektive

Es würde jedoch sicher zu kurz greifen, den inklusiven Anspruch auf die Teilhabe im Bildungsbereich eng zu führen. Neben den pädagogischen und bildungspolitischen Implikationen, geht es auch um sozialpolitische, sozialräumliche und gesellschaftliche Herausforderungen.

Das bestehende, historisch gewachsene System sozialer Sicherung steht einer Inklusionsorientierung an verschiedenen Punkten entgegen:

Eine (zu erwartende) mehr als 6 monatige Abweichung von der Altersnorm und die kausale Annahme von hieraus resultierender Teilhabeeinschränkung finden weder eine Entsprechung in aktuellen theoretischen Diskursen der Inklusionsorientierung noch in den praktischen Erfahrungen. U.a. Frehe (2012) weist darauf hin, dass der Behinderungsbegriff, wie er der Eingliederungshilfe zugrunde liegt, nicht mit der UN-BRK in Einklang zu bringen ist und einem fürsorglich rehabilitativen Hilfeverständnis entspricht, dem ein menschenrechtlich fundiertes, auf uneingeschränkte Teilhabe und Selbstbestimmung ausgerichtetes Unterstützungsverständnis entgegensteht.

Gleichwohl darf im Kontext der Inklusion der individuelle Bedarf an zusätzlicher Aufmerksamkeit und ggf. spezifischen Leistungen weder in den Hintergrund rücken, gemindert oder aufgegeben werden, noch sollte er zum Charakteristikum erhoben und zur Legitimation von Besonderung herangezogen werden.

Vielmehr geht es darum, dass jedes Kind die erforderliche Unterstützung erhält, die notwendig ist, um ungehindert an allen gesellschaftlich relevanten und allgemein zugänglichen Angeboten und Dienstleitungen teilhaben zu können.

Inklusion als gesamtgesellschaftliche Aufgabe erfordert letztlich ein neues Denken, eine Neubestimmung des Verhältnisses von staatlichen Leistungen, von Auftrag und Nutzung vorhandener Angebote und Strukturen, zivilgesellschaftlicher Verantwortung und berechtigter Ansprüche: Vom Objekt der Förderung zum Subjekt und Träger von Selbst- und Mitbestimmungsrechten.

Betrachtet man die Prozesse und Diskurse im Projektverlauf, so zeigt sich, dass die bestehenden Rechtsgrundlagen und die historisch gewachsene Versäulung der Unterstützungssysteme immer wieder dazu beitragen, Behinderung als die besondere, die andere Form von Vielfalt zu (re-)konstruieren.

Integration in der frühkindlichen Bildung bewegt sich aufgrund historisch gewachsener Strukturen und Systeme auf Landes- und kommunaler Ebene an der Schnittstelle zwischen allgemeinpädagogischer Bildungsverantwortung, sonderpädagogischem System, medizinisch-therapeutischen Hilfen und Leistungen der Eingliederungshilfe. Hiermit verbunden sind Schnittstellenproblematiken, welche verstärkt werden angesichts bestehender Ressourcenknappheit auf kommunaler und Landesebene.

In diesem Kontext ist auch historisch zu berücksichtigen, dass die Einführung der Schulkindergärten zum damaligen Zeitpunkt und aus damaliger Sicht eine positive Entwicklung im Sinne eines Bildungsanspruchs für alle Kinder darstellte. Die damit einhergegangene Separation der Kinder und Familien und die Finanzierung der Schulkindergärten durch das Land führten jedoch nicht nur zu Ausgrenzungserfahrungen und behinderten Karrieren. Sie haben auch Kommunen, Fachkräfte und Bevölkerung entlastet und aus der Verantwortung entlassen. Dies führte dazu, dass es selbstverständlich erschien, Verantwortung für diese Kinder zu delegieren, sich für unzuständig zu erklären und Behinderung als „das Andere" zu begreifen, das sich der allgemeinen Zuständigkeit und Verantwortung (einschließlich Finanzierung) entzieht (vgl. u.a. Cloerkes 2007[3], S. 341ff).

Additive individuelle Einzelhilfen (die zudem stundenweise von unterschiedlichen Fachkräften wie Integrationshilfen, TherapeutInnen, ggf. SonderpädagogInnen im direkten Kontext mit dem Kind erbracht werden), halten die Differenzlinien nicht nur aufrecht. Sie tragen zu deren Reproduktion bei und kommen damit nur einem kleinen Teil, zuvor etikettierter Kinder zugute. Damit stehen sie für Kinder mit besonderen Bedarfen, die nicht zuvor individuell etikettiert wurden, nicht zur Verfügung. Dies führt dazu, dass

- Prozesse erst dahin kommen müssen, dass Kinder als „behindert" etikettiert und kategorisiert werden und damit zu einer potentiellen Zunahme an Behinderung

- Kinder mit hohem Assistenzbedarf häufig keine Berücksichtigung finden

- Ressourcen und Kompetenzen in Schulkindergärten, Praxen und individuellen Eingliederungshilfen gebunden sind, die im Lebensalltag der betreffenden Kinder und Familien und den allgemeinen Kindertageseinrichtungen in der Gestaltung von Vielfalt somit nur in geringem Umfang, unzureichend zur Verfügung stehen.

- das Kind und die Familie mit unterschiedlichsten Fachkräften und Personen konfrontiert sind, anstatt die Bezugspersonen und das Lebensumfeld des Kindes unter Aspekten der Beziehungskontinuität entsprechend der individuellen Situation und Bedarfslage in die Lage zu versetzen, Entwicklung und Teilhabe zu unterstützen.

Auf der strukturellen Ebene lässt sich eine gemeinsame Erziehung von Kindern mit und ohne Behinderung somit aufgrund der gewachsenen und derzeitigen rechtlichen und politischen Rahmenbedingungen und Leistungsvoraussetzungen nur i.S.v. *„additiver Zusammenführung der ‚Eigentlichen' mit den ‚Uneigentlichen'"* (Boban 2009) begreifen. Denkt man diesen Gedanken zu Ende, so lassen die bestehenden versäulten Strukturen und individuell festzustellenden und gesondert zu beantragenden Hilfen in Bezug auf die Lebenslage Behinderung bestenfalls integrative Prozesse zu, die der Inklusion stets vorausgehen müssen[3].

Der Weg zur Inklusion erfordert hier angesichts der individuellen Leistungsvoraussetzungen, die an die Feststellung einer Behinderung i.S.d. SGB und damit bislang an einen medizinisch-rehabilitativen Behinderungsbegriff gebunden sind, Zwischenschritte über verschiedene Formen der Integration. So sind etwa integrierte (sonderpädagogische) Förderungsformen (z.B. Eingliederungshilfe im Rahmen der Einzelintegration; offene Formen der Intensivkooperation von Regelkindergarten und Schulkindergartengruppen unter einem Dach; integrierte Einzelförderung) mit dem Anspruch der Inklusion, dichotome Gruppenzuschreibungen zu überwinden, nicht vereinbar. Sie sind aber derzeit notwendig, um berechtigte Ansprüche der betreffenden Kinder sicher zu stellen.

Ein merkmalsübergreifendes Inklusionsverständnis und die Überwindung einer auf das Etikett „behindert" reduzierenden Wahrnehmung von Kindern mit Beeinträchtigung würden erfordern, dass die Zuständigkeit für ausnahmslos alle Kinder bei den Kommunen läge. Im Rahmen deren Daseinsvorsorge und Zuständigkeit für die Kindertagesbetreuung sollten Ressourcen für alle Kinder und Familien im Sinne einer kommunalen Gesamtverantwortung schrittweise in die kommunale Verantwortung rückgeführt und die Ressourcen dem Bedarf der Einrichtungen angepasst und zur Verfügung gestellt werden.

Handlungsleitend im Projekt IQUAnet war, dass sowohl auf der pädagogisch-institutionellen Ebene der Kindertageseinrichtungen, als auch auf der strukturellen Ebene das Ziel der Inklusion im beschriebenen Sinne als Orientierung genutzt, aber in einem pragmatischen Sinne nicht von formulierten Standards aus gedacht wurde, sondern vom Status quo, vom derzeitigen Stand, den vorhandenen Ressourcen und virulenten Themen aus.

„Inklusion ist kein Ergebnis, sondern ein „Prozess". Selbst wenn inklusive Prozesse nie wirklich abgeschlossen sind, lohnt jeder kleine Schritt" (Montag Stiftung Jugend und Gesellschaft 2012, S.20).

---

3   Aus einem wissenschaftlichen Blickwinkel auf den theoretischen Integrationsdiskurs ist die Gegenüberstellung von Inklusion und Integration fragwürdig, da in den 80er Jahren u.a auf einem dialektisch-materialistischen Argumentationshintergrund Integration bereits als bürgerrechtliches Ziel und Anpassung des Bildungs- und Erziehungssystems und nicht als Assimilation des Kindes entwickelt wurde (vgl. Stein 2012; Biewer 2012). Die Gegenüberstellung von Integration und Inklusion spiegelt insofern einen Sprachgebrauch, der sich alltagssprachlich durchgesetzt hat, wissenschaftlich jedoch zumindest problematisch ist. Verfehlter Praxisentwicklung der Integration wurde dabei ein Theoriekonzept der Inklusion entgegengestellt, welchem derzeit dieselbe Vereinnahmung und Verflachung droht. Inklusion zielt u.a. auf die bürgerrechtliche Orientierung an der Partizipation aller Menschen in allen Bereichen und damit auf die Überwindung von dichotomen Gruppenkonstruktionen, wie z.B. behindert/ nicht-behindert. Inklusion von Menschen mit Behinderung stellt insofern bereits einen Widerspruch in sich dar (vgl. Hinz 2009).

Abschnitt II

Vier Kindertageseinrichtungen auf ihrem Weg zur Inklusion

In diesem Teil werden die Aktivitäten und Prozesse in den vier projektbeteiligten Einrichtungen dargestellt und dokumentiert. Im Zentrum stehen dabei die Erprobung des Index für Inklusion, die im Prozess sichtbar gewordenen und bearbeiteten Themen sowie die Gesamteinschätzung und die Wirkungen der Prozesse.

3. Aktivitäten und Prozesse im Projekt IQUAnet - Beratung, Begleitung, Qualifizierung und Vernetzung von vier Kindertageseinrichtungen

Die vier projektbeteiligten Kindertageseinrichtungen wurden im Projektverlauf kontinuierlich von der Projektkoordinatorin begleitet. Im Zentrum stand dabei die Unterstützung der Inklusionsorientierung mit Hilfe des „Index für Inklusion" als Manual zur Selbstevaluation und inklusionsorientierten Qualitätsentwicklung. Im Rahmen von regelmäßigen Beratungen der Gesamtteams und Index-Teams, von Inhouse-Qualifizierung, der Teilnahme an pädagogischen Tagen und von Reflexionsgesprächen mit den Einrichtungsleitungen sowie von Fallbesprechungen und der Unterstützung der Kooperation mit externen Partnern des Sozialraums wurden die Einrichtungen in ihren Prozessen angeleitet und unterstützt.

Ein Grundsatz des Projekts in der Begleitung, Beratung und Qualifizierung der Einrichtungen war es, von den unterschiedlichen Startbedingungen, Motivationen und Themen der Einrichtungen auszugehen. An welchen Punkten sehen die Einrichtungen selbst, bei der Beleuchtung ihrer Situation, Entwicklungsbedarf, an welchem Thema möchten sie ansetzen?

Ein zweiter Grundsatz bestand darin, zu analysieren, was an gelingenden Prozessen und an Ressourcen bereits vorhanden ist und hierauf aufbauend Entwicklungsmöglichkeiten in den Blick zu nehmen. Ziel war es nicht, von außen vordefinierte Standards umzusetzen, sondern situationsbezogen und auf die Bedürfnisse der Einrichtung abgestimmt, eigene Ziele und Lösungen zu unterstützen. Die Regie über die Prozesse und Themen blieb dabei bei den Kindertageseinrichtungen.

Damit zeigt die Begleitung, Beratung und Qualifizierung durch die Projektkoordinatorin eine hohe Übereinstimmung mit Grundsätzen des Coaching: *„Professionelles Coaching setzt ganz auf die Entwicklung individueller Lösungskompetenz beim Klienten. Der Klient bestimmt das Ziel des Coachings. Der Coach verantwortet den Prozess, bei dem der Klient neue Erkenntnisse gewinnt und Handlungsalternativen entwickelt. Dabei wird dem Klienten die Wechselwirkung seines Handelns in und mit seinem Umfeld deutlich.*

Stephan Thalheim

Coaching ist als strukturierter Dialog zeitlich begrenzt und auf die Ziele und Bedürfnisse des Klienten zugeschnitten. Der Erfolg von Coaching ist messbar und überprüfbar, da zu Beginn des Prozesses gemeinsam die Kriterien der Zielerreichung festgelegt werden." (DVCT) *"Coaching dient nicht der Bearbeitung von Problemsymptomen, sondern dient zur Identifikation und Lösung der zum Problem führenden Prozesse. Der Gecoachte lernt so im Idealfall, seine Probleme selber zu lösen, klare Ziele zu setzen und [. . .] eigenständig effektive Ergebnisse zu produzieren ('Hilfe zur Selbsthilfe')"* (Interessensgemeinschaft Coaching). Während Coaching jedoch auf individuelle Standfestigkeit und Handlungsfähigkeit abzielt, war im Projekt IQUAnet stets die gesamte Team- und Einrichtungssituation zu berücksichtigen und einzubeziehen.[4]

4. (Kurz-)Portraits der projektbeteiligten Einrichtungen

Am Projekt IQUAnet waren je zwei Kindertageseinrichtungen in Ludwigsburg[5] (Oststadt) und Reutlingen (Stadtteil Römerschanze-Storlach-Voller Brunnen) beteiligt.

Die Einrichtungen konnten sich auf der Grundlage der Projektkonzeption bewerben. Die Auswahl erfolgte durch das Projektteam in Abstimmung mit den kommunalen Kooperationspartnern.

Damit waren am Projekt IQUAnet Kindertageseinrichtungen beteiligt, welche sich sowohl hinsichtlich Betriebsform, Größe, Betreuungszeiten, Teamzusammensetzung, Trägerschaft, als auch bezüglich der Lebenslagen der Familien, der Motivation für die Projektbeteiligung und der Ausgangsbedingungen bzw. Vorerfahrungen unterscheiden.

Dies bot ein breites Spektrum an unterschiedlichen Erfahrungen und ermöglichte die Identifikation gemeinsamer und von den genannten Faktoren unabhängiger Themen und Erfahrungen.

Die folgenden Portraits der Einrichtungen entstanden im Zusammenhang eines Erfahrungsaustauschs der Projektstandorte und –ebenen anlässlich einer gemeinsamen Studienfahrt nach Jena. Sie stellen insofern eine Momentaufnahme mit Stand November 2011 dar.

---

4 Vgl. Definition der Interessensgemeinschaft Coaching; URL: http://www.ig-coaching.de, bzw. des dvct: URL: http://www.dvct.de/coaching/definition/ (Zugriff 25.04.2011)
5 Das Projekt startete in Ludwigsburg zunächst mit einer Kindertageseinrichtung. Eine zweite Einrichtung bewarb sich um eine Projektbeteiligung aufgrund der Projektpräsentation in einem lokalen Fachausschuss und kam nach ca. 1 Jahr Projektlaufzeit hinzu.

Katholische Kirche Ludwigsburg

Verlassen Sie sich darauf:
Das Lächeln jeder Mitarbeiterin ist anders. Aber jeden Morgen werden Sie und Ihr Kind von uns mit einem Lächeln begrüßt.

Leitgedanke:
Du hast uns beim Namen gerufen...!
Jesaja, 43,1

Katholischer Kindergarten Arche Noah (Ludwigsburg)
Träger: Katholische Gesamtkirchengemeinde Ludwigsburg

Unser Bezug zur Inklusion:
„Jedes Kind hat ein Recht auf gleichberechtigte Bildungschancen und soziale Teilhabe. Dies erfordert von allen Beteiligten eine Haltung und ein Handeln mit dem Ziel der Inklusion"
Orientierungsplan Baden Württemberg 2011

(Auszug aus der Konzeption)

Gleichberechtigte Bildungschancen und soziale Teilhabe für jedes Kind und seine Familie möglich machen. Das bedeutet für die Mitarbeiterinnen:
- Offen sein für die Strukturen der Familien
- Toleranz & Wertschätzung – leben und vermitteln
- christliche Nächstenliebe
- Individualität – wahrnehmen und stärken
- Partnerschaft – aufbauen und pflegen
- Bereicherung – sehen, schätzen und nutzen
- Werte – vermitteln und anerkennen
- Unterstützung – geben und selbst annehmen
- Kooperation und Vernetzung – aufbauen und profitieren

Das macht für uns Inklusion aus:
Wenn Vielfalt und Unterschiedlichkeit, egal in welcher Form, von Kindern selbstverständlich und im Miteinander gelebt wird.
Wenn jedes Kind für sich selbst und sein Gegenüber singen und sagen kann „Einfach spitze, dass du da bist!"
Wenn Eltern Vertrauen gefasst haben, sie mit einem Lächeln in die Einrichtung kommen, sie ihre Vielfalt, Kultur, Ängste, Sorgen und Freuden mitbringen.
Wenn Familien miteinander in Kontakt kommen. Und wenn es nur ein Lächeln ist, das zeigt: Ich nehme dich wahr – Du gehörst dazu.

Unsere Themen
- Haltung und Werte der Mitarbeiterinnen
- Zusammenarbeit mit Eltern

Zentrale Aktivitäten im Projektzusammenhang
Index Team = Gesamtteam
- Vertrauen zu Kind, Eltern & Familie
- Lieder in den unterschiedlichen Sprachen
- Begrüßungswand mit Familienbild und Muttersprache
- Zeit und Möglichkeiten für persönliche Kontaktaufnahme
- Angebotserweiterung

Übergänge gestalten
Kooperation

Willkommen an Bord
Die „Arche Noah" bietet Platz für Familien und Kinder aus 12 verschiedenen Nationen. Hier dürfen sich Menschen mit sehr unterschiedlichen sozialen und kulturellen Hintergründen begegnen, gegenseitig bereichern und wohl fühlen.
In unserem Haus spielen, lernen und entdecken bis zu 50 Kinder ihre Lebenswelt.

Schwerpunkte unserer Arbeit:
- Situationsorientierter Ansatz
- Religionspädagogik
- Orientierungsplan
- Qualitätsmanagement
- Unser Raumkonzept mit der offenen Arbeit
- Teamarbeit

Stephan Thalheim

Motto:
Das goldene Mittelmaß vom Geben und Nehmen, Bestimmen und Freigeben, Führen und Wachsen lassen.

Leitgedanke:
„Das alles hat uns Gott geschenkt, aber es gehört uns."

Evang. Friedrich-Fröbel-Kinderhaus (Ludwigsburg)
Träger: Evangelische Gesamtkirchengemeinde Ludwigsburg

Unser Bezug zur Inklusion:

„Anschauungen der Erziehungslehre von Friedrich Fröbel sind im Bildungskonzept der Einrichtung zu erkennen. Die Kinder werden mit ihrem derzeitigen Stand empfangen und unter Berücksichtigung ihrer Fähigkeiten und Möglichkeiten begleitet. Das Kinderhaus ist für uns ein Ort, in dem Kinder spielend und entsprechend ihrer Neigungen und Begabungen gefördert und gefordert werden können." (Auszug aus der Konzeption)

1999 erreichten wir eine Erweiterung der Betriebserlaubnis zur Betreuung von Schulkindern. Die große Altersmischung ist vorteilhaft für die familienergänzende Pädagogik in unserer Einrichtung. Das Zusammenleben der Kinder unterschiedlichen Alters und ihre wachsende Vertrautheit fördern ihre Gemeinschaftsfähigkeit mit Grenzen, Regeln und Ritualen, eine Entwicklung der Eigenverantwortlichkeit, Geborgenheit, die Stärkung ihres Selbstvertrauens und ihre Verantwortung füreinander.

Das macht für uns Inklusion aus:

Die pädagogisch Mitarbeitenden zeigten immer die Bereitschaft, inklusive und integrative, kind- und entwicklungsorientierte pädagogische Arbeit zu leisten. Dabei
- streben sie eine wertschätzende und anerkennende Grundhaltung zum Kind und dessen Familie an,
- ergründen sie deren Vielfalt und Unterschiedlichkeit, um die Erkenntnisse im Umgang mit den Kindern einfließen zu lassen

Nicht immer ist die gewünschte Arbeitsweise gleichzeitig sie mögliche Handlungsweise! Grenzen und Stolpersteine schmälerten die gewünschte Arbeitsweise.
Wir machten uns auf den Weg zur Optimierung.

Unsere Themen:
- Bündelung und ständige Aktualisierung aller Institutionen, die Entscheidungen zur Entwicklungsförderung bedürftiger Kinder treffen, um verkürzte Wege für alle am Kind arbeitenden Beteiligten zu erreichen
- Koordination von Runden Tischen für das Kind durch die Verantwortung einer Institution
- Entwicklung eines Fachkräftepools zur Integration von Kindern mit Assistenzbedarf
- Schaffung von optimalen Bedingungen zur inklusiven und integrativen Arbeit und Nutzung vorhandener Ressourcen

Zentrale Aktivitäten im Projektzusammenhang:
- Integration der Kleinkindgruppe in den Kindergartenalltag
- Vernetzung (Allgemeiner Sozialer Dienst (ASD), Frühförderstelle, Eltern, Träger und Personal der Einrichtung)

Wir bieten:
- In der Oststadt von Ludwigsburg Bildung, Erziehung und fürsorgliche Betreuung für 88 Kinder im Alter von 1 – 10 Jahren in 3 Gruppen.
- Verschiedene Betreuungszeiten
- Vollwertige Mittagsmahlzeiten
- Ruhemöglichkeiten für alle Kindergartenkinder
- Hausaufgabenbetreuung bis zur 4. Klasse
- Offene Gruppenarbeit
- entwicklungsorientierte Altersstammgruppen
- Täglich mehrmals Aufenthalt an der frischen Luft
- Unterstützende und begleitende Sprachförderung
- Bewegungsaktive, musikalisch-rhythmische Tagesgestaltung, Arbeitsgemeinschaften

PROJEKTBERICHT

Stadt Reutlingen

Motto:
Jedes Kind ist besonders und hat das Recht, in dieser Besonderheit angenommen zu werden und sich individuell zu entwickeln.

Leitgedanke:
Wir sind interessiert an der Entwicklung des Kindes und begegnen seinen Lern- und Bildungsprozessen mit Wertschätzung.

Städt. Kindertagesstätte Gustav-Groß-Straße (Reutlingen)
Träger: Stadt Reutlingen

Unser Bezug zur Inklusion:

Inklusion ist ein Prozess, der beständig am Laufen gehalten werden muss und das (Er-)leben von Vielfalt ermöglicht. In der alltäglichen Begegnung der Kindertagesstätte finden sich zahlreiche Möglichkeiten, Vielfalt im Alltag zu (er-)leben: Jungen und Mädchen mit verschiedenen Familiensprachen, verschiedenen religiösen und kulturellen Hintergründen, verschiedenen Voraussetzungen und Wünschen. Krippen-, Kindergarten- und Hortkinder: Sie alle haben individuelle Bedürfnisse und Interessen. Sie wollen sich als kompetent erfahren, in ihrer Entwicklung achtsam begleitet werden und sich als wertvoll erleben. Sie alle brauchen andere Kinder und Erwachsene, mit denen sie vielfältige Erfahrungen sammeln können. Jedes Kind ist besonders und hat das Recht, in dieser Besonderheit angenommen zu werden und sich individuell zu entwickeln.

Dabei werden die Jungen und Mädchen in der Kindertagesstätte achtsam von Fachkräften begleitet, die über unterschiedliche biografische und berufliche Hintergründe und Erfahrungen verfügen. Sie sind interessiert an der Entwicklung des Kindes und begegnen seinen Lern- und Bildungsprozessen mit Wertschätzung. Sie ermöglichen es allen Kindern, am Alltag zu partizipieren und erleben sich dabei selbst als Bestandteil eines multiprofessionellen Teams. Sie sind offen für Kinder und ihre individuelle Lebensbiografie, die durch die Familie des Kindes und sein Umfeld geprägt ist. Eltern werden als kompetente Partner geschätzt und sind Bestandteil des pädagogischen Alltags.

Kinder, Eltern und Fachkräfte – sie alle sind Teil der Kinder-tagesstätte. Sie alle ermöglichen es, Vielfalt im alltäglichen Miteinander zu (er-)leben.

Unsere Themen und zentrale Aktivitäten im Projektzusammenhang:

- Auseinandersetzung mit dem Index für Inklusion und den entsprechenden Indikatoren
- „Jeder ist willkommen" – unser Ansatz ist differenzierter geworden
- Eltern entscheiden sich bewusst für die Einrichtung
- Willkommens-Buch
- Aufbau eines Handlungsnetzwerks zur Unterstützung
- Vernetzung mit einer Praxis für Ergotherapie
- Vermehrte Aufnahme von Kindern mit Unterstützungsbedarf

Wir bieten:

50 Ganztagesplätze für Kinder von 1,6 – 10 Jahren
Vorbereitete Räume und Zeiträume, um sich die Welt mit allen Sinnen anzueignen und um zu forschen, zu fragen und selbstbestimmt und eigenverantwortlich zu handeln.

Schwerpunkt unserer Arbeit:

- Wir sind offen allen Kindern und deren Familien gegenüber
- Wie achten auf die Bedürfnisse, Interessen, Ideen und Wünsche der Kinder.
- Wir anerkennen die Persönlichkeit jedes Kindes, gehen in einen intensiven Dialog mit ihnen und beziehen sie in Entscheidungen ein (Partizipation)
- Wir arbeiten nach dem Konzept der Offenen Arbeit in Lernorten und Bezugserzieherinnensystem
- Wir orientieren uns an der Pädagogik von Emmi Pikler und Reggio
- Wir verwenden das Beobachtungs- und Dokumentationsverfahren der Bildungs- und Lerngeschichten (nach M. Carr)
- erleben an Waldtagen gemeinsam die Natur

Stephan Thalheim

Evangelische Kirche
REUTLINGEN

"TOGETHER IN A BETTER BALANCE"
Ein Sinn–„Bild" für Inklusion miteinander bedenken.

Leitgedanke:
„Sinnlich leben, Sinn – voll lernen"

Evang. Kindergarten „Sonnenblume" (Reutlingen)
Träger: Evangelische Gesamtkirchengemeinde Reutlingen

Unser Bezug zur Inklusion:

Vernetzung heißt, nicht alleine zu sein ... Zusammenarbeit mit

- der Frühförderstelle
- den Grundschulen
- den Behörden
- der Kirchengemeinde
- dem Träger
- der Bruderhausdiakonie
- weiterführenden Schulen
- den Fachschulen

Die Welt zu Gast ...
10 Familien haben einen Migrationshintergrund, die Eltern haben ihre Wurzeln in 7 verschiedenen Ländern, aber nur für 4 Kinder ist Deutsch nicht die Erstsprache.

Offensein für junge Menschen - all „inklusiv"

Inklusion ist für uns gelungen, wenn:

- unterschiedliche Menschen ihren Platz gefunden haben
- Verschiedenheit uns bereichert und alle ein Stück weiterbringt
- jeder da sein darf und seine Stärken und Schwächen nicht mehr verbergen muss
- uns klar ist, dass es ein lebenslanger Weg ist und kein abzuschließendes Projekt
- ich bei mir anfange und lerne, mich „all inklusiv" anzunehmen
- wir zusammen in einer guten Balance leben

Unsere Themen:

Ehrlich anschauen, was uns dabei schwer und was uns leicht fällt • den Begriff der Inklusion weiten in die große Vielfalt hinein • Handlungsschritte im täglichen Alltag entwickeln und umsetzten • Sehen, was wir gut machen - und wo man anknüpfen kann

Zentrale Aktivitäten im Projektzusammenhang:

"Ein Lamm geht auf die Reise..."
Miteinander den Advent erleben, ein „Lamm" beherbergen und einander davon berichten... Offen werden für neue Wege und Begegnungen". Entlastung kommt von überraschender Seite – Ein integrierter Arbeitsplatz entsteht. Ein junger Mann mit Beeinträchtigung findet seinen Platz in unserem Kindergarten – und wir finden es gut!

Wir bieten:
22 Plätze im Zeitmodell 7.30h -13.30h; 20 Plätze im Zeitmodell 7:30h – 13:30h + Di , Mi – 17:30h. Derzeit 37 Kinder; aufgeteilt in 2 Gruppen

Schwerpunkt unserer Arbeit:
Freispielzeit ist Begegnungszeit • Gemeinsam Singen und Spielen • Rhythmik, Bewegungserziehung und Musik • Kreativität ist Lebendigsein in vielen Sprachen - Holzwerk-statt, versch. Gestaltungsmöglichkeiten, Rollenspiele • Religionspädagogik im Jahreskreis – ganzheitlich & sinnvoll • Dem Leben auf der Spur – Naturerfahrungen machen der Waldtag 1x /Woche • Die Jahreszeiten erleben mit allen Sinnen • Alltagsnahe Sprachförderung • Jeder Mensch ist einmalig und wertvoll – Inklusion – zusammen Leben in guter Balance • „Ich bin klein, aber ich bin wichtig" (J.Korczak). Die Kinder in ihrem So-sein stärken und sie in die Welt begleiten • „Zusammen sind wir stark" – Partnerschaftlichkeit mit den Eltern

PROJEKTBERICHT

5. Der Index für Inklusion

Der Index für Inklusion, als international eingesetztes Instrument der Inklusionsförderung, wurde für den deutschsprachigen Raum zunächst 2003 für den schulischen Bereich von A. Hinz und I. Boban, Universität Halle, ins Deutsche übersetzt und angepasst. Für den Bereich der Tageseinrichtungen für Kinder wurde die englischsprachige Version (Booth u.a 2004) von der GEW ins Deutsche übersetzt und 2006 veröffentlicht.

Inzwischen liegen weitere Versionen des Index für Inklusion vor, z.B. der Kommunale Index für Inklusion „Inklusion vor Ort", 2011 herausgegeben von der Montag Stiftung Jugend und Gesellschaft in Zusammenarbeit mit dem Deutschen Verein für öffentliche und private Fürsorge.

Der „Index für Inklusion" baut seine zentralen Werte auf dem Fundament der Menschenrechte und Menschenwürde auf. Sie geben den Rahmen der Fragestellungen vor und greifen die Grundsatzfrage auf: *„Wie wollen wir zusammen leben?"* (vgl. Booth 2010). Die Schlüsselfragen des „Index für Inklusion – Tageseinrichtungen für Kinder" beziehen sich auf Barrieren für gemeinsames Spiel, Lernen und Teilhabe/Partizipation: Wer stößt auf welche Barrieren? Was und wer kann hilfreich sein, um die Barrieren zu vermindern? Mit anderen Worten: Wie kann die Kindertageseinrichtung und ihr Umfeld so gestaltet werden, dass unabhängig von Herkunft, sozialem Status, Geschlecht, Religion, Alter sowie körperlichen und geistigen Potenzialen und Beeinträchtigungen alle Kinder und ihre Familien gleichberechtigt teilhaben können?

Booth selbst schreibt hierzu: *„Ich verstehe Inklusion weniger als Ansatz, um Ausgrenzung bestimmter Gruppen, wie z.B. die der Menschen mit Behinderungen oder der mit sogenanntem sonderpädagogischem Förderbedarf zu vermeiden, sondern eher als Ansatz zur Bildungs- und Gesellschaftsentwicklung. [...] Somit geht es bei Inklusion um die Gestaltung eines Umfelds oder Systems, das in der Lage ist, auf Vielfalt einzugehen und zwar so, dass alle Kinder, Jugendlichen und Erwachsenen gleichermaßen wertgeschätzt werden"* (Booth, Tony 2010).

Die Logik und der Aufbau des Index für Inklusion orientieren sich an drei Dimensionen: Kultur (inklusive Kulturen entfalten), Strukturen (inklusive Leitlinien etablieren) und Praktiken (inklusive Praxis entwickeln).

Kulturen sind die Basis, auf der wir uns alltäglich bewegen. Es sind die über Jahre und Generationen gewachsenen Werte und Vorstellungen, u.a. über Zugehörigkeit, Vertrautes und Fremdes, Normalität und Abweichendes.

Strukturen sind die Wege, die wir aufgrund unserer Gesetze, Rahmenbedingungen, Konzeptionen und Leitlinien begehen oder umgehen.

Praktiken sind die konkreten Handlungen, z.B. in der Kindertageseinrichtung, und basieren auf pädagogischen Aktivitäten und dem Zusammenwirken der Menschen vor dem Hintergrund der vorhandenen Kulturen und Strukturen.

Alle drei Dimensionen hängen eng miteinander zusammen und beeinflussen einander gegenseitig. Es ist deshalb offen und ermöglicht selbst zu entscheiden, auf welcher Ebene, mit welchen Themenstellungen und Prioritäten mit der Indexarbeit begonnen wird.

Für alle drei Dimensionen bietet der Index für Inklusion Indikatoren, die es erleichtern, Themen zu identifizieren, zu konkretisieren und zu strukturieren.

Auf einer weiteren Ebene formuliert der Index für Inklusion konkrete Fragestellungen zu jedem Indikator. Dabei gibt der Index für Inklusion keine Lösungsvorschläge vor, sondern hilft, Diskussionsprozesse und die Auseinandersetzung mit den identifizierten Themenstellungen anzuregen. Es geht mithin nicht darum, die Dimensionen, Indikatoren und Fragestellungen gleichsam abzuarbeiten.

Ondracek fasst die Bedeutung des Index für Inklusion wie folgt zusammen:

„Die Relevanz des Index für Inklusion [. . .] zum Zwecke der Inklusionsförderung ist insbesondere in seinem prozessualen Charakter und der auf die jeweiligen Verhältnisse maßgeschneiderten Anwendung begründet. Mit Hilfe des Index für Inklusion werden keine Messungen zwecks standardisierter Feststellung von Makeln durchgeführt [. . .]. Vielmehr bietet er die Möglichkeit zur gemeinsamen Bestandsaufnahme aller inklusionsrelevanten Aspekte in einer Gemeinschaft, an der sich alle Mitglieder beteiligen." (Ondracek 2011, S. 131f)

Der „Index für Inklusion – Tageseinrichtungen für Kinder" bildete vor diesen Hintergründen eine zentrale Grundlage in der Beratung, Begleitung und Qualifizierung mit den projektbeteiligten Einrichtungen.

Ein Ziel des Projekts IQUAnet war es, die Anwendung des Index für Inklusion in den vier projektbeteiligten Kindertageseinrichtungen modellhaft zu erproben, Erfahrungen zu sammeln und einer breiteren Öffentlichkeit zugänglich zu machen.

5.1. Arbeiten mit dem Index für Inklusion - Umsetzungsschritte und Phasen vor dem Hintergrund der Projekterfahrungen

Im Folgenden werden die Arbeitsschritte bzw. Arbeitsphasen des Index für Inklusion, welche sich an der allgemeinen Struktur von Qualitätszirkeln der Qualitätsentwicklung orientieren, kurz dargestellt.

Diese Vorgehensweise kann dabei als exemplarisch betrachtet werden. Es kann auch in anderer Form mit dem Index für Inklusion gearbeitet werden, die der jeweiligen Situation angemessen ist. *„Jede Verwendung ist gerechtfertigt, die zur Reflexion über Inklusion anregt und zu einer größeren Partizipation von Kindern und Jugendlichen an Kulturen, Aktivitäten und Gemeinschaften ihrer Einrichtung führt"* (Index für Inklusion, S. 25).

Phase 1: Mit dem Index beginnen - Einführung in den Index für Inklusion

Der Index für Inklusion sieht vor, dass sich zu Beginn des Prozesses eine Personengruppe zusammenfindet, die sich vertieft mit den Materialien auseinandersetzt, die Teammitglieder und anderen Beteiligten für den Umsetzungsprozess sensibilisiert und die Prozesse in der Einrichtung steuert (Index-Team).

Im Projektkontext wurden Einführungsveranstaltungen zusammen mit den Einrichtungen durchgeführt.

Die anschließend gebildeten Index-Teams der Einrichtungen wiesen unterschiedliche Zusammensetzungen auf. Während sich das Index-Team in zwei Einrichtungen aus vier bis fünf interessierten Kolleginnen zusammensetzte, entschieden sich die beiden anderen Einrichtungen dafür, das Gesamtteam als Index-Team zu nutzen.

Im Index-Team können auch VertreterInnen der Eltern, des Trägers oder Schlüsselpersonen aus dem Gemeinwesen oder der Verwaltung beteiligt sein, wie dies in anderen Erprobungsprojekten umgesetzt wird (vgl. Gebhardt 2011; Haefke, S./Mattke, U. 2012). Im Rahmen des Projektes IQUAnet, entschieden sich die Einrichtung jedoch zunächst dafür, auf die Beteiligung von externen Partnern im Index-Team zu verzichten, um Prozesse zunächst „im geschützten Rahmen" des Teams diskutieren zu können. Die Zusammensetzung der Index-Teams wechselte in den Einrichtungen im Projektverlauf aufgrund von Personalwechseln und/oder veränderten Interessenslagen[6].

Regelmäßige Arbeitstreffen und eine gewisse Konstanz des Index-Teams erwiesen sich im Projektzusammenhang als wichtig. Auch sollte die Vielfalt der MitarbeiterInnen im Index-Team repräsentiert sein und ein Transfer der Arbeitsergebnisse in das Gesamtteam gewährleistet werden. Die Zusammensetzung und ggf. Erweiterung der Zusammensetzung des Index-Teams (ggf. Beteiligung z.B. von Eltern, externen Partnern) sollte dennoch in regelmäßigen Abständen geprüft werden. Die Regie über den Prozess und über die Zusammensetzung des Index-Teams sollte jedoch in jedem Fall bei der Einrichtung bleiben.

Vor allem in größeren Teams erweist sich ein Index-Team von vier bis fünf Personen als sinnvolle Arbeitsstruktur.

Weiter sieht der Index für Inklusion vor, dass der Prozess durch einen kritischen Freund, eine außen stehende Person, welche die Einrichtung gut kennt, begleitet wird. Die Rolle eines kritischen Freundes von außen wurde in den projektbeteiligten Kindertageseinrichtungen nicht besetzt. Gewisse Anteile und Aspekte dieser Funktion wurden jedoch durch Projektkoordinatorin bzw. das Projektteam von IQUAnet übernommen.

---

6 Die Evaluation intra- und interpersoneller Entwicklungsprozesse innerhalb der Index-Teams im Projektverlauf erwies sich vor diesem Hintergrund als nicht zielführend und wurde daher nicht weiter verfolgt. Stattdessen wird im Weiteren die ausführliche Verwendung von Zitaten aus den Zwischen- und Auswertungsgesprächen bewusst als Darstellungsform gewählt. Dem liegt im Sinne der Praxisforschung die Position zugrunde, dass die Wirkungen, Bedeutungen und Ergebnisse am ehesten durch die Akteure im Feld selbst eingeschätzt werden können. Den zitierten Aussagen liegen zwar jeweils bereits subjektive Interpretations- und Deutungsmuster zugrunde. Deren Analyse und Rekonstruktion war ein laufender Prozess der wissenschaftlichen Begleitung und fließt daher in den Gesamtbericht mit ein, ohne hier gesondert dargestellt zu werden. Dieses Vorgehen scheint auch vor dem Hintergrund vertretbar, dass der Bericht eher eine Dokumentation darstellt, denn als ein grundlagentheoretischer Forschungsbericht verstanden wird.

Die Projekterfahrungen zeigen, dass der Index für Inklusion ohne eine entsprechende Einführung, mit seiner Vielzahl an Fragen und Indikatoren, zunächst sperrig und wenig ansprechend erscheint. Eine gemeinsame Einführung in den Index durch eine mit dem Index erfahrene Fachkraft erweist sich als zentral, um ein gemeinsames Verständnis von Inklusion zu entwickeln, die Potentiale und Anliegen des Index zu entdecken, eine geeignete Arbeitsstruktur aufzubauen und das gesamte Team im Prozess mitzunehmen. Für die Einführung durch eine externe, mit dem Index erfahrene Fachkraft sind nach unseren Erfahrungen mindestens ca. 8 Stunden. erforderlich.

Phase 2: Einrichtungssituation beleuchten

In einem weiteren Schritt geht es darum, die Einrichtungssituation zu beleuchten, d.h. virulente Themen, bereits gelingende Prozesse und Entwicklungsthemen im Hinblick auf Partizipation und Barrieren für gemeinsames Spielen und Lernen zu betrachten. Hierbei werden keine Bewertungen der Einrichtungssituation von außen nach vordefinierten Standards im Sinne einer summativen Evaluation vorgenommen. Vielmehr geht es darum, bereits gelingende Prozesse und vorhandene Ressourcen sowie gemeinsame Themen und Entwicklungsbedarfe des Teams herauszuarbeiten und sich auf gemeinsame Arbeitsthemen zu verständigen.

Dabei geht es zum einen um gemeinsame und unterschiedliche Sichtweisen der Mitarbeiterinnen, aber auch um einen Perspektivwechsel, d.h. um Themen und Entwicklungsfragen in Bezug auf die Einrichtung z.B. aus Sicht der Kinder und aus Sicht der Eltern.

Die Bedeutung dieses Schrittes beschreibt eine Einrichtungsleitung wie folgt:

„Also für uns war es ganz zentral, einfach mal unser Haus auch zu überdenken oder in Augenschein zu nehmen, weil man sagt auf der einen Seite ‚jedes Kind ist willkommen'. Bieten wir, bieten die Mitarbeiter, bieten die Räume, bietet das Material [...], dass jedes Kind damit arbeiten kann und dass jedes Kind mit dem, was das Haus insgesamt bietet, in seiner Entwicklung einfach weiter fortschreitet" (LI1, 2)

Der Index hält hierfür im Anhang verschiedene Fragebögen als Hilfsmittel bereit, um die Einrichtungssituation zu beleuchten. Diese folgen in Aufbau und Logik der Struktur des Index und helfen hierdurch, Themen zu identifizieren und in der Weiterarbeit auf die entsprechenden Indikatoren des Index zu beziehen.

Im Projekt wurde eine schriftliche Befragung der Gesamt-Teams mittels des Fragebogens des Index durchgeführt. Die Ergebnisse wurden jeweils von der Projektkoordinatorin im Team vorgestellt und diskutiert. Dieses Vorgehen erlaubt es dem Team, sich bewusst zu machen, an welchen Punkten gemeinsame Stärken der Einrichtung gesehen werden und an welchen Punkten Entwicklungsbedarf wahrgenommen wird. Als entscheidend erweisen sich Fragestellungen, zu denen in den Einzeleinschätzungen der MitarbeiterInnen ein hoher Dissens bzw. Konsens sichtbar wurde. Durch die Konkretisierungen der Themenbereiche wurden z.T. an Stellen Unterschiede in den Einschätzungen der einzelnen Mitarbeiterinnen sichtbar, bei denen im Team zunächst von einem größeren Konsens ausgegangen worden war.

Diese Themen regen zu Diskussionen im Team an und können Anlass sein, sich mit einem Thema mit Hilfe des Index für Inklusion vertieft auseinanderzusetzen.

Auch in dieser Phase der Selbsteinschätzung und Selbstreflexion der Teams und der Themenfindung erwies sich eine Begleitung von außen als sinnvoll. Hierzu beispielhafte Aussagen aus zwei der abschließenden Gruppendiskussionen:

A1: „Also ich finde, es [...] erschlägt einen richtig, [...] und man braucht auch jemanden, der [...] mit einem strukturiert erst mal und auch verdeutlicht, dass es nur Schritt für Schritt gehen kann, aber man braucht da schon jemanden, der auch mal einen so ein bisschen unterstützt und auch so den Weg manchmal zeigt."

A: „Ja, und auch noch guckt, was passiert eigentlich schon im Alltag, also das finde ich auch ganz wichtig, nicht dass jetzt so ein Buch kommt [...] und das muss man jetzt umsetzen, sondern erst mal anschaut in der einzelnen Einrichtung, was passiert bei ihnen schon in der Einrichtung und wo kann man ansetzen." (IT 1, 13)

A: „Also was ich wichtig fand, dass es immer wieder so den hohen Anspruch nahm, also wenn man Gefahr läuft, den Index als Checkliste für das Dasein einer guten Erzieherin zu nehmen, dann kann man da auch Schiffbruch erleiden, [...]. Und da nimmt sie den Dampf raus, das fand ich gut [...]" (IT 3, 10)

Um auch die Perspektive von Eltern und den Kindern einzubeziehen, bietet der Index für Inklusion ebenfalls Fragebögen für diese Zielgruppen an[7]. Vor dem Hintergrund der Projekterfahrungen sind jedoch auch alternative, dialogorientierte Vorgehensweisen in der Einbeziehung der Sichtweisen von Eltern und Kindern auf die Einrichtungssituation denkbar. In jedem Fall sollte der Perspektive der Kinder und der Eltern bei der Beleuchtung der Einrichtungssituation hohe Bedeutung beigemessen werden, um Entwicklungspotentiale, Ideen und Vorstellungen aus Sicht der NutzerInnen der Einrichtung einzubeziehen.

---

[7] Zum Teil sind jedoch einzelne Fragen unpräzise und missverständlich formuliert und stoßen auf Unverständnis, zum anderen wird die Gefahr gesehen, dass die Fragebögen eine Bewertungs- statt einer Dialogkultur implizieren, die dem Geist des Index entgegensteht.

Phase 3: Einen inklusiven Plan (Aktionsplan) erstellen

Nachdem gemeinsame Themen identifiziert und diskutiert wurden und eine Prioritätenliste erstellt wurde, sollen die Prozesse in konkrete Aktivitäten münden. Der Qualitätszirkel des Index empfiehlt, die angestrebten Aktivitäten in einem Aktionsplan festzuhalten, der folgende Aspekte umfasst:

- Was möchten wir erreichen?
- Welche Schritte können wir unternehmen?
- Wer wird was tun?
- Was brauchen wir dazu?
- Wann soll eine Evaluation erfolgen?

Dieses Vorgehen wurde in dieser Form im Projektzusammenhang lediglich von einer Einrichtung genutzt. Die anderen Einrichtungen empfanden die Arbeit mittels eines Aktionsplans als zu unflexibel und formal:

„[…] in dem ersten Jahr haben wir das gemacht, wo das Thema sozusagen, die Zusammenarbeit mit den Eltern war oder warum gelingt das nicht, […] da sind wir ein Stück weit davon abgekommen, weil […] das war uns zu starr. Ich finde, […] wenn man neu mit einem Instrument arbeitet, dann ist das schon sehr hilfreich, die Vorlagen und da sehe ich es auch als sehr wichtig an. Aber ich denke, wenn das Instrument dann bekannt ist und man würde dann an den Vorlagen sozusagen kleben bleiben, […] dann ist das für mich ein Stück weit auch zu starr." (IT1, 14)

Den Vorteilen einer zeitlichen und inhaltlichen Strukturierung und Überprüfbarkeit der Aufgaben steht der Nachteil gegenüber, dass prozesshafte Entwicklungen und Anpassungen im Umsetzungsprozess bei der Verwendung eines Aktionsplans weniger berücksichtigt werden.

Mit einer Begleitung von außen lassen sich, nach unseren Projekterfahrungen, die Prozesse auch ohne einen Aktionsplan im Auge behalten und konsequent verfolgen, Verantwortlichkeiten für die angestrebten Prozesse im Team klären und die zeitliche Planung im Bewusstsein halten . Ohne eine entsprechende Begleitung besteht jedoch die Gefahr der Unverbindlichkeit, da eine inklusive Weiterentwicklung häufig nicht als Pflichtaufgabe wahrgenommen wird:

„Es war ganz gut, denke ich, um dranzubleiben an manchen Fragestellungen oder Themen, weil dann doch durch die Alltagssituationen oder grade auch durch unsere Neugestaltung und Umstrukturierung, neue Gruppe und so weiter, eher andere Themen gewichtiger waren und dann waren das ganz gute Punkte, um sich dann wieder damit auseinanderzusetzen oder auch gezielter […] damit auseinanderzusetzen. Und manchmal war es einfach auch zu viel, ganz offen und ganz ehrlich, diesbezüglich sich dann auch nochmal auseinanderzusetzen." (IT4, 21)

Phase 4: Den inklusiven Plan umsetzen

Der Index und die beratende Begleitung der Arbeit mit dem Index tragen in erster Linie dazu bei, Reflexionsprozesse anzustoßen und zu strukturieren, neue Ideen und Impulse zu entwickeln und einen internen Dialog anzuregen, miteinander ins Gespräch zu kommen.

A1: „Mit dem Index wird ein Nachdenken über die Arbeit bewirkt, also eine Auseinandersetzung, eine intensivere Auseinandersetzung [. . .] und auch mal einer Fragestellung nachzugehen, die sich sonst nicht aufgeworfen hätte."

A2: „Man bekommt auch Impulse für die Praxis, also man reflektiert ja erst mal [. . .], aber man bekommt auch neue Impulse, [. . .] oder kommt einfach ins Gespräch über eine bestimmte Fragestellung, wie können wir jetzt zum Beispiel den kollegialen Austausch nochmal anders gestalten. [. . .]."(IT1, 11)

Dabei wird positiv hervorgehoben, dass konkrete Aktivitäten in der Arbeit mit dem Index entstehen und es nicht bei Reflexionsprozessen bleibt:

„. . . dass das nicht so auf dieser theoretischen Ebene geblieben ist, sondern, dass wirklich dann auch Nägel mit Köpfen [entstanden sind]" (IT 2, 16)

Es erwies sich im Projektzusammenhang als sinnvoll und notwendig, hier kleinschrittig vorzugehen. Manche der entwickelten Aktivitäten erscheinen auf den ersten Blick zunächst unspektakulär (vgl. Pkt. 7). Sie sind als Ausdruck einer veränderten Haltung und in ihrer Summe jedoch wirkungsvoll.

Bei der Planung und Umsetzung der Aktivitäten geht es zunächst nicht sosehr darum, zusätzliche Aktivitäten zu gestalten, sondern vielmehr darum, bestehende Praxis inklusionsorientiert zu überdenken, um einen „Weg, diese nach inklusiven Maßstäben zu gestalten" (Index für Inklusion, S. 10); sei es beispielsweise die Zusammenarbeit mit Eltern, die Zusammenarbeit im Team, die Gestaltung des Übergangs bei der Aufnahme in die Einrichtung oder das morgendliche Begrüßungsritual bzw. die Übergabesituation an die Eltern.

Dabei zeigen die Projekterfahrungen, dass es ebenfalls wichtig ist, nicht zu viele Aspekte auf einmal angehen zu wollen und lieber kleinere Aktivitäten zu einem erfolgreichen Ende zu führen:

„Es [Anm. S.T.: der Index für Inklusion] ist einfach ein sehr gutes Hilfsmittel zur Reflexion. Wobei, es ist immer schwer, sich zu entscheiden, [. . .], weil es so eine große Auswahl ist. Also da war ich jetzt doch immer ganz froh, dass die Frau Kaiser das immer so ein bisschen geleitet hat, [. . .] also was ist der nächste Schritt, [. . .] weil, man könnte natürlich bei so einer Frage ewig weitermachen und sich überlegen, was für Aktionen können wir jetzt noch machen[. . .], wo man natürlich auch ein bisschen gucken muss, dass es nicht zu viel auf einmal ist [. . .], also dass man dann nicht da an der Familie ansetzt, da am Kind, da am Team oder da an den Netzwerkpartnern außerhalb, sondern ja, das Stück für Stück macht, damit das nicht zu viel auf einmal wird." (LI 2,2)

Phase 5: Index-Prozess evaluieren

In regelmäßigen Abständen, bzw. nach Umsetzung einer neu entwickelten Aktivität, sollten die entstanden Prozesse einer Selbstevaluation im Index- bzw. Gesamtteam unterzogen werden. Was war gelungen und gut? Wo müssen wir nachsteuern? Was würden wir beim nächsten Thema anders machen? Wie können wir Nachhaltigkeit in den begonnen Prozessen erzielen?

Die Bedeutung der Selbstevaluation und Ergebnissicherung wird auch in folgendem Ausschnitt in einer Gruppendiskussion deutlich:

A: „Also ich denke, [...] es kommt schon auch die bunte Vielfalt hier im Haus heraus und was wir machen, wo wir eigentlich schon Standards haben, wo wir schon professionell handeln, aber [...] ich finde, man muss da auch sehr aufpassen, dass man da nicht bloß in die Praxis kommt, sondern dass man das, was dann theoretisch ist, schon auch versucht festzuhalten, im Sinne [...] einer Qualitätssicherung, [...] das ist auch ein Punkt, über den wir auch noch intensiver nachdenken müssen, [...], das müssen wir noch [...] mehr komprimieren, also noch mehr zusammenfassen."

A1: „Und verschriftlichen, dass man einfach sieht, was ist schon vorhanden, das finde ich auch wichtig, [...] es ist viel vorhanden, man muss es nur irgendwie in eine Form packen und ich denke, das unterstützt einen dann auch, wenn man sagt, so wird hier gearbeitet in dem Haus, das ist unser Profil."

A2: „Ja, auch im Hinblick auf die Konzeption." (IT1, 15)

5.2. Einschätzungen und Ergebnisse zum Index für Inklusion

Bevor unter Abschnitt 8 auf die inhaltlichen Aspekte der Projekterfahrungen in der Anwendung des Index für Inklusion eingegangen wird, sollen im Folgenden allgemeine Aussagen und Einschätzungen zum Index aus der dreijährigen Anwendungspraxis der projektbeteiligten Kindertageseinrichtungen dargestellt werden.

5.2.1. Gesamteinschätzung des Index für Inklusion aus Sicht der Kindertageseinrichtungen

Betrachtet man die Gesamtbewertung der Indexarbeit der vier Kindertageseinrichtungen in den abschließenden Gruppendiskussionen mit den entsprechenden Index-Teams und in den Leitfaden-gestützten Interviews mit den Einrichtungsleitungen unter der Fragestellung: „Was wurde mit dem Index für Inklusion, als Manual um Barrieren abzubauen und Partizipation zu fördern, im Projektkontext bewirkt?", wird die Arbeit mit dem Index für Inklusion insgesamt positiv eingeschätzt, da er

- viele Anstöße und Anregungen liefert
- Gespräche und Diskussionen im Team anregt
- Selbstreflexion unterstützt
- und die Vielfalt im Team als Ressource nutzbar macht.

Folgende Zitate aus verschiedenen Interviews und Gruppendiskussionen unterstreichen diese Einschätzung beispielhaft[8]:

A: „Es regt zur **Selbstreflexion** an."

A1: „Und [...] mir macht es auch Spaß, über eine Fragestellung vom Index gemeinsam im großen Team nachzudenken und da auch dann quasi so **die Vielfalt der Gedanken** zu sehen, die **sichtbar zu machen**."

A: „Auch die **Vielfalt der Mitarbeiterinnen** dann **zu nutzen**." (IT 1, 11)

„Es gibt **sehr viele Anstöße,** also so Fragen, auf die man als Team oder als Leitung dann auch gar nicht unbedingt jetzt immer kommen würde, es trifft sehr den Kern der Sache [...], **man kommt sehr gut in ein Gespräch rein,** [...] wenn man jetzt nur die Frage hätte, dann wäre es auch nochmal anders, aber dadurch, dass da so viele Anstöße dabei sind, fällt es leichter, **sich selber zu reflektieren**" (LI2, 2)

„Also ich denke, der Index hilft [...] durch die vielen Fragestellungen**, dass man sich einen Bereich oder eine Thematik, [...] besser erschließen kann** und [...] auch mal von einem anderen Blickwinkel, [...] – der zwingt einen, dass man **auch mal über Eck denkt**." (LI1, 2)

„Also ich empfinde [...] diese Arbeit mit diesem Index, [...], schon auch für mich als Sternstunde, weil es **Vieles anregt und bewegt** [...] – man denkt drüber nach, man ist im Gespräch, es regt einfach etwas an, man tauscht sich aus, also das finde ich schon sehr wertvoll, weil das geht so in diesem Alltagstrubel – was muss man alles noch tun - einfach viel zu oft verloren." (IT2, 17)

Es wird auch hervorgehoben, dass der Index für Inklusion weniger eine Ergänzung der vielen Aktivitäten darstellt, die in Kindertageseinrichtungen stattfinden, sondern einen Weg zeigt, diese nach inklusiven Maßstäben zu gestalten:

„Ich sehe es gar nicht so als Extra-Thema, sondern ich sehe es als Rahmen und in diesem Rahmen, da wird das andere eingebettet, da werden die Bildungs- und Lerngeschichten eingebettet, da ist das Sprachprojekt eingebettet, da ist Ergotherapie eingebettet, aber das ist für mich der Rahmen, ganz klar, Vielfalt und kein Kind wird irgendwie ausgegrenzt, sondern alle Kinder sind wertvoll, jedes Kind hat das Recht, sich bestmöglich zu entwickeln und das ist dann der Rahmen, wo alles, die ganze pädagogische Arbeit abläuft." (IT 1, 17)

---

8 Hervorhebungen durch die wissenschaftliche Begleitung

Zwei Einrichtungsleitungen thematisierten jedoch auch die hohe Arbeits- und Themenverdichtung in Kindertageseinrichtungen für sich eher als Hürde in der Arbeit mit dem Index für Inklusion:

„Ich denke, bei uns nimmt auch ganz viel diese Alltagsorganisation Zeit in Anspruch, also wenn ich so an Vorbereitung auf die Teamsitzungen denke, dann habe ich viele verschiedene Sachen wieder zurücknehmen müssen, also gar nicht erst ins Team bringen können, weil ganz einfach die organisatorischen Dinge, die Situationen der Kinder, sehr viel Zeit in Anspruch nehmen [...], um dann täglich gut mit den Kindern arbeiten zu können. [...] ich hatte auch schon verschiedene Fragen aus dem Index-Handbuch rausgesucht, die wir dann besprechen könnten [...], aber ich muss ganz ehrlich sagen, oftmals war es dann echt so, dass wir einfach dann auch verbraucht waren, dass ich gar nicht mehr in der Lage war, diese Frage zu stellen [...], es ist einfach auch für uns sehr anstrengend, um dann noch viele inhaltliche Dinge tiefgreifend zu besprechen." (IT4, 18)

„Was ich immer wieder mal schade finde ist, dass uns das [...] von der Zeitstruktur her manchmal nicht gelingt, also wenn wir jetzt im Index-Team einer Fragestellung nachgegangen sind, also vorgedacht haben, [...] dann im Großteam nochmal daran weiterzuarbeiten, also das finde ich ein bisschen bedauerlich, dass uns das nicht mehr gelungen ist. [...]. Ja, das ist einfach die Fülle der Dinge dann, die ja doch im Team auch besprochen werden. Aber ich bin zuversichtlich, weil unsere Form der Teamarbeit sich auch dem Index-Team heraus nochmal verändert hat [...] und ich erhoffe mir da, oder wir erhoffen uns, dass dann wirklich auch die Themen zeitnah bearbeitet werden [...]."

5.2.2. Die Arbeit mit dem Index für Inklusion bedarf der (einführenden) externen Begleitung

Fragt man nach der Bedeutung der beratenden und moderierenden Begleitung, wie sie im Projekt IQUAnet durch die Projektkoordinatorin zur Verfügung stand, so wird von allen Einrichtungen betont, dass der Index für Inklusion einer zumindest einführenden Begleitung über einen längeren Zeitraum bedarf. Zur Begründung wurden aufgeführt:

Die externe Begleitung

- sichert ein effektives Arbeiten und ein „Dran-Bleiben" an identifizierten Themen
- ermöglicht durch Kenntnis der Kindertageseinrichtung, deren aktuellen Ist-Stand zum Ausgangspunkt zu nehmen und damit an der konkreten Situation anstatt an allgemeinen Standards anzusetzen
- ermöglicht es, an bereits gelingenden Prozessen und Ressourcen anzusetzen
- hilft bei der Strukturierung und trägt dazu bei, vor (Selbst-)Überforderung durch Planung und Einteilung von Handlungsschritten zu schützen
- kann mit ihrem Blick „von außen" durch neue Impulse und Anregungen zu neuen Schritten ermutigen.

Ohne eine entsprechende Begleitung wirkt der Index für Inklusion aufgrund seines Umfangs und seiner zahlreichen Indikatoren und Fragestellungen zunächst wenig motivierend bis überfordernd.

A1: „Ich fand […] das unglaublich effektiv, man hat sich Gedanken gemacht in diesem Index-Team und man hat es dann aber auch im Alltag versucht zu übertragen, also ich fand es wirklich eine ganz gelungene Form."

A: „Ich […] habe es als total intensiv dann auch erlebt, […] und bereichernd, den Alltag bereichernd, dadurch **dass sie angesetzt hat, wo wir einfach auch stehen.** […]. Also ich finde eine Begleitung schon wichtig, es unterstützt einen im Alltag, […]."

(IT1, 13)

A2: „Und deswegen […] ist aber auch wichtig, begleitet zu werden auf seinem Weg, […] **dass man jemanden hat, der** einen einfach auch begleitet und das Haus kennt und **sich wirklich für das Haus und die Menschen darin interessiert**. […]"

A1: „Ich denke, auch **der Blick von außen,** also den habe ich auch sehr zu schätzen gelernt, dass sie einfach auch Dinge auf den Punkt bringen kann. Und dass sie einfach auch sagt, das macht ihr doch und das läuft doch schon, […] wo ich immer denke, das müsste man noch oder das müsste man noch und dann von außen auch gesagt zu kriegen, es ist in Ordnung, das macht ihr schon und es ist auch gut so, wie ihr es macht, also das habe ich sehr zu schätzen gelernt".

[…]

A: „[…] Und natürlich braucht es natürlich auch einen Motor, […] und dieser Motor, […] der darf nicht ins Stottern kommen."

A2: „Ja, und ich denke, es braucht auch immer **jemanden, der noch ein bisschen mehr Distanz zum Alltag hat, der […] auch immer wieder nachhakt** und sagt, aber das wollten wir doch noch machen." (IT1, 20f)

A1: „Und ich denke auch, der regelmäßige Termin hat einen […] eben immer wieder die Möglichkeit gegeben, sich da auszutauschen und zu gucken, wie ist es und miteinander ins Gespräch zu kommen oder wir sind hier die Räume durchgegangen und so. Das hätten wir vielleicht alles nicht gemacht, […] also es ist einfach schon auch *wichtig gewesen, da begleitet zu werden, damit man auch sich die Zeit nimmt, darüber nachzudenken und auch etwas zu verändern* oder auch immer mal wieder draufzukommen, wie wichtig das ist, […]. **Das geht oft im Alltag schnell unter,** obwohl man sich dessen bewusst ist, dass es wichtig ist, […]." (IT3, 10)

Die Erfahrungen und Ergebnisse der Arbeit mit dem Index für Inklusion zeigen, dass eine externe Begleitung des Index-Prozesses über einen längeren Zeitraum im Sinne von Kontinuität und Qualität sinnvoll und erforderlich ist. Dies führte zu Überlegungen, wie eine solche Begleitung ohne Projektbedingungen umzusetzen ist, welche Fortbildungsformate hierfür in Frage kommen und geeignet sind, sowie durch wen eine solche Begleitung zu leisten wäre.

A: „Also hilfreich war auf jeden Fall, dass die Frau Kaiser mit uns diese Termine regelmäßig hatte, dass sie einfach auch nochmal **als Außenstehende ganz andere Fragen mit reinbringen kann, auch so dieses Nachfragen, grade auch, [...] also das fand ich auch sehr wichtig.** [...]" (LI2, 2).

Aus Sicht der projektbeteiligten Kindertageseinrichtungen bieten die Fachberatungen der Träger hierfür keine geeignete Struktur. Kritisch wird eingeschätzt, dass hierbei Interessenskonflikte auftreten könnten und die Begleitung der Index-Prozesse nicht als Annex zu der bestehenden Anzahl an Aufgaben und Einrichtungen im Rahmen der Fachberatung zu leisten seien. Vielmehr wurde von zwei Einrichtungen eine neutrale, inklusionspädagogisch erfahrene Begleitung in Form eines „Teamcoaching9" für sinnvoll und erforderlich erachtet.

„Wichtig finde ich einfach, dass es jemand ist, der nicht zum Team gehört, also kein Team-Interner, weil dann ist es einfach zum Scheitern verurteilt. [...] wichtig ist eine **Person von außen."** (IT2, 18)

Gemeint ist damit eine Begleitung in ca. 4- bis 8-wöchentlichen Abständen, über einen längeren Zeitraum von mindestens 1 Jahr.

Es zeigt sich aber auch, dass bislang geeignete Fachkräfte, welche ein solches Inhouse-Training regional anbieten können, nicht im notwendigen Umfang und mit erforderlicher Qualifikation und Erfahrung zur Verfügung stehen. Darauf weisen u.a. die zahlreichen Anfragen nach entsprechenden Fortbildungsangeboten hin, die im Projektverlauf eingegangen sind. Eine mögliche Perspektive könnte in der Qualifizierung von regionalen MultiplikatorInnen bestehen. Entsprechende Konzeptionen bestehen in Ansätze bereits bei Angeboten der GEW und der Montag Stiftung.

5.3. 10 zusammenfassende Thesen zur Arbeit mit dem Index für Inklusion[10]

Aus der Erprobung des Index für Inklusion im Rahmen des Projekts IQUAnet lassen sich folgende verallgemeinernde Aspekte aus den Rückmeldungen der Praxiseinrichtungen an die wissenschaftliche Begleitung, Erfahrungen der Praxisbegleitung und Erkenntnissen der Prozessbeobachtungen ableiten:

„1. Der Index für Inklusion arbeitet mit Fragen (nicht mit Standards) und ermöglicht dadurch einen Dialog, der in den Einrichtungen überwiegend entwicklungsfördernd und öffnend wirkt. Ohne Einführung wirkt der Index jedoch auf den ersten Blick mit seinen vielen Fragen für viele Fachkräfte störrisch, trocken, überfordernd.

2. Der Index ist gut geeignet, die Einrichtungssituation im Hinblick auf inklusive Gestaltung und Strukturierung zu beleuchten und dadurch die zu bearbeitenden Handlungsfelder zu identifizieren.

---

9 Der Begriff „Teamcoaching" wurde aus den Interviews angelehnt. Coaching beschreibt insofern nur näherungsweise das angestrebte Fortbildungsformat (vgl. 4.)
10 Vgl. Jerg/ Thalheim 2012

3. Der Index gibt jedem Team die Möglichkeit, an der eigenen Situation anzusetzen, die eigene Ausgangssituation, eigene Themen zum Anlass zu nehmen, gleichberechtigte Vielfalt als Sinnbild für Inklusion zu entwickeln und dem Interesse, kein Kind auszugrenzen, näher zu kommen. Die Indexfragen werden deshalb als Unterstützung einer gemeinsamen Wertebasis und des Handelns in der Kindertagesstätte gesehen.

4. Einrichtungen, die schon virulente Probleme benennen können, erhalten durch das systematische Befragen des Index Anregungen, wie offene Fragen lösungsorientiert bearbeitet werden können. So hat sich z.B. die Zusammenarbeit mit Eltern in zwei Einrichtungen durch den Indexprozess grundlegend und nachhaltig verändert. Durch die Entwicklung kreativer und für die Zielgruppe angemessener Maßnahmen und einer damit einhergehenden Wertschätzung der Lebensperspektiven der Eltern konnten gegenseitiges Vertrauen aufgebaut, intensive Elternkontakte ermöglicht und die Arbeitszufriedenheit im Umgang mit Eltern erhöht werden.

5. Im Hinblick auf die vielfältigen Herausforderungen und Veränderungen (Ganztagsbetreuung, U 3, ESU, Orientierungsplan, Sprachförderung etc.) sind zusätzliche Projekte in der Praxis wenig erwünscht. Der Index bietet einen Referenzrahmen für eine inklusive Ausrichtung, in dem andere Konzepte, Herangehensweisen bzw. Methoden wie Lerngeschichten, Sprachförderung etc. eingebunden werden können. Das entlastet die Praxis und schafft Synergieeffekte.

6. Der Index zielt darauf, das Zwei-Gruppengebäude von „normal und behindert" zu überwinden und gemeinsames Spielen, Lernen und Partizipation für jedes Kind in seiner je individuellen Situation zum Ausgangspunkt pädagogischer Arbeit zu nehmen.

Durch die durchgängige Frage in allen Bereichen nach Vielfalt, Partizipation und Barrieren werden alle Benachteiligungsformen in den Blick genommen und dadurch eine Sensibilisierung für Barrieren in Kindertageseinrichtungen und ihrem Umfeld entwickelt. Damit wird Inklusion aus der Begrenzung auf „Behinderung" gelöst.

7. Das Arbeiten mit dem Index zwingt, „um die Ecke" zu denken und eine andere Perspektive einzunehmen. Er ermöglicht vor allem auch eine positive Wertschätzung für das, was an guten Ansätzen in der Einrichtung schon da ist, und hilft, vorhandene Grenzen zu überwinden.

8. Der Index strukturiert die Kooperationsbeziehungen im Sozialraum und schafft eine Basis für gelingende Vernetzung. Gleichzeitig hilft der Index-Prozess auch zu lernen, Grenzen zu setzen und Standpunkte zu vertreten, vor allem in Situationen, in denen zusätzliche Unterstützung notwendig wird.

9. Die Umsetzung benötigt eine Prozessbegleitung und eine Moderation von außen, um die Prozesse in Gang zu halten, sie nicht durch die alltägliche Herausforderungen wieder „hinten runter fallen" zu lassen und die kleinen Schritte systematisch und kontinuierlich entwickeln zu können (Formen der Inhouse-Begleitungen in angemessenen zeitlichen Abständen).

Stephan Thalheim

10. Voraussetzung für eine erfolgreiche, inklusive Prozessentwicklung ist die Bereitschaft des Teams, Gewohntes und Alltagstheorien zu hinterfragen, den Alltag zu reflektieren und ein eigenes Interesse an qualitativer Weiterentwicklung." (Jerg/ Thalheim 2012)

6. Vielfalt gestalten - Themen und Prozesse der projektbeteiligten Einrichtungen

Die Auswertungen der im Projektverlauf entstandenen Prozesse und bearbeiteten Themen in den verschiedenen Einrichtungen zeigen, dass trotz unterschiedlicher Ausgangssituationen, Betriebsformen und Projekterwartungen vergleichbare Themen bearbeitet wurden.

Es lassen sich folgende übergreifende Themenbereiche herausarbeiten:

- Inklusive Werte verankern - eine inklusive Haltung und Kultur entfalten
- Zusammenarbeit im Team als Ressource - wertschätzender Umgang mit Vielfalt im Team
- Zusammenarbeit mit Eltern – JedeR ist willkommen
- Förderung inklusiv gestalten – Vernetzung und Interdisziplinarität
- Vielfaltsgemeinschaft unter den Kindern – von Kindern lernen
- Übergänge gestalten.

Weitere Themen, welche als Querschnittsthemen hierbei durchgängig eine Rolle spielten, waren Unterstützung von Kindern und Familien in sozial belastenden Lebenslagen, wertschätzender Umgang mit kultureller Vielfalt und die Aufnahme von Kindern mit höherem Assistenzbedarf.

Gerade aufgrund der Unterschiede zwischen den Einrichtungen erhalten diese Themen damit einrichtungsübergreifende Relevanz. Sie sollen im Folgenden daher näher betrachtet werden.

In den Auswertungen fällt auf, dass alle vier Einrichtungen sich zunächst der Dimension A des Index für Inklusion „Eine inklusive Kultur entfalten" zuwandten und im weiteren Projektverlauf die Dimensionen B „Inklusive Leitlinien etablieren" und C „Inklusive Praxis entwickeln" stärker ins Blickfeld rückten.

Inklusive Kultur meint mehr als den individuellen und ressourcenorientierten Blick auf das einzelne Kind.

Als wesentliche Faktoren einer inklusiven Kultur werden in den Interviews eine Lebensweltorientierung sowie anerkennende und wertschätzende Vielfaltsgemeinschaften genannt, auf den Ebenen:

- Zusammenarbeit im Team
- Zusammenarbeit mit Eltern
- Zusammenarbeit, Vernetzung mit externen Fachkräften/sozialräumliche Öffnung
- Zusammenarbeit und Gemeinschaften unter den Kindern.

Damit wird deutlich, dass Inklusion einen systemischen Blickwinkel impliziert und im Zusammenspiel und der gegenseitigen Wechselwirkung der unterschiedlichen Ebenen und Akteure/Akteurinnen Wirkung entfaltet.

„[…] so die Frage, was brauchen wir als Team, um uns auf dieses Thema wirklich einlassen zu können, also dass man immer […] die unterschiedlichen Beteiligten – das Kind und das Elternhaus, dann die Gruppe und wir als einzelne Personen und dann aber auch als Team und dann der Träger, der dahinter steht, ja, wie das systemisch aufeinander wirkt." (IT 2, 16)

Die Entwicklungen auf den genannten Ebenen sollen daher im Folgenden zunächst näher betrachtet werden.

6.1. Inklusive Werte verankern – inklusive Haltung und Kultur entfalten

Das Interesse, die eigene inklusive Haltung und Kultur in der Einrichtung (weiter) zu entwickeln, erfolgte in den verschiedenen Einrichtungen aus unterschiedlichen Motiven. Während eine Einrichtung nach verschiedenen Leitungswechseln sich als Team neu zusammenfinden und die eigene Arbeit neu konsolidieren musste, ergab sich das Thema in zwei anderen Einrichtungen aus einem Bedürfnis und der grundsätzlichen Bereitschaft, die vorhandene Vielfalt und damit verbundene Herausforderungen in einer befriedigenderen Weise als bisher zu bewältigen. In einer weiteren Einrichtung ergab sich das Thema, da eine gemeinsame Haltung zwar angenommen und angestrebt wurde, aber Unterschiede in der Alltagspraxis sichtbar wurden.

Alle vier Einrichtungen betonen, dass die Bereitschaft und Offenheit, allen Kindern gerecht zu werden, schon vor Projektbeginn vorhanden war. Diese Erfahrungen werden auch von Trägern auf Beiratsebene für andere Einrichtungen bestätigt.

„[…] Denn die Offenheit war vorher ja schon da, also das war nicht so, dass man hier irgend jemanden hätte überreden müssen dazu. Aber, wir haben alle gemerkt, dass so, wie das Leben hier stattfand mit den Kindern, dass das dann auch noch für Kinder, die mehr Orientierung brauchen würden zum Beispiel, hier kein Raum war und das hat alle wieder dann unglücklich gemacht, dass wir die Offenheit im Herzen, die wir hatten, eigentlich nicht leben konnten." (LI3, 4)

Was unterscheidet also eine inklusive Haltung von der grundsätzlichen Bereitschaft und Offenheit, inklusiv zu arbeiten?

Hier lassen sich aus den Auswertungen folgende Aspekte herausarbeiten:

- Die Bereitschaft zur (Selbst-)Reflexion und die Auseinandersetzung mit dem eigenen Bild vom Kind bzw. Menschenbild
- Ein gemeinsames Ziel, Barrieren für Partizipation abzubauen, Vielfalt positiv zu denken und als Bereicherung wahrzunehmen
- Denken in Ermöglichungsdimensionen (ohne eigene Grenzen und strukturelle Bedingungen auszublenden)

- Eigene Verantwortung im eigenen Einfluss- und Tätigkeitsbereich wahrzunehmen
- Offenheit und Dialog (verbunden mit der Bereitschaft, eigene Interpretation und Erklärungen zu hinterfragen und neu zu denken)
- Veränderungsbereitschaft i.S. einer Bereitschaft, gewohnte Praxis zu hinterfragen und die eigene Einrichtung und Pädagogik weiter zu entwickeln

Dies soll an einzelnen beispielhaften Äußerungen verdeutlicht werden:

Die Bereitschaft zur (Selbst-)Reflexion und die Auseinandersetzung mit dem eigenen Bild vom Kind bzw. Menschenbild:

„Klar, man kann Inklusion nur machen, wenn man dieses Thema [Anm. S.T.: Haltung] bearbeitet und damit auch nicht aufhört. Was mir dabei besonders auffiel, dass es ganz wichtig ist, die Unterschiedlichkeit im Team zu akzeptieren und auch die Unterschiedlichkeit innerhalb der eigenen Persönlichkeit, [...], also für mich fängt da inklusive Haltung eigentlich an, indem man sich selber akzeptiert, auch mit seinen Schwächen, die man hat. [...] Das ist, glaube ich, für mich so die absolute Basis und dann kommt das nächste, dass sich das Team untereinander akzeptiert und dann kann man auch die Kinder so nehmen." [LI3, 2]

„Und auch so die Reflexion, also das ist für mich schon auch ganz arg wichtig, also ob jemand bereit ist zu Reflexion und da eine Bereitschaft so zeigt auch, über sich selber nachzudenken.

[...] das gehört dazu. Wir arbeiten nicht am Band, wo man einfach Schrauben sortiert, sondern wir arbeiten hier mit Menschen und ich denke, jeder Mensch ist das Wert" [IT1, 19]

Ein gemeinsames Ziel, Vielfalt positiv zu denken und als Bereicherung wahrzunehmen

„Und dann ist mir auch ganz wichtig, dass das Team, dass jeder im Team das möchte, also dass jeder mitzieht. Weil ich denke, also wenn neue Mitarbeiter kommen, [...], ist es oftmals das Thema: Ich bin so freundlich empfangen worden. Ich denke, wenn das ein Mitarbeiter verspürt, dass er einfach willkommen ist, dann ist das doch gleich ein ganz anderer Start und so, denke ich, ist es für das Kind und für die Familie genauso." [IT1, 18]

Denken in Ermöglichungsdimensionen (ohne eigene Grenzen und strukturelle Bedingungen auszublenden)

„[...] so der Kernpunkt, das was uns in diesem Prozess auch bewusst geworden ist, wie viel davon abhängig ist, mit welcher Haltung wir agieren, [...] ich glaube, dass so die Grundlage ist, was für ein Menschenbild ich habe, wie mein Verständnis von Unterstützung und Förderung ist von einem Kind [...] oder dass man dann gemeinsam überlegt hat, die Situation, die war jetzt gelungen – an was lag es, dass die so entstehen konnte und dass wir versucht haben, dann Rahmenbedingungen zu schaffen, dass das weiterhin möglich ist [...]" (IT2, 8)

Der reflektierte Blick auf Gelingensfaktoren kann hier neue Anregungen bieten und den Blick von Begrenzungen auf Möglichkeiten und Entwicklungspotentiale hin öffnen.

Eng damit verbunden ist die Bereitschaft, ungeachtet der strukturellen und persönlichen Begrenzungen eigene Verantwortung im eigenen Einfluss- und Tätigkeitsbereich wahrzunehmen.

Hier gingen wesentliche Impulse auch von der gemeinsamen Studienfahrt nach Jena aus, damit eine Ermöglichungskultur entsteht:

„Der Besuch in Jena ! Also das war schon etwas Besonderes, einfach um zu sehen, wie andere Kolleginnen arbeiten [...], wie das in einem anderen Bundesland gehandhabt wird, [...] also es ist eigentlich ein schöner Ausblick, finde ich, auf den man vielleicht zuarbeiten kann, und zu sehen, da ist viel mehr möglich als ich selber gedacht habe." (IT4, 13)

Offenheit und Dialog (verbunden mit der Bereitschaft, eigene Interpretation und Erklärungen zu hinterfragen und neu zu denken)

„Ich denke, es braucht auch offene Pädagogen, [...], die auf der einen Seite miteinander kooperieren, die sehr differenziert beobachten [...], die jedes Kind kennen mit seiner individuellen Lebensbiografie und auch versuchen [...], dass das Umfeld des Kindes auch mit in die Arbeit einbezogen wird und dass man dann auch versucht, eben auch einen sehr offenen Kontakt sowohl zum Kind, wie auch unter den Kollegen untereinander, wie auch mit den Eltern zu pflegen." [IT1, 2]

Die benannte Offenheit intendiert auch, eine fragende Haltung einzunehmen und sensibel dafür zu sein, wo eigene Interpretationen und Erklärungen Festlegungen bedeuten und den Blick auf mögliche Zusammenhänge verstellen. Vielmehr zeigt sich, dass eine Offenheit auch dahingehend hilfreich ist, andere, unerwartete, ungewohnte Interpretationen zuzulassen: Wie könnte es noch sein?

Veränderungsbereitschaft i.S. einer Bereitschaft, gewohnte Praxis zu hinterfragen und die eigene Einrichtung und Pädagogik weiter zu entwickeln

„Und wenn man sich quasi auch immer permanent reflektiert, seine Arbeit, das finde ich wichtig, gehen wir noch konform oder nicht oder was müssen wir verändern, dass wir dann die Bedingungen haben, dass es gelingt." [IT1,18]

Was hat sich im Rahmen des Projekts IQUAnet hinsichtlich inklusiver Haltung und Kultur in den Kindertageseinrichtungen entwickeln lassen?

Auf die Frage, welche Prozesse sich im Rahmen des Projekts ergeben haben, wurde von drei Leitungen die veränderte Grundhaltung und Einrichtungskultur genannt. Dieser Aspekt wurde auch in verschiedenen Gruppendiskussionen immer wieder herausgestellt.

„. . . das ist ganz zentral, was da IQUAnet mit unserem Haus gemacht hat [. . .]der Ansatz war bei uns schon immer, inklusiv zu arbeiten, aber in den vergangenen zwei Jahren hat sich das massiv verstärkt [. . .] dass es da bei uns keine Grenzen gibt und wir wirklich versuchen , jeden willkommen zu heißen. [. . .] Also ganz zentral so dieses Bewusstsein[. . .]: Wie gehen wir auf Kinder zu, wie gehen wir auch auf die Kinder ein? Ja auch mit dem Gedanken, welche Rolle spielt die Familie [. . .], fachlich und theoretisch wissen wir alle so Bescheid und sind wir eigentlich alle im Team auf so einem gleichen Stand und wissen, sage ich mal, wie es richtig geht, aber von der Umsetzung her, hat es da an vielen Punkten einfach doch gefehlt. Und da sind wir einfach an sehr vielen Prozessen dran, [. . .] also da hat sich so gedanklich sehr viel verändert, was in der Umsetzung [. . .] eher jetzt zum Tragen kommt, als es vielleicht vorher war, [. . .]. Und auch so dieser Gedanke, ja, wir wollen da mehr tun, als wir bisher getan haben, also auch, dass das im Sommer für uns nicht abgeschlossen ist, sondern wie kann das weitergehen, [. . .]."(LI2, 1)

Dabei wird deutlich, dass inklusionsorientierte Prozesse angeregt wurden durch Kooperation und Dialog.

„[. . .] von daher her kam es uns als Team natürlich [. . .] sehr zugute, dass wir als Team so eine Sicherheit bekommen haben, dass wir [. . .] im Austausch waren über verschiedene Haltungen, die man hat, [. . .] dieses Projekt und dieser Index hat uns da einfach [. . .] schneller geholfen, so auf die Spur zu kommen und auch Dinge jetzt auch umzusetzen, also was vorher vielleicht nicht so schnell passiert wäre, aber man ist einfach viel mehr miteinander im Gespräch und dadurch kann man auch mehr umsetzen" (LI2, 6).

Die Prozesse konnten auch dazu beitragen, bestehende Unsicherheiten abzubauen und das Zutrauen in die eigenen Möglichkeiten zu stärken:

„Ich glaube, wenn man nach so einem ersten Schrecken mit der Begegnung mit dem Wort Inklusion, [. . .] es ganz grundsätzlich darum geht, dass man sich darauf einlässt oder auch erkennt, dass die Vielfalt sowieso da ist und dass dann ein bisschen mehr Vielfalt auch in Ordnung ist. Das ist eigentlich, glaube ich der Gewinn, dass man vor Vielfalt keine Angst mehr hat. Und dass man trotzdem klar sagen darf, das überfordert mich jetzt, dass man wieder in Ruhe hinguckt [. . .] warum überfordert mich das, was kann man da jetzt machen. [. . .]." (LI3, 15)

Deutlich wir hierbei nicht zuletzt die Veränderung des Blickwinkels, lösungs- und prozessorientiert zu denken und selbstreflexiv mit Überforderungsgefühlen („warum überfordert mich das?") umzugehen. Auch wenn Kinder mit hohem Assistenzbedarf hier zunächst nicht im Blick zu sein scheinen, beinhaltet gerade die Auseinandersetzung mit Lösungen und Wegen („was kann man da machen?") eine Sichtweise, die es erlaubt, prozesshaft Barrieren und Unsicherheiten abzubauen und Vielfalt auszuweiten.

„Also ich habe grade nochmal so gedacht, dieser Blick auf das Kind, der sich, glaube ich, nochmal verändert hat, [. . .] also dass wir jetzt eher [. . .] sagen würden, warum geht es dem Kind grade nicht gut, warum ist das Kind mit sich nicht in einer guten Balance, [. . .] was ist mit dem. Ich sehe das daran, dass es viel Streit mit anderen

Kindern hat oder so [...] aber dass es sich nicht daran fixiert, an dem Verhalten des Kindes, sondern mehr an der Frage, was brauchst du, dass es dir wieder gut geht, weil wenn es dir gut ginge, dann würdest du das nicht so tun. [...] Ist da aber etwas aus der Balance geraten – und das kann ja ganz verschiedene Gründe haben, das kann ein Umbruch im Elternhaus sein, das können Brüche in der Biographie sein, das kann aber auch natürlich sein, dass ich irgendwie gehandicapt bin und dann kommt irgend etwas, was ein Kind in Aufruhr versetzt, [...] dann mehr zu gucken, was braucht dieser Mensch, dass er in sich wieder in eine gute Balance kommt." (IT2, 14)

Praktische Auswirkungen auf die Arbeit zeigen sich u.a. in der Perspektivübernahme ‚Was braucht das Kind?', Was braucht die Familie?' ohne das ‚Was brauchen wir als Team?' zu vernachlässigen.

Die Veränderungen der Haltung zeigen sich letztlich im konkreten Handeln, in zunächst vielleicht unbedeutend erscheinenden Handlungsweisen oder Äußerungen, welche im gegenseitigen Umgang und in der gelebten Einrichtungskultur jedoch nicht zu unterschätzen sind:

„Und deshalb ist, glaube ich, so der Kernpunkt, das was uns so in dem Prozess auch bewusst geworden ist, wie viel davon abhängig ist, mit welcher Haltung wir agieren, weil ich glaube, dass da so dieser Goldschatz im Detail liegt, das sind so ganz kleine Äußerungen am Tisch oder ob ich jetzt ungeduldig bin, [...] wie man reagiert [...] – und das überträgt sich, glaube ich." (IT2,7)

Zusammenfassend könnte man auf Grundlage der Projekterfahrungen sagen: Die selbstreflexive Auseinandersetzung mit der eigenen inklusiven Haltung bildet die Grundlage für inklusionsorientierte Entwicklungsprozesse. Sie findet Ausdruck in den alltäglichen spontanen Handlungen und Äußerungen, sowie in den Planungsprozessen. Haltungen gelten als relativ stabil, aber sie lassen sich entwickeln. Dabei spielen sowohl innere als auch äußere Komponenten eine Rolle, die innere Bereitschaft zur Reflexion und Interesse an fachlicher Weiterentwicklung. Auf dieser Grundlage lassen sich Fragen des Menschenbildes, der inklusiven Pädagogik und der Ziele anstoßen. Aber auch Fragen danach, was für die individuelle Entwicklung förderlich oder hinderlich ist und welche Barrieren für Partizipation bestehen, können mit Unterstützung von außen bearbeitet werden.

Da es sich bei der Auseinandersetzung mit Haltungen auch um sehr persönliche und emotionale Prozesse handelt, sind sie eng verbunden mit Fragen im Zusammenhang von Vertrauen und Verantwortung: Vertrauen in sich selbst und die eigenen Stärken und Möglichkeiten, Vertrauen in die KollegInnen und das Team, aber auch Vertrauen in die Eltern und Kinder sowie in Kooperationspartner und Träger.

Alle Kinder und Familien willkommen zu heißen und die bestmöglichen Entwicklungschancen zu bieten, erfordert im eigenen Einfluss- und Tätigkeitsbereich Verantwortung zu übernehmen. Die Frage der Verantwortung ist eng verbunden mit Fragen der Achtsamkeit im Umgang mit den Kindern, den Eltern, Kooperationspartnern, aber auch sich selbst gegenüber.

Die Auseinandersetzung mit der eigenen Haltung, inwieweit sie inklusiv ist, kann als Voraussetzung gesehen werden, genügt jedoch freilich nicht, um eine inklusive Kultur oder eine inklusive Kindertageseinrichtung umzusetzen. Eine inklusive Haltung in einer Einrichtung, die den Anspruch erhebt über Einstellungen hinaus zu gehen, zeigt sich v.a an konkreten Handlungsschritten und muss dort ihren Niederschlag finden.

Fragen der Haltung sind aber auch eng verbunden mit Fragen einer inneren Bereitschaft des „Wollens".

Einen interessanten Gedanken hierzu entwickelte Hinte (im Kontext von aktivierender Gemeinwesenarbeit): *„Wenn Menschen mit der Formulierung eines Bedarfs die Verantwortung für die dafür notwendigen Handlungsschritte [...] delegieren, haben sie nach unserem Verständnis keinen Willen artikuliert, sondern mehr oder weniger offen einen Wunsch zu Gehör gebracht, für dessen Erfüllung andere zuständig sind. [...]. Ein* Wunsch *ist eine Einstellung, aus der heraus ich erwarte, dass ein bestimmter für mich erstrebenswerter Zustand durch die Aktivität einer anderen Person oder eine Institution, über die ich keine Verfügungs- oder Steuerungsmacht habe, hergestellt wird. Eine Wunsch-Haltung ist immer gekennzeichnet durch den Mangel an eigener Tätigkeit sowie durch die angefragte/erbetene/geforderte Aktivität von anderen. Der* Wille *ist eine Haltung, aus der heraus ich selbst nachdrücklich Aktivitäten an den Tag lege, die mich dem Erreichen eines von mir erstrebten Zustandes näher bringen. Dabei habe ich einige Ressourcen zur Erreichung des Zustandes selbst in der Hand."* (Hinte u.a 2011, S. 46; Hervorhebungen im Original)

Eine innere Bereitschaft im Sinne des Wollens im o.g. Verständnis muss entsprechend als eine Gelingensvoraussetzung für inklusive Prozesse gesehen werden.

Andererseits ließe sich die Frage stellen, ob Inklusion als Menschenrecht von der Bereitschaft der Kindertageseinrichtung oder dem individuellen Wollen einzelner Fachkräfte abhängen kann?

Insbesondere Leitungskräfte befinden sich hier zuweilen in einer ambivalenten Rolle, einerseits die Interessen ihrer MitarbeiterInnen nach außen zu vertreten und sie vor Überlastung zu schützen, andererseits bestimmenden Einfluss auf die konzeptionelle Ausrichtung zu nehmen und fachliche Entwicklungen umzusetzen. Ohne eine entsprechende Verbindlichkeit seitens des Trägers, der Kommune bzw. landesrechtlicher Umsetzung der Richtungsentscheidung der UN-BRK bleibt es weitgehend eine Entscheidung der Einrichtungsleitung und des Teams, eine Inklusionsorientierung nach innen und außen zu vertreten und zu rechtfertigen.

Hier ergeben sich aus dem Projektzusammenhang verschiedene Stellgrößen, auf die z.T. an anderer Stelle noch näher eingegangen wird:

- Eine **Offenheit für Inklusion** und entsprechende Zusatzqualifikationen werden zunehmend von den Einrichtungen **als Einstellungsvoraussetzung** für neue Mitarbeiterinnen berücksichtigt
- Die Inklusionsorientierung der Kindertageseinrichtungen kann wesentlich durch eine **entsprechende Trägerposition** unterstützt werden
- Verbindliche **rechtliche Normierungen** (vgl. 10.2) **und kommunale Leitlinien,** wie beispielsweise die Reutlinger Erklärung, können dazu beitragen, Unverbindlichkeit und vermeintliche Freiwilligkeit in Bezug auf Inklusion abzubauen.

„[…] und wenn ich so vergleiche mit anderen Trägern, dann weiß ich auch, dass der Umgang mit Vielfalt manchmal anders ist und auch anders, mehr im Sinne von einer Integration gelebt wird und das macht schon nochmal einen Unterschied, ob ich ein Kind ins System anpasse oder das System so verändere, dass es für das Kind passt. […] Also […], so von Trägerseite aus gibt es ja schon die Standards […] und ich denke, das weiß jedes Haus auch, dass es diese Standards gibt und dass es einfach die Vorgabe ist, quasi diese Standards umzusetzen, aber ich denke, wie du und in welcher Intensität du die Standards umsetzt, das ist jedem Haus freigestellt oder jedem Team freigestellt und ich denke, das ist für mich schon auch sehr zentral. Die Standards, die geben mir schon eine gewisse Richtung vor, […]" (IT 1, 21)

6.2. Zusammenarbeit im Team - Vielfaltsgemeinschaft Team

Auf die Frage, was aus Sicht der Index-Teams zentrale Aspekte waren, um inklusionsorientierte Entwicklungen anzustoßen, werden ein gemeinsames Ziel und gegenseitige Wertschätzung im Team hervorgehoben:

„Und eigentlich werden die unterschiedlichen Mitarbeiter genauso, wie die Kinder auch, in ihrer Unterschiedlichkeit, [. . .] willkommen geheißen hier im Haus, [. . .] also das sind ganz unterschiedliche Ausbildungswege, aber ich finde, die Unterschiedlichkeit der MitarbeiterInnen ist auch so willkommen wie die der Kinder und vielleicht macht es das aus, [. . .]." (IT1, 21)

Eine gegenseitige Wertschätzung und das Einbringen unterschiedlicher fachlicher und persönlicher Stärken stellt für die Teams eine sichere Basis dar, von der aus inklusive Entwicklungen eher ermöglicht werden. Dieser Aspekt wurde von allen vier Einrichtungen als wesentlich betrachtet und bearbeitet.

„Also ich glaube, die erste Einheit ist die, dass man mit sich selber auseinandersetzen muss [. . .] das ist auch nicht immer einfach. Und das Nächste ist dann, dass diese Menschen [. . .] dann die anderen im Team ‚all-inclusive' nehmen [. . .]. Im Großen und Ganzen ziehen wir hier am gleichen Strang [. . .]. Und dann geht es. Also das ist für mich diese Welle, von innen nach außen" (LI3, 6)

6.3. Zusammenarbeit mit und zwischen Eltern – JedeR ist willkommen

Zwei Aspekte waren hier besonders relevant:

- Eine Verbindung zwischen dem Leben in der Kindertageseinrichtung und dem Leben zuhause herstellen
- Eltern zu beteiligen und gegenseitiges Vertrauen zu entwickeln.

Hierfür ist es notwendig, bisherige Praxis zu hinterfragen und Formen der Zusammenarbeit zu finden, die den Eltern signalisieren ‚willkommen zu sein'. Als erfolgversprechend erweisen sich Formen der Zusammenarbeit, die von Kontinuität geprägt sind, handlungsorientiert an gemeinsamen Aktivitäten und gemeinsam erlebter Freude ansetzen. Eltern werden ohne Vorleistung und Anspruch der Belehrung, als ebenbürtige GesprächspartnerInnen ernst genommen.

Die Zusammenarbeit mit Eltern und die Verbindung zwischen den beiden Lebenswelten und Lernorten der Kinder zu verbessern, stellte für alle vier Einrichtungen ein Thema dar. Dabei zeigt sich auch, dass der hiermit verbundene Aufwand und die Belastungen stark vom Einzugsgebiet und den aktuellen Kindern und Familien abhängt, die die Einrichtung in Anspruch nehmen.

Stephan Thalheim

6.3.1. Eine Verbindung zwischen Kindertageseinrichtung und den Eltern herstellen

Diese Fragestellung wurde mit Hilfe des Index von drei Einrichtungen bearbeitet.

Ein Hintergrund ist, dass die familiäre Lebenswelt der Kinder sich äußerst unterschiedlich gestaltet, teilweise aber gegenseitig wenig Wissen und Austausch vorhanden ist. Eine positive Entwicklung des Kindes setzt auch voraus, dass es sich mit seinem lebensweltlichen Hintergrund in der Einrichtung willkommen und repräsentiert fühlt.

„Also der kulturelle Hintergrund oder die Biografie des Kindes, die muss in der Erziehung [. . .] eine Rolle spielen und auf der muss ich, müssen wir aufbauen. Und ich kann dem Kind nur eine adäquate Begleitung sein und ihm in seiner Entwicklung helfen [. . .], wenn ich es verstehe und wenn ich auch seine Kultur verstehe. [. . .]

Was zugenommen hat sind die Gespräche, auch die vielen Tür- und Angelgespräche, wo man einfach versucht, mit noch mehr Offenheit auf die Familien zu zugehen und auch bewusster Familien anzusprechen, bei denen man einfach merkt, die kommen nicht so rein in das Haus oder die kommen nicht so rein in die Elternschaft, die tun sich schwerer mit der Öffnung. [. . .]

Und ich die Eltern kommen mit vielerlei Anfragen oder Anliegen zu uns [. . .] so lebenspraktische Fragen die haben zugenommen" (LI 1, 6).

In entsprechender Weise begründet auch eine weitere Einrichtung, weshalb Zusammenarbeit mit Eltern ein wichtiges Thema in der inklusiven Ausrichtung darstellt:

„Weil wir [. . .] in jedem Jahr, zwischen 60-70% Familien mit Migrationshintergrund haben [. . .] auch unter den [. . .] Familien, die hier wirklich aufgewachsen und verwurzelt sind, haben wir sehr verschiedene Strukturen auf die man sehr unterschiedlich eingehen muss, ja, um das auch teilweise zu verstehen[. . .]. Und Inklusion ist ja auch diese Vertrauensbasis, und [. . .] dieses Vertrauen in solchen alltäglichen Dingen spielt einfach eine sehr große Rolle, dass sich die Mütter hier auch wohlfühlen, so wie auch die Väter natürlich, [. . .]. Aber das bedeutet für uns einfach schon, hier auch keinen auszuschließen. Wir haben viele verschiedene Nationalitäten [. . .], auch viele verschiedene Sprachen untereinander, da kann es halt auch mal sein, dass eine Mutter vielleicht ganz alleine beim Abholen dasteht und den Kontakt nicht findet zu den anderen Müttern, weil die Sprache einfach fehlt und dieses Selbstbewusstsein dann einfach auch." (LI2, 3f)

Insbesondere die täglichen Situationen der Übergabe beim Bringen und Abholen der Kinder wurde überdacht und verändert. Während eine Einrichtung beispielsweise den Dienstplan so geändert hat, dass gewährleistet ist, dass die Eltern morgens jeweils von der Bezugserzieherin persönlich empfangen und willkommen geheißen werden, wurde in anderen Einrichtungen die räumliche Gestaltung des Eingangsbereichs so angepasst, dass eine willkommen heißende, gesprächsanregende Atmosphäre entsteht, die zum Verweilen einlädt und in welcher die unterschiedlichen Kinder, Familien, Kulturen, Sprachen repräsentiert sind. Eine weitere Einrichtung führte ein entsprechendes Informationssystem ein, das den täglichen Austausch gewährleistet:

„[. . .] die Kinder sind acht oder zehn Stunden hier bei uns [. . .] die Eltern, ja, die kriegen viele Momente ihres Kindes nicht mit, das ist die eine Seite – gelingt es uns den Eltern transparent zu machen was ihr Kind hier täglich arbeitet und erlebt. [. . .] Und ein weiterer Aspekt in Bezug auf die Eltern war ganz arg wichtig: Wie gelingt es uns, Eltern in die Kita zu holen oder sich für die Belange ihrer Kinder zu interessieren [. . .], denen auch ein Gewicht zu geben. Weil wir haben viele Eltern, die einfach mit themenzentrierten Elternabenden etc., also klassischer Elternarbeit nichts anfangen. Und da kommen nur sehr wenige. Und durch die vielen Einzelgespräche die wir führen [. . .] ist es uns gelungen, so eine familiäre Bande herzustellen, auch zu den Eltern. Und da hat der Index schon auch geholfen, dass man einfach mal mit einer gezielten Fragestellung diesen Bereich beleuchtet. [. . .] und wir haben uns das auch so zur Maxime gemacht, eigentlich sollte jeder Elternteil jeden Tag etwas über sein Kind erfahren und wenn es nur ein kurzer Satz ist." (LI 1, 2f)

In dieser Einrichtung wurde u.a ein Übergabesystem eingeführt, das es den Eltern erlaubt, täglich über die Erlebnisse, Entwicklungsschritte und wichtigen Informationen des Kindes Informationen zu erhalten und an die Einrichtung zurück zu geben[11].

6.3.2. Eltern beteiligen und gegenseitiges Vertrauen entwickeln

Mit herkömmlichen Methoden der „Elternarbeit" wird häufig nur ein Teil der Eltern angesprochen. Ein Phänomen, das in allen projektbeteiligten Kindertageseinrichtungen ein Thema war. Dies den Eltern als mangelndes Interesse anzulasten, würde zu kurz greifen. Unter der Perspektive einer inklusionsorientierten Zusammenarbeit mit Eltern stellte sich die Frage, was die Einrichtung dazu beitragen kann, dass sich Eltern in stärkerem Maße willkommen fühlen, Vertrauen fassen und die Wertschätzung der MitarbeiterInnen wahrnehmen. Hilft die Einrichtung den Eltern, mit sich zufrieden zu sein?

Fragen nach dem, was einem selbst fremd ist, nach Barrieren für Eltern, danach, was Kultur heißt, wo evtl. eigene Vorbehalte liegen, wurden im Projektzusammenhang in verschiedenen Einrichtungen erörtert. So wurden, ergänzend zu den alltäglichen und jährlichen Elterngesprächen, unterschiedliche handlungsorientierte und an den Bedürfnissen der Eltern ausgerichtete Elternaktivitäten erprobt. Beispielsweise ein „Wohlfühlabend" für Eltern, ein „Vater-Kind-Nachmittag" sowie aktive Beteiligungsformen zielten auch darauf ab, Eltern untereinander stärker in Kontakt zu bringen.

Beispielhaft hierzu eine Sequenz aus einer Gruppendiskussion einer Einrichtung:

A: „Ja, ich finde das auch auffällig, wir kriegen jährlich mehr Elternbeiräte, [. . .]"

A2: „Und auch Männer mit dabei, also das hatte ich bis jetzt so in keiner Einrichtung, dass auch Männer mit im Elternbeirat dabei sind."

---

[11] Hierbei waren auch datenschutzrechtliche Fragen zu berücksichtigen

I: „Sehen Sie da einen Zusammenhang damit, dass Sie das Thema ‚Eltern' im Rahmen des Projekts IQUAnet zu einem Schwerpunkt gemacht haben?"

A: „Wir haben sicherlich mehr Zeit darauf verwendet und mehr Aufmerksamkeit und ich denke, es zahlt sich jetzt so langsam aus. Wir haben recht viele Aktivitäten mit Eltern, auch viele unterschiedliche und das ist ja ein stetiger Prozess. Und ich denke, je mehr das fruchtet und je mehr Eltern mitmachen und auch die Mund-zu-Mund-Propaganda läuft, fällt es den Neuen auch leichter, mitzumachen, weil sie merken, die Leute haben einfach Spaß, wenn sie herkommen [. . .] Und so vom Programm her hat sich auch was verändert, also wenn ich so zurückdenke, [. . .], da waren Elternabende oft auch inhaltliche Abende, [. . .] - und da haben bei uns halt, einige Eltern doch auch ein Sprach-Handicap [. . .] und durch den neuen Schwerpunkt, Eltern mehr mit einzubinden, [. . .], haben wir auch das jetzt, [...], dass wir mehr aktiv auf die Eltern zugehen. Wir haben Anregungen von Eltern aufgegriffen, [. . .]." (IT2, 4)

Hieraus resultiert nicht zuletzt eine größere Zufriedenheit auf beiden Seiten: der Eltern, aber auch der Fachkräfte.

A1: "Ja, wenn sie was tun können, aktiv Sachen machen, da ist die Beteiligung einfach auch da, [. . .]"

A2: „Im Prinzip das gleiche, wie wir grade eben auch so bei Kindern beschrieben haben. Die haben so eine Freude daran gehabt, dass sie für ihre Kinder was machen können, [. . .], also einfach dieses gemeinsam etwas tun für die Kinder. [. . .] Das ist gelungener Kindergarten am Abend!"

A1: „ [. . .], seit diesem Elternabend, wo sie dann intensiver Kontakt hatten oder durch dieses Tun, habe ich den Eindruck, die kommen morgens hier anders an, also die haben ein anderes Strahlen[. . .]. Ja, [. . .] man hat so das Gefühl, da ist schon irgendwie etwas gewachsen und das kann ich halt nur bei so einem Abend schaffen oder bei so einem Nachmittag, aber nicht durch ein Thema oder auch nicht durch ein Elterngespräch, wo es um das Kind geht, sondern da muss etwas miteinander entstehen. [. . .], also das ist einfach dann schön zu sehen." (IT2, 14f)

„Also ich finde das, was die Kinder und die Familien einem da zurückgeben, also das ist das was uns im Moment so weitertreibt, wenn man merkt, was bewirkt das, wenn man so dieses Ergebnis sieht [. . .]: Dass sich Familien wohlfühlen und, dass das was man erarbeitet, selbst auch wertgeschätzt wird von den Familien, dass sie das einfach auch wahrnehmen. Also die Wertschätzung, die man dem Gegenüber gibt, die bekommt man einfach auch so zurück, das ist das Erste. Und dann die Sicherheit, ja wir sind nicht alleine [. . .] und wir müssen es auch nicht komplett alleine meistern und alles wissen und abdecken. Wir können uns da auch gegenseitig bereichern, wie auch von außen Leute mit ins Boot nehmen [. . .]" (LI2, 19)

Eine große Herausforderung stellen in der inklusionsorientierten Zusammenarbeit mit Eltern Familien mit hohen psychosozialen Belastungen dar, wie z.B. seelischer Erkrankung der Eltern, Armut oder Kindeswohlgefährdung:

„... also Kinder aus sozial problematischen Familien, die versuchen wir auch dahingehend zu stärken, zu sagen, das ist euer familiärer Hintergrund und zu dem müsst ihr auch o.k. sagen, aber wir versuchen, euch zu stärken, wir versuchen euch so eine innere Stärke zu geben, [...]. Über das Projekt haben wir eine Struktur bekommen, was ist notwendig oder was braucht eine Familie, die aus einer sozialen Problematik heraus einer Hilfe bedarf und aber auch was brauchen wir, auch an Vernetzung damit wir auf der einen Seite die soziale Problematik auffangen können, aber auf der anderen Seite auch dazu beitragen, dass sie vielleicht ein Stück weit gemindert wird oder für die Kinder leichter wird". (LI 1, 6f).

Indem der Blickwinkel der individuellen Zuschreibung als individuelle Probleme der kindlichen Entwicklung überschritten wird und ein ganzheitlicher, lebensweltorientierter Standpunkt eingenommen wird, kann ein erhebliches präventives Potential der Kindertageseinrichtung entwickelt werden. Gerade vor dem Hintergrund des engen Zusammenhangs von kindlicher Lebenswelt und Entwicklungsprozessen (vgl. z.B. Weiss 2010; Cloerkes 2007, S. 89ff) stellt eine inklusionsorientierte Zusammenarbeit mit Eltern eine wichtige Ressource dar, die dazu beitragen kann, dass ein „Fall" nicht erst zum „Fall" (der Jugendhilfe oder Eingliederungshilfe) wird, bzw. der zusätzliche Hilfebedarf gemindert wird. Die Kindertageseinrichtung ist hierbei ihrerseits auf fachliche Unterstützung und den Kompetenztransfer der beteiligten Fachdienste angewiesen (vgl. Pkt. 7.4).

Die Kindertageseinrichtung erlaubt so, einen niederschwelligen und vertrauensvollen Zugang. Dies zeigt sich

„[...] auch von der Rückmeldung von Seiten der Eltern: ‚Das ist wie so eine große Familie' und [...] die Eltern, ich sage es mal bewusst, die konfrontieren uns mit Sachen, die eigentlich weit über unsere Arbeit hinausgehen, dass sie auf der einen Seite Hilfestellungen erfragen, dass es ihnen sehr wichtig ist, dass man sie teilweise begleitet [...] auch zu weiteren externen Institutionen und [...] sie spüren das auch, dass sie kommen können - man findet ein Ohr [...]." (IT1,2)

Hieraus ergeben sich für die Einrichtungen aber auch zusätzliche fachliche und emotionale Herausforderungen und zusätzlicher zeitlicher Aufwand.

6.4. Förderung inklusiv gestalten – Vernetzung und Interdisziplinarität. Kompetenztransfer: Kooperation mit Fachdiensten aus Jugendhilfe, Frühförderung und anderen Professionen

Kindertageseinrichtungen sind auf einen Kompetenztransfer aus unterschiedlichen Unterstützungssystemen angewiesen, damit eine inklusionsorientierte und lebensweltorientierte pädagogische Arbeit nicht zu Überforderung der Fachkräfte führt. Für Kinder, die zusätzlicher Unterstützung bedürfen, kann diese eher in nichtstigmatisierender Weise in ihren Lebenszusammenhängen erfolgen, wenn Prozesse nicht erst dahin kommen, dass die Kinder als „behindert" oder „verhaltensauffällig" etikettiert werden müssen.

In der inklusionsorientierten Ausrichtung der projektbeteiligten Kindertageseinrichtungen ergab sich daher durchgängig die Frage nach interdisziplinärer Vernetzung und Zusammenarbeit mit externen Fachdiensten und Professionen sowie sozialräumlichen, im jeweiligen Stadtteil bzw. der Kommune vorhandenen Strukturen.

Dabei stand zunächst auch im Vordergrund: Wie kann die Delegation von Verantwortung - aufgrund von Überforderung von Kindertageseinrichtungen – an andere Systeme wie Jugendhilfe oder Behindertenhilfe verhindert und wie können Prozesse gemeinsamer Verantwortung gestaltet werden? Wie können benötigte Ressourcen bzw. Kompetenzen so eingebunden werden, dass sie nicht additiv nebeneinander erbracht, sondern aufeinander abgestimmt werden? Wie kann ein Kompetenztransfer in die Kindertageseinrichtung situationsabhängig so ermöglicht werden, dass die Aktivitäten in die Alltagsgestaltung einbezogen werden und Fachkräften der Kindertageseinrichtung Sicherheit im Umgang mit spezifischen Themenstellungen vermitteln? ErzieherInnen können und müssen nicht alles wissen und alleine leisten.

Damit verbinden sich auch die Fragen, wie solche Hilfen inklusiv erbracht werden können, ohne dass eine innere Segregation in der Einrichtung stattfindet und Kinder für Einzelmaßnahmen aus der Gruppe herausgenommen[12] werden und wie ein spezifisches Wissen für die Alltagsgestaltung in der Kindertageseinrichtung genutzt werden kann. Hierin wird nicht zuletzt die Chance gesehen, dass Synergieeffekte zwischen den entsprechenden Hilfen entstehen, allen Kindern zugute kommen und eine individualisierende Problemzuschreibung überwunden werden kann. Diese Fragestellungen wurden in zwei Einrichtungen auch in Bezug auf die Gestaltung der Sprachförderung reflektiert.

Besondere Bedeutung hatte für die Einrichtungen die Kooperation mit

- freien und öffentlichen Trägern der Jugendhilfe
- mit der sonderpädagogischen Frühberatung und der interdisziplinären Frühförderung
- mit Ergotherapiepraxen.

Weitere Kooperationspartner sind:

- Beratungsstellen
- Kinder- und JugendpsychotherapeutInnen
- Logopädiepraxen

---

12 Einzel- oder kleingruppenbezogene Hilfen können in bestimmte Situationen sinnvoll oder notwendig sein. Sie sollten jedoch nicht die Regel sein und zudem stets darauf abzielen, das System zu stärken und alltagsorientierte Anregungen und Kompetenztransfer für einen gelingenden gemeinsamen Alltag zu ermöglichen.

6.4.1. Kooperation mit freien und öffentlichen Trägern der Jugendhilfe

Als zentral wurde im Projektverlauf insbesondere von zwei Einrichtungen die Kooperation mit öffentlichen und freien Trägern der Jugendhilfe erachtet, da sie in starkem Maße mit belastenden familiären bzw. sozialen Lebenslagen konfrontiert sind:

„[…] wir waren schon immer ein Haus im sozialen Brennpunkt und […], ja, wir fühlten uns in vielen Bereichen hilflos und […] wir bemerkten, wir sollten handeln, aber wir wussten nicht so konkret, wie und wo […] befindet sich der richtige Ansprechpartner. Oder wo, wenn uns ein Kind auffällt, wo wenden wir uns hin." (LI1, 9)

„Ich denke, wir haben über das Projekt, eine Struktur bekommen, was ist notwendig oder was braucht eine Familie, die aus einer sozialen Problematik heraus einer Hilfe bedarf und aber auch, was brauchen wir, was brauchen wir auch an Vernetzung, damit wir auf der einen Seite die soziale Problematik auffangen können, aber auf der anderen Seite auch dazu beitragen, dass sie vielleicht ein Stück weit gemindert wird oder ein Stück weit für die Kinder leichter wird." [LI1,7]

Auf der operativen Ebene der Zusammenarbeit mit den Sozialen Diensten und den zuständigen Freien Trägern der Jugendhilfe konnten im Projektverlauf in den beiden betreffenden Einrichtungen fallbezogene Kooperationsbeziehungen unterstützt und intensiviert werden. In Fallbesprechungen wurde deutlich, dass die beiden Systeme der Jugendhilfe, Kindertagesbetreuung und Sozialer Dienst, in den betreffenden Situationen zunächst weitgehend unabhängig voneinander agierten:

„Also die erste Kooperation ist ja der ASD, die jetzt hier auch noch mal mit dem Projekt angestoßen wurde. […] Und das war ja ein guter Ansatz, dass wir uns hier getroffen haben für das Kind, da war der ASD dabei, da war die Frühförderstelle dabei, die Mutter und wir, dass wir darüber sprechen" (LI4, 7f)

„Toll fand ich, dass, nachdem wir mit dem ASD nochmal zusammengekommen sind, dass sie sich angeboten haben, um mit den Eltern […] einfach in Kontakt zu treten […] sie waren dann hier zum Tag der offenen Tür und wir hatten sie beim Verkaufen und Austeilen der Lose, der Tombola eingeteilt und sie haben es bereitwillig gemacht.[…], dass eben einfach Kontakte mit unseren Eltern dadurch entstanden sind." (IT4,12)

Aus dem Blickwinkel der Kinder stellt die Kindertageseinrichtung häufig einen bedeutenden stabilen Beziehungsrahmen dar. Anderseits können ErzieherInnen den Bedeutungsgehalt von Handlungen häufig erst richtig einordnen und angemessen pädagogisch beantworten, wenn sie den familiären Hintergrund kennen und eine Zusammenarbeit mit den Eltern und anderen beteiligten Fachkräften gelingt:

„Natürlich gab es das Ablaufverfahren nach §8a, aber irgendwo hat das Gesicht oft dazu gefehlt, vom Gegenüber. Und dann auch Klarheit zu kriegen […] und, dass wir uns zusammensetzen, […] wo wir gesagt haben, okay, wir haben einige Familienhelferinnen [in den Familien] lass' uns da irgendwo ein Raster der Zusammenarbeit entwickeln. [...], dass man, wenn eine Familienhelferin in eine Familie reinkommt, dass die dann einfach schon mal bereits den Gedanken der Zusammenarbeit zwischen ihr und der Institution in der Familie [...] anspricht, [...] weil manchmal ist es ja der Familie gar nicht bewusst, wie wichtig auch die Zusammenarbeit, die Kooperation zwischen Familienhelferin und der Kita ist." (LI1, 9)

In dieser Einrichtung wurde mit dem zuständigen Freien Träger der Jugendhilfe eine Vereinbarung getroffen, dass dessen Fachkräfte in betreffenden Familien, in denen sie tätig sind, deren Zustimmung zu einer Kooperation thematisieren. Die Zustimmung der Familien vorausgesetzt, wird die Kindertageseinrichtung in Hilfeplangesprächen (ausschließlich) bei kindbezogenen Themen beteiligt.

„Eine Sternstunde [im Projektverlauf des Projekts IQUAnet], fand ich, war so die Vernetzung auf der einen Seite zum ASD und auch eine intensive Vernetzung zu den Familienhelferinnen, wo ich einfach auch merke, das funktioniert jetzt und das ist eine Kommunikation und ein Arbeiten auf einer gleichen Ebene und zum Wohle des Kindes oder der Familie, also [...] das ist für mich schon eine Sternstunde gewesen" (IT1, 10)

Auch in Situationen drohender Fremdunterbringung von Kindern kann die Kindertageseinrichtung eine stabilisierende Ressource darstellen, aber ohne entsprechende fachliche und ggf. personelle Unterstützung kann dies auch mit Grenzerfahrungen verbunden sein.

Insbesondere bei Kindern, bei denen soziale Belastungen und unerfüllte Bedürfnisse in sozial unangepassten und herausfordernden Handlungen Ausdruck finden, sind neben Kompetenztransfer häufig auch besondere Zuwendung und Achtsamkeit gegenüber dem Kind und den Eltern und damit zusätzliche fachliche und zeitliche Ressourcen erforderlich:

„[...] dass sich andere Eltern beschweren über andere Kinder, weil die geschlagen haben, gebissen, getreten, gekratzt. [...] Und das sind dann eigentlich die Kinder, die dann eben nicht unter die Eingliederungshilfe fallen, die also durch ihr Verhalten [...] herausstechen. Wo man zum Teil wieder nach außen am Ackern ist bei den Eltern, dass da jemand nicht ausgeschlossen wird und bei den Kindern nach innen dann auch wieder. Wo man auf allen Ebenen Schadensbegrenzung dann machen muss. [...] Also ich finde, diese Kinder, die fordern einen am meisten heraus" (IT3, 18)

6.4.2. Kooperationserfahrungen mit Einrichtungen der Frühförderung

Alle vier Einrichtungen hatten bereits vor Beginn des Projekts Kooperationserfahrungen mit Einrichtungen der interdisziplinären Frühförderung und/oder der sonderpädagogischen Frühberatung. Diese Zusammenarbeit und Beratung erfolgte in der Regel auf einzelne Kinder bezogen.

Nicht immer ist den Einrichtungen bekannt, ob ein Kind bzw. die Eltern bereits Unterstützung im Rahmen der

Frühförderstellen erhält. Das Kind bringt die Fachkraft der Frühförderung sozusagen mit. Hierdurch sind die Einrichtungen mit mehreren Fachkräften der Frühförderung einer oder verschiedener Frühförderstellen konfrontiert, je nachdem, wo die Eltern (zuerst) anlandeten. Die Kooperation war i.d.R. nicht strukturell verankert. Während die interdisziplinäre Frühförderstelle vor diesem Hintergrund bemüht ist, Zuständigkeiten regional zu organisieren, um als feste Ansprechperson auch Kindertageseinrichtungen zur Verfügung zu stehen, ergeben sich durch die Spezialisierung der sonderpädagogischen Frühberatung unterschiedlichste Ansprechpartner.

Auch vor dem Hintergrund der Frühförderverordnung, welche die Leistungen der Frühförderung bzw. sonderpädagogischen Frühberatung als subsidiär und primär als Unterstützung der Eltern und Kinder gestaltet, erweisen sich die Möglichkeiten des Kompetenztransfers und der Beratung von Kindertageseinrichtungen vom Umfang her als strukturell begrenzt. Insbesondere die Kompetenzen der sonderpädagogischen Frühberatung sind hierdurch bislang weitgehend an sonderpädagogische Institutionen und damit an exklusive Settings gebunden:

„[. . .] also in der Regel war es bisher so, dass wir die Kinder aufgenommen haben und gar nicht wussten, dass die da auch schon Kontakt [Anm.: zur Frühförderung] geknüpft haben, dass die dann auf uns zugekommen ist. [. . .], dass man, wie gesagt, immer für diese einzelnen Kinder da schon miteinander kooperiert hat, Gespräche geführt hat [. . .], also wirklich dann, wenn es akut war oder es Frühförderung für dieses Kind einfach schon gab, dann haben wir dieses Netzwerk, dass wir die Kooperationen aufnehmen; aber jetzt nicht so etwas ganz Beständiges, wie das jetzt zum Beispiel in Jena ist - wo man so immer diesen Zugriff drauf hat." (LI2, 9)

In konkreten Situationen zeigte sich, dass es nicht nur von Bedeutung ist, zusammen mit den Eltern, der Kindertageseinrichtung und Institutionen der Frühförderung zu gemeinsamen Einschätzungen zu kommen, sondern, dass von Fachkräften der Frühförderung bzw. Frühberatung auch wichtige Impulse für die Fachkräfte der Kindertageseinrichtungen für eine gelingende Alltaggestaltung ausgehen können.

So wurden beispielsweise in einer Situation, in der das Kind (noch) über keine Wortsprache verfügte, mit Hilfe der Frühförderung lautsprachbegleitende Gebärden eingeführt, deren sich die gesamte Einrichtung, sowohl die MitarbeiterInnen als auch die Kinder im Umgang mit dem betreffenden Kind bedienten, was aus Sicht der Einrichtungsleitung nicht nur zu einer erfolgreichen Integration, sondern auch zu einem beginnenden Lautspracherwerb beitrug:

„Das Mädchen konnte anfangs nicht [. . .] ohne Beobachtung sein aufgrund einer Hilflosigkeit, auf Grund auch des Eigenschutzes für das Mädchen und dann aber auch als Schutz für die anderen Kinder und man musste sie sehr intensiv begleiten, damit sie hier auch mit den vielen Möglichkeiten, mit den Freiräumen klar kam, dass das nicht zu einem Wirrwarr geführt hat für sie.

Und es ist Struktur angelegt worden von Seiten der Pädagogen. Wir haben Hilfsmechanismen und Hilfsmittel gefunden, auch im Austausch mit der Frühförderstelle, die sie auch begleitet, im engen Austausch mit der Mutter, die einfach gezeigt haben, was die Vivian [Name geändert] braucht. Diese Dinge haben die Vivian aber auch wieder so selbstsicher gemacht, dass sie ein Stück weit alleine zurechtkommt. [...] Sie spricht ja nicht, wir haben uns überlegt [...] wie kann eine einheitliche Kommunikation mit ihr aussehen? So dass wir dann gemeinsam mit der Frühförderstelle, einzelne Symbole oder Gesten der Gebärdensprache eingesetzt haben [...]. Und von einem stummen Kind sind wir jetzt bei einem Kind, welches schon einzelne Laute und Silben von sich gibt. [...] Und das war der richtige Weg; also das Mädchen exploriert, das ist unglaublich, die macht Fortschritte, das ist phantastisch. Da ist es für mich so sichtbar geworden, was das auch ausmacht, einem Kind viele Möglichkeiten zu bieten, des Agierens, des Arbeitens, des Sich-Entwickelns und dem Kind einfach auch viel zutrauen und gleichzeitig als Pädagogen dann auch ganz wachsam zu sein und die Signale aufzunehmen, die das Kind mir sendet." (LI1, 12)

Auch in anderen Einrichtungen und Situationen konnten wertvolle Impulse für die Alltagsgestaltung von der Frühförderung bzw. Frühberatung eingebracht werden.

Dort, wo sich Frühförderung bzw. Frühberatung jedoch vor allem einer Diagnostik im Interesse der Klärung des geeigneten Lernorts für das Kind[13] verpflichtet sieht, geraten Eltern schnell in eine Dilemmasituation zwischen ihrem Interesse an dem Besuch einer Regeleinrichtung für ihr Kind (soziale Normalisierung) und dem Interesse an einer weitestgehenden Förderung (funktionale Normalisierung).

6.4.3. Kooperation mit medizinisch-therapeutischen Hilfen

Einen bislang wenig beachteten Aspekt in der Inklusionsorientierung der Kindertagesbetreuung stellen die Hilfen des medizinisch-therapeutischen Bereichs nach SGB V dar. Unter Bezug auf Altgeld (2008) weist der 13. Kinder- und Jugendbericht darauf hin, dass Krankenkassen trotz ihres gesetzlichen Auftrags (§20 (1) SGB V), sozial bedingte Ungleichheiten von Gesundheitschancen zu vermindern, versuchen *„monothematisch"* mit Themen die *„aktuell eine hohe (mediale) Aufmerksamkeit genießen [...] durch implementierte Prävention zu bearbeiten. Vermisst werden dabei eine ‚Kompetenzerhöhung vorhandener Strukturen in den Lebenswelten' [...]"* (BMFSFJ 2009, 201)

Zahlreiche Kinder[14] erhalten eine oder mehrere Hilfen in Form von Ergotherapie, Logopädie, Psychomotorik, psychologischer Beratung oder Therapie, welche i.d.R. in freien Praxen erbracht und von den Familien i.d.R. neben der Kindertagesbetreuung aufgesucht werden müssen. Diese Hilfen erfolgen meist nicht abgestimmt mit den Leistungen der Regeleinrichtungen oder ohne Bezug auf andere Hilfen bzw. Unterstützungssysteme.

---

13 d.h. an einer Alternativentscheidung zwischen Schulkindergarten/Sonderschule versus allgemeine Kindertageseinrichtung/ allgemeine Schule ausgerichtet, statt an notwendigen Anpassungen

14 Eine genaue Quantifizierung konnte im Projekt nicht erhoben werden, da den Kindertageseinrichtungen diese Informationen nicht immer vorliegen, sie dem Datenschutz unterliegen und eine Vollerhebung bei den Eltern unter den Projektbedingungen nicht möglich war.

Die Kooperation mit medizinisch-therapeutischen Hilfen soll am Beispiel der Zusammenarbeit mit einer Ergotherapie-Praxis, welche in einer Einrichtung auf- und ausgebaut werden konnte, dargestellt werden:

„Ergotherapie war immer bei uns ein Thema, wir hatten auch einige Kinder, die in Ergotherapie gingen, aber die Familien haben das teilweise nicht geschafft, die Termine einzuhalten[...]. Und seit 2011 gibt es [...] die Möglichkeit, dass man die Ergotherapie-Stunden auch in der sozialpädagogischen Einrichtung absolviert[...], das war immer schon mit unser Anliegen, das wäre das Ideale, man könnte es hier vor Ort gleich anwenden, die Vernetzung zur Kita wäre gegeben [...] auch als verbindendes Element zwischen Eltern und der Praxis [...], das ist gut für uns und für unsere Familien. Und es ist zwischenzeitlich schon so, [...] dass an zwei Vormittagen eine Ergotherapeutin hier ist, in der Einrichtung und mit den Kindern arbeitet".

I: Wie gestaltet sich die Arbeit der Ergotherapeutin mit den Kindern?

A: „Das ist ganz unterschiedlich, [...] der Schwerpunkt ist, dass [...] einfach auch der Alltag der Kinder mit berücksichtigt werden sollte oder das Interesse. Und die arbeiten mal in einem Raum mit mehreren Kindern, also im offenen Geschehen, aber wenn einfach auch die Notwendigkeit besteht beim einen oder anderen Kind, mit dem alleine zu arbeiten, in einem ruhigen Rahmen, dann ist das machbar.

[...] Wir hatten erst letzte Woche einen Austausch mit beiden Ergotherapeutinnen, [...] wo wir einfach uns zwei Stunden Zeit genommen haben zum Austausch, wo wir [...] die Rahmenbedingungen abgeklärt haben und die gegenseitigen Fragen, die offen waren, aber dann natürlich [...] das einzelne Kind auch mit im Mittelpunkt stand. Wie die Ergotherapeutinnen, wie wir es noch unterstützen könnten [...], dass einfach [...] die Verknüpfung noch intensiver wird." (LI1,10)

Dies wurde auch von einer Kollegin in einer Gruppendiskussion hervorgehoben:

„Und was wir auch gemerkt haben, eine enge Kooperation auch grade so zu den Ergotherapeuten im Haus, das [...] ist eigentlich auch unheimlich kooperativ gewesen. Wir haben uns im Team lange Zeit genommen, um uns auszutauschen über die Kinder und wie geht es weiter und so, weil die Ergotherapeuten ja zu uns ins Haus kommen und wir erleben das eigentlich auch als Bereicherung von unserer Tätigkeit." (IT1,3)

Im Rahmen der Ergotherapie erlaubt die Änderung der Heilmittelverordnung (§11) vom Juli 2011 zwar, dass unter bestimmten Voraussetzungen[15] Ergotherapie in Kindertageseinrichtungen erbracht werden kann. Diese Möglichkeit ist bislang jedoch auf Ganztageseinrichtungen begrenzt und die Übernahme von Fahrtkosten bislang ungeklärt. Hier besteht auch im medizinisch-therapeutischen System ein Bedarf der weiteren Öffnung.

---

15 In §11 der Heilmittel-Richtlinie heißt es: „Ohne Verordnung eines Hausbesuchs ist die Behandlung außerhalb der Praxis des Therapeuten oder der Therapeutin ausnahmsweise für Kinder und Jugendliche bis zum vollendeten 18. Lebensjahr, (...) möglich, die ganztägig in einer auf deren Förderung ausgerichteten Tageseinrichtung untergebracht sind. Voraussetzung ist, dass sich aus der ärztlichen Begründung eine besondere Schwere und Langfristigkeit der funktionellen/strukturellen Schädigungen sowie der Beeinträchtigungen der Aktivitäten ergibt und die Tageseinrichtung auf die Förderung dieses Personenkreises ausgerichtet ist und die Behandlung in diesen Einrichtungen durchgeführt wird."

6.4.4. Sprachförderung[16] inklusiv gestalten

Sprachförderung inklusiv zu gestalten bedeutet, Sprachanlässe und sprachliche Begleitung im Alltag zu erhöhen und mit positiven Erlebnissen und Situationen in der Gruppe, mit Interessen der Kinder zu verbinden. Individuelle Einzelübungen stehen einem inklusiven Verständnis der Förderung entgegen und nutzen nicht die Ressourcen, die sich im Alltag und aus der Gruppe der Kinder ergeben.

„Also da merke ich, dass wir jetzt auch mit der neuen Kollegin, die ja auch eine Inklusions-Assistentin war, doch so einen ganz bewussten Umgang mit Sprache haben, dass neben dem, was im Alltag in Spielsituationen und hoch frequentiertem Bilderbuch-Sofa mit Bilderbuch-Vorlesen bzw. miteinander ein Bilderbuch sprachlich erkunden, dass da viel läuft in der Hinsicht. Dann dass viel gesungen wird, gerne gesungen wird, Fingerspiele gemacht werden, ganz bewusst; bei den Jüngeren dann auch viel mehr im Erleben liegt, im Erleben und Benennen, [. . .]." (LI3, 12)

Eine weitere Einrichtung beteiligt sich am Projekt „frühe Chancen", welches als integrierte und alltagsorientierte Sprachförderung konzipiert ist. Dieser Projektansatz ließ sich gut mit der Inklusionsentwicklung im Projekt IQUAnet verknüpfen.

A2: *„Ja, ich denke auch, das kommt mir natürlich auch sehr entgegen mit dem Sprachprojekt, weil das genau der gleiche Ansatz ist, es in den Alltag zu integrieren und alle Kinder mitzunehmen auf ihrem Weg und sie individuell zu begleiten."*

A: *„Und irgendwo, finde ich, sind wir alle insgesamt jetzt auch ein Stück weit professioneller geworden, [. . .] das finde ich wirklich, das ist schon so."* (IT1, 11)

Hierbei wird wiederum deutlich, dass es in erster Linie darum geht, bestehende Aktivitäten inklusionsorientiert zu hinterfragen, weiter zu entwickeln und entsprechend zu gestalten.[17]

Zusammenfassend lässt sich feststellen, dass es im Projektverlauf auf der operativen Ebene der Kindertageseinrichtungen gelungen ist, die Kooperationsstrukturen der Einrichtungen auf- und auszubauen. Dabei wird jedoch auch deutlich, wie die strukturellen Bedingungen, die historisch begründete und gewachsene Versäulung der Hilfesysteme und deren Ausgestaltung als individuelle, gesondert zu beantragende Hilfen mit jeweils unterschiedlichen Bedarfs- und Leistungsmerkmalen, auf die Möglichkeiten der Kindertageseinrichtungen zurückwirken.

---

16 Sprachförderung ist hier klar zu unterscheiden und abzugrenzen von Sprachtherapie, aufgrund z.B. organischer oder kognitiver Beeinträchtigungen des Sprachverständnisses, der Sprachproduktion oder der Artikulation.

17 Auf die regional und landesweit angewandten unterschiedlichen Konzepte der Sprachförderung und aktuelle Entwicklungen kann hier nicht näher eingegangen werden. Eine Übersicht findet sich beispielsweise im Bildungsbericht 2013 des Statistischen Landesamts Baden-Württemberg.

Eine Kooperation und Vernetzung mit jeweils notwendigen Professionen, die auf Kompetenztransfer ausgerichtet ist, statt auf individualisierende Zuschreibungen, konnte durch das Projekt unterstützt werden und zu einer Professionalisierung und Sicherheit der ErzieherInnen beitragen.

Dabei wird nicht zuletzt auch deutlich, dass sowohl die Intensivierung in der Zusammenarbeit mit Eltern, als auch die Kooperation mit externen Fachdiensten mit einem erhöhten fachlichen und zeitlichen Aufwand verbunden ist, der sich in den einzelnen Einrichtungen je nach Einzugsgebiet, den tatsächlichen familiären und individuellen Bedarfslagen und nach der konzeptionellen Ausgestaltung der Kooperation mit externen Fachkräften und der inklusionsorientierten Gestaltung des Kompetenztransfers erheblich unterscheidet.

„[...]die Zusammenarbeit dann mit den vielfältigen Kooperationspartnern, die wir haben, die bedingen ja das auch, dass immer wieder in die Arbeit neue berechtigte Gedanken und auch – ich nenne es mal Forderungen einfließen und reinkommen, die ja wiederum Auswirkung auf unsere tägliche Arbeit haben. Man möchte ja, die berechtigten Ansichten oder die berechtigten Hilfsmechanismen der anderen, auch umsetzen und verwirklichen, weil die ja zum Wohle aller sind. Und von daher hat sich das Arbeitsspektrum verändert, hat sich ausgedehnt und in vielen Bereichen also ist es intensiver geworden, [...]" (LI2, 2)

Eine Personalbemessung allein nach Betriebsform wird vor diesem Hintergrund der Realität der Einrichtungen nicht gerecht. (vgl. Pkt. 8.3)

6.5. Von Kindern lernen – Vielfaltsgemeinschaft unter Kindern

Im Kontext der Auseinandersetzung mit Vielfalt und Unterschiedlichkeit im Bildungsdiskurs (vgl. Jerg/Schumann/Thalheim (Hrsg.) 2006) rückte die Orientierung der Frühpädagogik an einem Bildungsbegriff, der sich als Selbstbildung in sozialen Kontexten vollzieht, die Bedeutung der Vielfaltsgemeinschaft und der Interaktion und Kommunikation mit Erwachsenen und anderen Kindern in den Blickpunkt einer kindzentrierten, ressourcenorientierten Pädagogik. Denn aktive Aneignung der dinglichen und sozialen Umwelt und des kulturellen Erbes setzt voraus, sich in Beziehung setzen zu können, zu anderen Personen, zu seiner Umwelt und zu sich selbst. *„Gerade aber in der Kommunikation und Interaktion mit Erwachsenen und Kindern eröffnet sich überhaupt erst der Möglichkeitsraum, in dem das Kind eigenaktiv werden und eigenaktiv sein kann. [..] Die Gruppe ist dabei als ein Medium von Bildung, Entwicklung und Erziehung von Kindern zu sehen. [...]"* (Störmer 2012, 133). Der Gruppe der Kinder kommt daher nicht nur unter Aspekten der vollen wirksamen und gleichberechtigten Teilhabe, sondern auch unter Bildungsaspekten eine zentrale Bedeutung zu.

Die Rolle der jeweils anderen Kinder im gemeinsamen Handeln und Spiel wird auch in Gesprächen mit projektbeteiligten ErzieherInnen hervorgehoben: *„[...] es sind nicht nur die Erwachsenen, die immer nur da sind und die Unterstützer sind, sondern die Erwachsenen sind bei der Aktion dabei und auch Kinder unterstützen sich und begleiten sich gegenseitig"* (IT1,8)

Die anderen Kinder erweisen sich als zentrale Ressource.

Im Projektverlauf zeigte sich, dass sich die Gemeinschaft unter den Kindern häufig nicht als Problem darstellt. Kinder haben andere Kategorien für Ein- und Ausschluss. Gemeinsamkeit entsteht über gemeinsame Themen und Interessen, gemeinsam geteilter Freude/Spaß und Möglichkeiten, gemeinsame Ideen zu entwickeln.

Gelingende Gemeinschaften entstehen jedoch nicht von selbst, sondern bedürfen der strukturierten Beobachtung, Angeboten die es erlauben, die Stärken und Interessen der Kinder zu berücksichtigen, die nicht selbstverständlich ins Spiel mit anderen kommen, und einer entsprechenden Einrichtungskultur.

Als Faktoren für gelingende Gruppenprozesse unter den Kinder zeigen sich[18]:

- Altersmischung
- Verstehen und verstanden werden – Kommunikation und Interaktion (dies umfasst neben Sprache auch die gegenseitige Nachvollziehbarkeit von Handlungs- bzw. Verhaltensweisen)
- Spaß, Freude
- gemeinsame Themen und Ziele
- Haltung und Menschenbild, mit der bzw. dem Erwachsene agieren
- Inklusive Kultur in der Einrichtung

6.5.1. Altersmischung

In Interviews und Gruppendiskussionen wird im Projektzusammenhang immer wieder die Altersmischung als Gelingensfaktor von Vielfaltsgemeinschaften unter den Kindern hervorgehoben:

„Also im Garten, denke ich, gibt es grade viele Situationen, weil einfach jetzt grade eine Zeit ist, in der alle Altersstufen oft aufeinanderstoßen, sowohl Schüler-Kinder, als auch dann die Krippen-Kinder, wie auch die Kindergarten-Altersstufe, da gibt es viele Verknüpfungspunkte und auch die Freiräume, sich zu begegnen oder sich auch aus dem Weg zu gehen. [. . .]"(IT4, 1)

„Und das finde ich immer wieder auch ganz erstaunlich, wenn die Hortkinder in der Krippe sind, wie toll die die lesen können. Die können die unterschiedlichen Laute der Kinder deuten, oder wenn die weinen, sie sind da ganz feinfühlig und sie können das deuten, ist es jetzt gut, hat das Kind andere Bedürfnisse. Die wissen dann auch schon, was sie machen, damit das Kind wieder auf eine andere Ebene kommt." (IT1, 8)

---

18 Grundlage der Auswertung bildeten die protokollierten Beratungsgespräche der Projektkoordinatorin, leitfadengestützte Interviews mit den Einrichtungsleitungen, Gruppendiskussionen mit den jeweiligen Index-Teams und von Studierenden durchgeführte strukturierte Beobachtungen zwei Einrichtungen.

Internationale Studien bestätigen die positiven Effekte einer Altersmischung für jüngere Kinder bis zu 5 Jahren. „Das gilt wiederum für behinderte wie für nichtbehinderte Kinder. Beide zeigen in altersgemischten Gruppen [...] ein komplexeres Spielniveau, beteiligen sich mehr an Gesprächen und sprechen die anderen Kinder häufiger an als in altershomogenen Gruppen (Bailey, McWilliam, Ware & Buchinal 1993)" (Sarimski 2012, S.33).

6.5.2. Verstehen und verstanden werden

Eine gelingende Kommunikation und Interaktion zwischen den Kindern ist selbstredend eine zentrale Gelingensbedingung für gemeinsames Spiel. Dies weist über eine sprachliche Verständigung hinaus. So können gelingende Kommunikationsprozesse auch dort stattfinden, wo keine gemeinsame Wortsprache besteht, sei es durch unterschiedliche muttersprachliche Hintergründe oder auf Grund von Entwicklungsbeeinträchtigungen. Hierbei können aktiv unterschiedliche Kommunikationsformen gefunden, angeregt und von den Kindern eingesetzt werden:

„[...]drei neue Kinder von diesem Kindergartenjahr, [...] drei unterschiedliche Sprachen, die im Bau-Zimmer eigentlich ganz nett zusammen agieren und da schaffen und einfach einen Spaß haben, [...] also einfach dieses Miteinander, auch wenn ich nicht viel sprechen kann, aber ja, das Lachen geht immer und ich mache das nach, was du machst oder mache noch eine andere Bewegung dazu und wir haben Spaß miteinander" (IT2, 5)

In einer bereits oben dargestellten Situation (vgl. 7.4.2) eines Kindes, das aufgrund einer erheblichen Beeinträchtigung zum Zeitpunkt der Aufnahme in die Kindertageseinrichtung weder laufen noch sprechen konnte, wurden mit Unterstützung der Frühförderung lautsprachbegleitende Gebärden eingeführt. Diese wurden so dokumentiert und kommuniziert, dass sie sowohl vom gesamten Personal als auch von den Kindern verstanden und eingesetzt wurden. Die Kinder erwiesen dabei eine sehr große Fähigkeit, ihnen bislang unvertraute gestische Äußerungen des beeinträchtigten Kindes zu verstehen und richtig zu interpretieren:

„Und eine Sternstunde auch, [...] fast zeitgleich kam es zur Aufnahme von Kindern mit intensiverem und besonderem Unterstützungsbedarf und das dann auch zu erleben und zu sehen, wie die anderen Kinder damit umgehen, in welcher Offenheit, in welcher Ehrlichkeit, mit welchem Interesse. Dass auch Fragen kamen, warum macht die Vivian [Name geändert] das so? Oder dann auch von Seiten der Krippen-Kindern dann auch zu erkennen, dass sie das auch auf einen Punkt bringen zu sagen: Gell, die freut sich jetzt, wenn sie jetzt mit den Händen so macht, oder mit den Beinen, da freut sie sich. Einfach das Erkennen von einem zweijährigen Kind und das lesen können, also das war für mich auch etwas ganz Faszinierendes." (IT1, 10)

In den beiden geschilderten, unterschiedlichen Situationen werden als gemeinsame Gelingensfaktoren eine geteilte Aufmerksamkeit bzw. ein gemeinsames Interesse sowie eine Imitationsfähigkeit sichtbar.

Eine **gemeinsame Wortsprache** scheint u.a. auch bei der Konfliktbewältigung eine große Rolle zu spielen:

„Ich denke Sprache ist etwas ganz Wesentliches, auch ob ich die Möglichkeit habe, Konflikte sprachlich zu lösen […]" (IT 1, 9)

So wichtig das Beherrschen der Wortsprache für die Entwicklung der Kinder, für das Äußern von Interessen und Absichten und nicht zuletzt für die schulischen Perspektiven ist, für eine gelingende Kommunikation und Interaktion, für die Zugehörigkeit zu einer Gruppe von Kindern scheint vor dem Hintergrund der Ergebnisse das Verstehen und verstanden-Werden von Handlungsweisen und Intentionen der Kinder untereinander größte Bedeutung zu haben.

Ein weiterer Aspekt der gelingenden Verständigung und Kommunikation liegt dabei in der **Nachvollziehbarkeit von Handlungen.** Kinder sind i.d.R. bemüht, die Handlungsweisen der anderen nachzuvollziehen und zu verstehen. Ist ein anderes Kind jedoch in seinen Handlungen inkohärent oder stört es die unter den Kindern ausgehandelten bzw. vereinbarten Regeln, wird es verletzend oder als ungerecht erlebt, so sind gemeinsame Aktivitäten erheblich erschwert:

„Ich hatte letztes Jahr einen Jungen, der nicht richtig reinkam, der das letzte Kindergartenjahr bei uns gemacht hat und da hatte ich nachher das Gefühl, das liegt daran, dass die anderen eben nicht verstanden haben, wie der getickt hat und er hat auch nicht verstanden, wie die anderen ticken. […] Von seinem ganzen Verhalten, […] das war für die anderen immer wieder überraschend und nicht durchschaubar. […] ich habe das lange nicht verstanden, […]" (IT3, 5)

„Ich denke, da brauchen Kinder auch manchmal Unterstützung, wie deute ich auch etwas, wie lese ich auch jemanden, dass manche Sachen überhaupt nicht böswillig gemeint sind, sondern dass die vielleicht auch ein Zeichen von Zuneigung sein können, oder weil sie Aufmerksamkeit möchten." (IT1, 8)

Kinder mit sozial unangepassten Handlungsweisen stellen also nicht nur für die Fachkräfte, sondern auch für die anderen Kinder häufig Herausforderungen dar und stehen in der Gefahr der Ausgrenzung.

Auch hier kann, wie folgendes Beispiel zeigt, eine inklusionspädagogische Qualifizierung dazu beitragen, nicht bei einer phänotypischen bzw. individualisierenden Problemsicht zu verharren, sondern lösungsorientiert zu gelingenderen Interaktionen beizutragen:

„[…], als ich hier angefangen habe, da hatte ich ein Kind in der Gruppe, das wirklich in dem Moment sehr anstrengend war, immer angeeckt ist, die Mutter war verzweifelt, […] weil er kam reingestürmt, buff, hatte der erste schon eins übergebraten bekommen oder er hat was umgeschmissen und so weiter. Und wenn ich jetzt nicht diese Ausbildung [Anm. S.T.: zur Inklusionsassistentin] gehabt hätte, hätte ich wahrscheinlich auch einen Schreck gekriegt, oh Gott, wie sollen wir das alles schaffen mit dem? Und es war aber so, dass ich gedacht habe, jetzt gucken wir mal und wir nehmen das wahr und wir stärken die Mutter […] – und das Verhältnis hat sich jetzt so verändert, sie kommt rein, ist offen, ist hier Elternbeirätin und sie fühlt sich angenommen. Und ihr Kind ist angenommen worden und er hat sich auch dadurch verändert." (IT2, 15)

Wo das pädagogische Handeln geprägt ist von einer wertschätzenden und fragenden Haltung, um sich den subjektiven Bedeutungen, Intentionen, Motiven, dem Sinn hinter den Handlungen und den dahinterliegenden Interessen bzw. Bedürfnissen anzunähern und wo der Blick auf gelingende Situationen gerichtet ist – kein Kind ist über den gesamten Zeitraum konstant in seinen Handlungsweisen –, wo auch danach gefragt wird, was evtl. eigene Anteile und Wertungen sind, ein bestimmtes Verhalten abzulehnen, dort werden häufig Wege möglich, Muster zu durchbrechen.

6.5.3. Spaß, Freude und gemeinsame Themen

Als weiterer Aspekt für ein gelingendes Gruppengeschehen erweisen sich gemeinsames Engagement und Ziele sowie ein Klima geteilter Freude:

„Ich glaube, gemeinsames Interesse ist eins, was Kinder zusammen bringt und ich glaube, einfach auch Lust an irgendwas Gleichem. [...] Dass sie, glaube ich, ein gemeinsames Ziel haben oder Ziele, die verbinden." (IT3, 2)

„[...] so dieses gemeinsame Engagement für eine Sache, diese Freude, dieser Spaß, dieses [...] aus sich herausgehen können, ja, das verbindet. Und dann spielt Körpergröße, Körperfülle, Sprache, Leistung, das spielt alles gar keine Rolle mehr." (IT 2, 13)

Die integrativen Potentiale der Kinder verdeutlicht auch die Darstellung des folgenden Beispiels in einer Gruppendiskussion in einer der projektbeteiligten Einrichtungen:

A1: „Also unser Benjamin [Name geändert] ist eigentlich inklusiv behandelt worden, von Anfang an, [...] und er hatte nie eine Inklusionshilfe [...], weil er von Anfang an einfach dazugehört hat, ohne dass er irgendwie eine Sonderstellung hatte. Und heute ist er einfach einer, der dazu gehört, die Kinder merken, er kann manche Dinge nicht so wie sie, für ihn ist es, glaube ich, nicht fassbar, dass er anders ist als andere, für ihn ist es ganz normal, [...] und er ist aber voll akzeptiert und macht bei allem mit [...]"

A2: „... und kommt total gut an bei den Kindern, also sie fragen nach ihm, er wird voll beim Spiel beteiligt."

A: „Ja, und er hat auch so einen festen Freundeskreis, [...], das sind so wirklich seine festen Freunde. [...]"

A1: „Also er wird jetzt nicht darüber definiert bei den Kindern, dass er Schwächen hat, sondern sie sehen ihn als freundlichen Menschen, mit dem man Spaß haben kann."

A2: „Und ich denke, das was du gesagt hast, er kam ja so rein in die Einrichtung, es war vom ersten Tag an offensichtlich, er hat ein Handicap, [...]. Und er hat aber hier Rahmenbedingungen gefunden, um diese Beziehungsfähigkeit, um diese Offenheit, um diese Selbstakzeptanz, ‚ich bin anders wie die anderen', [zu entwickeln]." (IT 2, 7)

Gemeinschaften brauchen dabei nicht immer die von Erwachsenen gelenkte Situation, sie entstehen insbesondere auch dort, wo sich Freiräume zeigen, um **gemeinsame Ideen und Aktivitäten** zu entwickeln:

„[…] draußen im Garten, da hat es eben diese Freiräume, ein Spiel selber zu entwickeln und auch die Möglichkeiten, es kreativer zu entwickeln zum Teil wie in vorgegebenen Ecken oder Räumen und da ist es einfach freier gegeben, draußen auch im Garten, das zu entwickeln und das gibt dann oft auch mehr Möglichkeiten, sich durch eine Spielsituation zu begegnen oder eine Idee." (IT4, 1)

6.5.4. Bedeutung der Haltung der Fachkräfte und der Kultur in der Einrichtung für ein gelingendes Gruppengeschehen

Der Einfluss der Haltung der Fachkräfte und der inklusionsorientierten Kultur in der Einrichtung, also inwieweit ein wertschätzender und vielfaltsunterstützender Umgang aller Beteiligten miteinander gepflegt und gelebt wird, wurde insbesondere in verschiedenen Protokollen und Gesprächen zum Projektende hin immer wieder thematisiert. Die Haltung und die Handlungsweisen der Erwachsenen zeigen hier aus Sicht der ErzieherInnen zunehmend Einfluss auch auf den Umgang der Kinder untereinander.

Dies wird u.a. auch in den folgenden Sequenzen aus Gruppendiskussionen sichtbar:

„Ja, und das größte Problem haben, glaube ich, so die Erwachsenen damit, und da ist es halt immer total abhängig davon, wie Erwachsene reagieren, die Kinder gehen da ja normalerweise mit einer viel natürlicheren offeneren Haltung miteinander um. […] " (IT2, 7)

A: „Ich denke, sie brauchen wachsame und offene Pädagogen, die einfach Situationen, Momente, Reaktionen, Aktionen der Kinder wahrnehmen und die sie dann gegebenenfalls aufgreifen und dann über das Gespräch, über die Kommunikation in eine Richtung bringen."

A1: „Einfach auch eine Wertschätzung in der Haltung allen Kindern gegenüber von Seiten der Pädagogen."

A2: „Also ich finde auch, wie die Erwachsenen, miteinander sprechen und umgehen, das ist auch ein Maßstab und Vorbild für das, was die Kinder tagtäglich sehen. Wie gehen wir zum Beispiel mit Konflikten um, wenn jetzt zwei Kolleginnen mal im Konflikt sind, ich finde, das ist ganz arg wichtig. Oder dass wir auch auf die Kinder unvoreingenommen zugehen und die Kinder versuchen, ins Spiel einzubeziehen."

A: „Und auch Dinge offen ansprechen, mit Kindern wirklich in die Diskussion gehen, nachfragen, wieso, weshalb, warum das jetzt so ist. Also nicht alles nur beschönigen, sondern wirklich in Austausch gehen mit den Kindern und manchen Dingen auf den Grund gehen, was halt auch nicht so rund läuft. Also nicht einfach so eine heile Welt zu haben, sondern wirklich Dinge anzusprechen, die nicht in Ordnung sind." (IT1, 19)

Ergänzend zu den Einschätzungen der Fachkräfte wurden in zwei Kindertageseinrichtungen je zwei Beobachtungssequenzen an einem Tag pro Woche, über einen Zeitraum von mehreren Wochen im Rahmen des Projektstudiums von Studierenden durchgeführt.

Leitfrage war dabei, nach welchen Kriterien Partizipation innerhalb der Gruppe von Kindern gelingt. Was sind geeignete bzw. ungeeignete Strategien, um Zugang zu einer Spielgruppe zu bekommen? Nach welchen Kriterien bzw. Kategorien schließen Kinder andere Kinder aus gemeinsamen Spielaktivitäten aus? Wie legitimieren sie diesen Ausschluss? Die Beobachtungen wurden durch Gespräche mit einzelnen Kindern ergänzt.

Dabei zeigte sich, auch in den Beobachtungen, dass Kontaktaufnahme dort leichter gelingt, wo

- sich ein Kind mitteilen kann,
- ein Kind eigene Spielimpulse einbringt und hierüber gemeinsame Themen und Spielinteressen entstehen. Während auf passives Verhalten von den anderen Kindern i.d.R. wenig Reaktion erfolgt. Die Kinder zeigen sich hierbei meist als kreativ und probieren unterschiedliche Strategien aus, bis sie Zugang zu einer Spielgruppe finden,
- unter den Kindern im Spiel ausgehandelte Regeln beachtet und respektiert werden. Regelverstöße und verletzendes Verhalten führen leicht zum Ausschluss aus der Situation. Während das moralisierende Einfordern von institutionalisierten Regeln durch ein Kind bei andern Kindern ebenfalls eher Ablehnung hervorruft.

Im Rahmen der Beobachtungen wurde weiter deutlich, dass insbesondere Beziehungsaspekte unter den Kindern eine Rolle spielen, weniger jedoch Fähigkeiten oder Eigenschaften.

Auch zeigte sich, dass es sich bei den beobachteten Prozessen meist um situative Interaktionen handelt und Kinder, die in einer Situation nicht miteinander ins Spiel kamen, i.d.R. in anderen Situationen miteinander spielten.

Die Aufgabe der pädagogischen Fachkraft, so könnte man folgern, besteht im gemeinsamen Spiel der Kinder also weniger darin, angeleitete Spielsituationen zu arrangieren, als vielmehr darin, strukturiert und genau zu beobachten, wo die Interessen eines Kindes liegen, Kommunikation unter den Kindern zu unterstützen bzw. zu ermöglichen, Kinder wertschätzend und feinfühlig zu ermutigen, auf dieser Basis Impulse zu setzen bzw. vorhandene Impulse zu unterstützen und ggf. Alternativen anzuregen.

6.6. Übergänge gestalten

Übergänge zu gestalten und dabei Aspekte des Individuums, der Beziehungen, der Lebenswelt, und der beteiligten Akteure zu berücksichtigen, gehört zu den originären Aufgaben einer zeitgemäßen qualifizierten Frühpädagogik. Auch hier wird deutlich, dass die Inklusionsorientierung mit Hilfe des Index für Inklusion darauf abzielt, bestehende Aktivitäten unter einer inklusiven Perspektive, im Sinne einer Qualitätsentwicklung, der Selbstevaluation zu unterziehen und weiter zu entwickeln und nicht zusätzliche Anforderungen formuliert.

Im Projektzusammenhang waren auf der Ebene der Kindertageseinrichtungen folgende Übergänge relevant und wurden mit Hilfe des Index und der Projektkoordinatorin bearbeitet:

- Aufnahme und Eingewöhnung
- Übergänge zwischen (Alters-)Gruppen innerhalb der Kindertageseinrichtung
- Übergang von der Kindertageseinrichtung in die Schule

6.6.1. Inklusiv von Anfang an – Übergang Familie/Kindertageseinrichtung. Aufnahme und Eingewöhnung: Alle Kinder und Eltern willkommen heißen

Bereits die Anfrage, Aufnahme und Eingewöhnung der Kinder und Eltern zu Beginn der Kindertagesbetreuung stellt wesentliche Weichen dafür, ob Kinder und Eltern sich willkommen fühlen in der Einrichtung und für die weitere Zusammenarbeit.

Bestehende Vorgehensweisen wurden unter einer inklusiven Perspektive in drei der vier Einrichtungen weiter entwickelt. Die Frage war, wie die Prozesse so gestaltet werden können, dass sich Kind und Eltern von Anfang an willkommen fühlen, eine vertrauensvolle (Zusammen-)Arbeit grundgelegt wird und der Übergang von Kindern und Eltern aktiv bewältigt und positiv erlebt werden kann.

„Also wir haben natürlich schon immer ein Eingewöhnungskonzept gehabt und hatten auch immer einen Ansprechpartner für die Familien, aber das haben wir jetzt seit Sommer nochmal viel intensiver, seit diesem Sommer ist es jetzt wirklich so, dass jede Mitarbeiterin auch Bezugskinder und Bezugsfamilien hat und die an den Schnuppertagen und dann auch in der Eingewöhnungsphase, in den ersten drei Monaten sehr intensiv begleitet hat, was vorher nicht ganz so intensiv war. Und da haben wir auch sehr positive Erfahrungen gemacht, dass die Familien wirklich sehr sicher sind, auch bei kleinen Fragen dann auf einen zukommen und das Gefühl haben, ich darf das fragen und ich muss mich nicht scheuen [. . .], dass wir wirklich gezielt geguckt haben, dass diese intensive Begleitung auch wirklich gewährleistet ist. Oder gerade bei den Teilzeitkräften haben wir dann auch diese Doppelbezugs-Erzieherinnen eingeführt, [. . .], dass gewährleistet ist für Kind und Familie, dass immer eine von denen da ist, die mein Ansprechpartner ist. Wir haben die Familie [. . .] vorher nochmal ganz gezielt angeschrieben, [. . .] dass sie ein Foto von der Familie mitbringen und dazu das „Herzlich Willkommen" in der eigenen Muttersprache, also die einfach zu Hause auch gelebt wird. [. . .] Und das hat sehr viel Vertrauen geschafft [. . .] am Anfang, diese Sicherheit, da ist jemand und der ist für mich zuständig. Und bei den Kindern und Familien, die das wirklich sehr intensiv in Anspruch genommen haben ist die Eingewöhnung auch sehr gut verlaufen [. . .]." (LI2, 3f)

Eine weitere Einrichtung hat beispielsweise ein „Willkommens-Buch" entwickelt, das dem Kind vor der Aufnahme in die Kindertageseinrichtung per Post zugeschickt wird und in welchem ein Maskottchen, das später auch in der Einrichtung vorfindlich ist, anhand von Bildern durch die Einrichtung führt und die Bezugserzieherin vorgestellt wird.

Auch hier zeigten die Reaktionen von Eltern, dass es früh Vertrauen und Sicherheit schafft, persönlich als Individuum wahrgenommen und angesprochen zu werden, so wie man ist, willkommen zu sein, dass eine inklusive Haltung früh Ausdruck findet in konkreten Handlungsschritten und für Kinder und Familien wahrnehmbar wird.

Entsprechend wurde in zwei Einrichtungen der Übergang zwischen verschiedenen (Alters-) Gruppen innerhalb des Hauses im Index-Team reflektiert und im Gesamtteam weiterentwickelt.

6.6.2. Übergang Kindertageseinrichtung – Schule

Ein durchgängiges Thema in allen Einrichtungen war der Übergang von der Kindertagesbetreuung in die Schule.

Hier zeigte sich, dass sich die Perspektive von den Bedürfnissen und Stärken des Kindes hin zum Vorliegen schulbezogener Fähigkeiten und Fertigkeiten ändert und sich häufig auf die Frage des geeigneten Lernorts einengt. Hierbei hat die Schule in der Praxis die Definitionshoheit:

„Und das ist klar, der Kindergarten muss alle nehmen und muss sich auch darauf einstellen und muss dann gucken, wie er den Kindern ermöglicht, sich im Rahmen ihrer Möglichkeiten zu entwickeln und die Schule zäumt das Pferd von der anderen Seite auf. Also die Schule sagt, dieses Ziel musst du erreicht haben und wenn du das Ziel nicht erreichst, dann bist du hier nicht am richtigen Fleck. Und die Umdenk-Arbeit, die muss dann jemand anderes machen bei den Kollegen." (LI3, 11)

Hier geraten die Kindertageseinrichtungen an die Grenzen ihrer Handlungs- und Einflussmöglichkeiten. Andererseits wirkt dieses hierarchische Verhältnis, die Definitionsmacht der Schule auch zurück in die Kindertageseinrichtungen, um „Schulfähigkeit" der Kinder frühzeitig zu unterstützen.

Dies wirft auch die Frage auf, wie die Entscheidungswege beim Übergang in die Schule gestaltet sind. Zwar gibt es entsprechende, durch Verwaltungsvorschriften geregelte, Verfahren und umfangreiche Kooperationsordner. In der Praxis werden die Schulwegsentscheidungen von den ErzieherInnen und den KooperationslehrerInnen (häufig aufgrund einer Inaugenscheinnahme des Kindes) vorbereitet und die Eltern in eine entsprechende Richtung beraten. In Zweifelsfällen wurde ggf. die Frühförderung oder/und die Schulleitung der aufnehmenden Schule hinzugezogen. Dabei wurde deutlich, dass die Entscheidungen über den künftigen Lernort in starkem Maße von der persönlichen Haltung der Fachkräfte der weitergebenden Kindertageseinrichtung und der aufnehmenden Schule abhängig sind.

Eltern beugen sich häufig diesen Einschätzungen und Vorentscheidungen oder weichen auf andere Schulen aus, da sie für ihr Kind keine positive Schulentwicklungsprognose sehen, wenn bereits bei der Aufnahme eine ablehnende Haltung gegenüber der Aufnahme des Kindes besteht:

„[…], also diese Thematik, oder die Auseinandersetzung damit ist uns nicht so gelungen, das muss ich sagen. Also in den anderen Punkten, […] wo wir gemeinsam in dem Index-Team gearbeitet haben, da haben Entwicklungen stattgefunden, positive Entwicklungen, aber jetzt in dem Bereich nicht."

I: Was bräuchte es damit, sich hier Entwicklungen ergeben?

A: „Eine veränderte Haltung der Schule. [.-..] und da kann die Kita auch nichts dazu beitragen, dass sich die Haltung ändert. […] Das Kind, da haben wir investiert und ich bin froh drüber, […] dass das Kind jetzt in die andere Schule kommt, obwohl sie [die Mutter] jetzt das in Kauf nimmt, dass die Kita-Zeit dann beendet ist und für die Frau, sie ist alleinerziehende Mutter - sie sagt auch, ‚ihr seid meine Familie'- […] ist das auch das schlimmste, aber gleichzeitig hat sie selber auch das Gefühl, dass ihr Sohn in der Schule – das wird nicht gehen." (LI1, 13)

Im Projektkontext konnten diese Fragestellungen nicht zufriedenstellend gelöst werden und erfordern strukturelle Weiterentwicklungen im Rahmen der Überarbeitung der Verwaltungsvorschriften zum Übergang Kindergarten-Schule (2002) und für Kinder und Jugendliche mit besonderem Förderbedarf und Behinderungen (2008) und der anstehenden Schulgesetzänderung.

Zwar sehen die Regelungen zur Umsetzung des Beschlusses des Ministerrats vom 3. Mai 2010 „Schulische Bildung von jungen Menschen mit Behinderung" Bildungswegekonferenzen zur Feststellung eines geeigneten sonderpädagogischen Beratungs- und Unterstützungsangebots bzw. sonderpädagogischen Bildungsangebots vor, doch kommt es vor dem Hintergrund der Projekterfahrungen häufig erst gar nicht zu einem Antrag der Eltern, da sie bereits im Vorfeld den fachlichen Einschätzungen der ErzieherInnen und LehrerInnen folgen[19].

A: „[…], also die Kooperation mit der Grundschule läuft immer, ist ja auch Vorgabe, dass das laufen muss zwischen Kindertageseinrichtung und Grundschule, ist aber leider immer sehr abhängig von Kindertageseinrichtung und von der Grundschule, die zuständig ist, von der Schulleitung dort."

I: Abhängig in welcher Hinsicht?

A: „Was gemacht wird und wie es stattfindet und wie dann auch der Übergang abläuft und wir sind ja hier, […] sechs Kindergärten, glaube ich insgesamt, die zu der Grundschule gehören. Und da hat man einen Kooperations-Jahresplan […], aber es könnte auch mehr laufen im Hinblick auf unsere Kinder, die wir haben. Viele unserer Kinder, die verhaltensoriginell sind, die eigentlich den richtigen Ort hier in der Grundschule hätten, aber wo wir wissen, dass […] die Familien oder die Kinder nach unserem Gefühl nicht so willkommen sind. Und da würden wir uns jetzt eigentlich gern so langsam mal einen Weg bahnen, einfach in diese Richtung zu gehen, dass die […] Schule ein bisschen in Bewegung kommt, sich da zu öffnen.

---

19 Auch handelt es sich bei den diskutierten und in Schwerpunktregionen erprobten Verfahren durchweg um individualisierende und damit integrative Ansätze und nicht um inklusive Schulentwicklungsansätze. Vgl. hierzu auch: o.N.(2012): Schulische Bildung von jungen Menschen mit Behinderung - Zwischenbericht zum Schulversuch.

„[…] wenn die Kooperationslehrerin hier sieht, oh, das ist ein schwieriges Kind, dann wird gleich der Riegel vorgeschoben und erst mal versucht, nein, da gibt es die [Sonder-]Schule […], die ist dafür zuständig oder die Sprachheilschule oder das Kind muss halt in die Grundschulförderklasse, […] also das ist so mein Eindruck. […] Und ich denke, man stößt da einfach nicht so sehr auf ein offenes Ohr, […]. Also da müsste sich schon noch mehr tun." (LI2, 9f)

Hier stellt sich natürlich weiter die Frage, inwieweit biografisch so entscheidende Weichenstellungen allein auf der Ebene der weitergebenden und aufnehmenden Fachkräfte eingeschätzt und Empfehlungen gegenüber den Eltern ausgesprochen werden können. Sollte nicht verstärkt die strukturelle Ebene der Kooperationsbeauftragten an den Staatlichen Schulämter einbezogen werden, auch um zu klären, welche Kriterien und Motive ausgesprochen oder unausgesprochen hier eine Rolle spielen?

„Also es ist natürlich so, die […] Schule gerade hier […], wo einfach auch viele Sozialwohnungen direkt vor Ort sind und […] weil es viele Kinder sind, die einfach einen Migrationshintergrund haben, die Deutsch nicht als Erstsprache haben, wo ich […] mit mehr Vielfalt arbeite,[…]. Und ich glaube, da haben die Lehrerinnen einfach auch schwer zu kämpfen, […] also wo, glaube ich, die Lehrer auch sehr viel Angst haben, wie schaffen wir es, was kommt auf uns zu und wo bekommen wir Unterstützung her und der leichtere Weg halt eher gesehen wird, das Kind sollte nochmal ein Jahr im Kindergarten oder Grundschul-Förderklasse oder am besten gleich in eine ganz andere Einrichtung. Und das wäre so unser Wunsch, also dass wir da auf einen Weg kommen, dass da etwas möglich wird und nicht gleich für die Eltern so dieser Kampf beginnen muss und wir auch die Option haben für die Kinder, also dass es dann nicht nach drei Jahren abbricht, sondern es weitergehen kann." (LI2, 9f)

Vor diesem Hintergrund konnte das Projekt dazu beitragen, dass auf der Ebene der lokalen Beiräte insbesondere die Situation von Kindern und Familien in prekären Lebenslagen stärker in den Fokus rückte: *„Der Übergang Kindergarten-Schule für diese Kinder wurde als entscheidende Stelle in den Blickpunkt gerückt. Stolpersteine sind sicherlich die Kumulation von Kindern und Familien in prekären Lebenslagen mit anderen hinderlichen Zusammenhängen. Hilfreich wären hier vorhandene Angebote in jeder Einrichtung, die nicht durch ein Antragsverfahren hindurch müssten."(LB 1, 2.1)*

7. Inklusion benötigt angemessene Rahmenbedingungen

Bei allen positiven Entwicklungen im pädagogischen Bereich der Kindertageseinrichtungen, zeigte sich im Projektverlauf, dass Inklusion nicht allein auf der pädagogischen Ebene zu realisieren ist, sondern in einem Wechselverhältnis von AkteurInnen und Strukturen steht. Die pädagogische Ebene bildet die Basis für Inklusion in der frühen Kindheit, sie benötigt jedoch auch Bedingungen, die es erlauben, die eigenen Ansprüche umzusetzen:

„Und wir hier an der Basis, bei uns ist jedes Kind willkommen, jedes Kind ist da, auch wenn es zusätzliche Unterstützung braucht, in welcher Form auch immer, und wir arbeiten mit den Kindern, wir sind für das Kind da und ich sage mal, die zusätzlichen Hände oder die Verbesserung der Rahmenbedingungen, die bleibt aus, [. . .] einen Schritt nach vorne, der über das Gespräch hinausgeht, den gibt es halt nicht. [. . .] Es ist für mich jetzt nicht getan, dass ich sage, okay, jedes Kind ist willkommen und alle Kinder dürfen zu uns ins Haus kommen, das ist schon so, aber wenn dann die Kinder da sind, dann möchten wir, auch das gesamte Team, möchte auch wirklich dem Kind bei seiner Entwicklung helfen und es soll nicht einfach bloß hier in den vier Wänden sein, sondern es soll sich hier entwickeln, soll sich weiterentwickeln, soll explorieren. Und da braucht es halt bei manchen Kindern oder bei manchen Familien ein bisschen Mehr." (IT1, 5)

Insbesondere in Bezug auf Kinder und Familien in sozial belastenden Lebenslagen (z.B. Armut, psychische Krankheit, Gewalt in der Familie) und auf Kinder mit Assistenzbedarf, zeigt sich die Notwendigkeit einer erhöhten Achtsamkeit und Betreuungsintensität und eines zusätzlichen zeitlichen Aufwands in der Begleitung der Kinder, der Eltern und in der Zusammenarbeit mit externen Fachkräften.

Hier würde es sicher zu kurz greifen, allein auf strukturelle Rahmenbedingungen, insbesondere die Personalsituation, oder auf zusätzliche Assistenzleistungen abzuheben.

Rahmenbedingungen umfassen mehrere Faktoren, bei denen jeweils ein Einfluss auf die Prozessqualität angenommen werden kann. Auch die ersten Zwischenergebnisse der Nubbek-Studie verweisen darauf, dass es nicht die eine Stellgröße, den Königsweg gibt, um die Prozessqualität in Kindertageseinrichtungen zu verbessern, sondern ein Zusammenspiel verschiedener Faktoren Wirkung entfaltet:

„Der substanzielle Zusammenhang der Prozessqualität mit vorangehenden Bedingungen der Struktur- und Orientierungsqualität macht deutlich, dass Verbesserungen nicht nur durch direkte Interventionen auf der Handlungsebene, sondern auch indirekt über die Verbesserung der Rahmenbedingungen angestrebt werden können. Es gibt allerdings dabei nicht eine einzelne Rahmenbedingung und damit keinen Königsweg (z. B. Erzieher-Kind-Schlüssel), über den die Qualität pädagogischer Prozesse allein angehoben werden kann. Politisch gewollte Verbesserungen auf der Ebene vorgelagerter Bedingungen der Struktur- und Orientierungsqualität benötigen eine evidenzbasierte Neujustierung mehrerer Stellschrauben. Die Verbesserung der Rahmenbedingungen ist kostspielig und bedarf des politischen Willens." (Tietze u.a. 2012, S.14)

Im Folgenden sollen daher verschiedene Aspekte von Rahmenbedingungen angesprochen werden, welche im Kontext des Projekts im Hinblick auf eine Inklusionsorientierung als relevant thematisiert wurden:

- Qualifizierung/Qualifikation
- räumliche Anforderungen
- bedarfsgerechte personelle Ressourcen
- Kompetenztransfer und Interdisziplinarität
- Trägerverantwortung
- Koordination unterschiedlicher Hilfesysteme.

7.1. Qualifizierung/Qualifikation

Auf allen Projektebenen wird anerkannt, dass der Qualifizierung in der Umsetzung einer Inklusionsorientierung von Kindertageseinrichtungen große Bedeutung zukommt.

Eine Erzieherin fasst aus ihrer Sicht wesentliche Qualifizierungsaspekte wie folgt zusammen:

A2: *„Und ich denke, es braucht auch gut ausgebildetes Fachpersonal."*

I: *Was bräuchte es an Qualifizierung?*

A: *„Also ich denke zum Beispiel, dass diese Fachkräfte sich einfach auch schon vertraut gemacht haben mit Inklusion, [...] die Bereitschaft einfach auch, vielleicht auch in gewissen Zügen ein heilpädagogisches Wissen, das man wiederum einbettet in den inklusiven Alltag. Dann braucht es Wissen über Kooperation, ich finde auch über Beratungsansätze, dass man auch gewisse Gesprächsansätze verinnerlicht hat, [...] kooperative Beratungsansätze, dass ich einfach auch mit Eltern auf einer anderen Ebene ins Gespräch kommen kann. Dann brauche ich Kenntnisse zum Beispiel, wie mache ich Entwicklung sichtbar, [...] zum Beispiel Bildungs- und Lerngeschichten [...]. Also ich finde, da kommt ganz viel zusammen, was man einfach bräuchte. Und natürlich ein Wissen über Hilfesysteme, weil alles, was ich nicht weiß, kann ich natürlich auch nicht [...] anfragen."* (IT1, 7)

Eine weitere projektbeteiligte Einrichtung hat zwischenzeitlich zwei Mitarbeiterinnen angestellt, die über eine inklusionspädagogische Weiterbildung verfügen. Dies wirkt sich positiv auf die eigene Sicherheit im Umgang mit Vielfalt und Unterschiedlichkeit der Kinder aus:

„Und ich glaube, dass schon auch der Blick auf das Kind, was braucht das Kind, wie kann es teilhaben, [...], dass das schon auch diese Ausbildung mit bewirkt hat, dass ich da erst mal gelassen reagiert habe und dass es doch nicht so war, dass er jetzt eine Inklusionskraft braucht, sondern sich so richtig eingefügt hat und auch beliebt ist, Freundschaften auch hat. Natürlich hat er noch so seine wilde Art, aber die Kinder wissen das und können damit umgehen und er eckt immer weniger an, [...] dass das vielleicht schon auch mit Inklusions-Gedanken und Wissen eine Rolle spielen könnte." (IT2, 15)

Auf einen erheblichen Qualifizierungsbedarf weisen auch die zahlreichen[20] überregionalen Anfragen nach unterschiedlichen inklusionspädagogischen Qualifizierungsformaten hin, die im Projektzeitraum und darüber hinaus bei IQUAnet bzw. der Projektkoordinatorin eingingen.

Auf Trägerebene wurden in Reutlingen, vor dem Hintergrund der Projekterfahrungen, von beiden projektbeteiligten Trägern, der Stadt Reutlingen und der Evang. Gesamtkirchengemeinde, Fortbildungen jeweils für sämtliche Einrichtungen der Träger konzipiert und unter Beteiligung u.a. des Projekts IQUAnet umgesetzt.

Hierin können beispielhafte bzw. modellhafte Ansätze mit Ausstrahlungswirkung gesehen werden.

7.2. Räumliche Anforderungen

Räumliche Anforderungen wurden auf der Ebene der Kindertageseinrichtungen, neben bestehenden architektonischen Barrieren, dahingehend formuliert, dass Räumlichkeiten für Rückzugsmöglichkeiten für Kinder, die zwischenzeitlich Ruhephasen benötigen, aber auch für Kleingruppenarbeit z.T. als unzureichend angesehen werden. Insbesondere eine Einrichtung sieht hier Barrieren und Herausforderungen darin, dass Räume multifunktional genutzt und mehrmals täglich räumlich angepasst werden müssen.

Ein weiter Aspekt der benannt wurde, sind Bewegungsräume und ausreichend gestaltete Außenflächen.

„[. . .] wir hatten ein Kind mit Down-Syndrom, da war dann auch eine Therapeutin hier und sie hat dann halt nicht immer nur das Kind im Blick, das haben wir natürlich auch ganz viel genutzt, da haben wir dann versucht, auch einiges für uns mit in den Kindergarten zu übernehmen. [. . .] Aber [. . .], da haben wir einfach wieder von unseren räumlichen Bedingungen Probleme, wenn wir solche Leute hier hereinholen, dann eben wirklich nur früh morgens, weil dann doch noch nicht ganz so viele Kinder da sind, das ist eine Schwierigkeit in unserer Einrichtung." (LI4, 12)

Auf der Ebene der strukturellen Weiterentwicklung auf kommunaler Ebene besteht an beiden Standorten zudem eine große Offenheit zu einer Entgrenzung des sonderpädagogischen Systems und der Regeleinrichtungen im Rahmen einer Intensivkooperation, d.h. eine Schulkindergartengruppe in einem Regelkindergarten zu betreiben und beide gegenseitig zu öffnen. Hierfür fehlen bislang an beiden Standorten die räumlichen Voraussetzungen.

Nicht zuletzt vor dem Hintergrund der Umsetzung der UN-BRK auf kommunaler Ebene sollten daher künftig bei allen Neu- und Umbauten von Kindertageseinrichtungen räumliche Anforderungen der Einzelintegration wie auch Formen der Intensivkooperation Berücksichtigung finden.

---

20 Allein im Zeitraum 10/2011 bis 03/2012 handelte es sich um 13 Anfragen.

7.3. Bedarfsgerechte personelle Ressourcen

Dass die Personalentwicklung nicht angemessen den gestiegenen Anforderungen in der Kindertagesbetreuung gefolgt ist, wird auf den unterschiedlichen Projektebenen gesehen und anerkannt.

So formuliert auch der Koalitionsvertrag der derzeitigen baden-württembergischen Landesregierung von 2011: *„Die Personalausstattung der Kindertageseinrichtungen und die Qualifizierung der pädagogischen Fachkräfte müssen den wachsenden Anforderungen gerecht werden"* und stellt eine Verbesserung hinsichtlich *„der Fachkraft-Kind-Relation, der Arbeitszeit und Bezahlung der Erzieherinnen und Erzieher sowie der Neukonzipierung der Tätigkeit von Einrichtungsleitungen"* (S.4) in Aussicht.

Die Projekterfahrungen zeigen, dass unzureichende personelle Bedingungen weniger eine Frage von gemeinsamer Erziehung von Kindern mit und ohne Behinderung sind, sondern vielmehr eine Frage der allgemeinen Qualität in Kindertageseinrichtungen, welche unterschiedlichste Lebenslagen betrifft und insbesondere dort, wo belastende Lebenslagen kumulieren, an Grenzen führt.

„[…], also für mich ist das jetzt auch wieder sichtbar geworden, […], es wird von außen gesehen, dass wir eben viele Kinder haben, die ein bisschen mehr Unterstützung benötigen und wo es einfach […] vielleicht auch zwei Hände mehr braucht. Das wird gesehen und daran wird auch gearbeitet und es wird auch manches versucht, […] um die Rahmenbedingungen zu verbessern, aber das ist sehr zeitaufwändig und da bleibt manches auf der Strecke. […]

Wenn ich jetzt als Beispiel sage, ich habe zwei Elterngespräche im Jahr, dann braucht es bei mancher Familie vielleicht vier oder vielleicht sechs und das ist auch das, was wir leisten möchten, aber mit dem ganz normalen personellen, mit der ganz normalen personellen Besetzung kommt man da an die Grenzen." (IT1,5)

Wie die Projekterfahrungen weiter zeigen, stellen gerade Kinder aus ökonomisch, psychisch und/oder sozial belasteten Familien in ihren Bewältigungsformen besondere Anforderungen an die Fachkräfte der Kindertageseinrichtungen. Diese hohen Anforderungen führen in Einzelfällen dazu, dass zulasten von Kindern mit Behinderungen, diese – mit diskriminierender Folge - nicht in Regeleinrichtungen aufgenommen werden, um eine Überforderung der Fachkräfte zu vermeiden. Andererseits besteht die Gefahr, dass belastende Situationen dahin führen, dass sich eine (drohende) Behinderung im Sinne des SGB IX bzw. SGB VIII manifestiert.

„für die Kinder, […] wo eine Entwicklungsverzögerung oder eine Beeinträchtigung vorliegt, da gibt es die Möglichkeiten, dass man Hilfe bekommt, oder die Kinder Hilfe bekommen, aber für die vielen anderen Kinder, wo einfach auf Grund der Sozialproblematik oder einer Herkunftsproblematik, [zusätzlicher Bedarf besteht] die flutschen durch das Netz. Und der Anteil, der ist einfach in den letzten Jahren massivst gestiegen. Und mit den Situationen müssen die Häuser zurechtkommen." (LI1,8)

Hierbei zeigt sich, dass eine Personalbemessung allein nach der Betriebsform nicht den tatsächlichen unterschiedlichen Anforderungen der Kindertageseinrichtungen entspricht.

Dem sollte und kann langfristig nicht durch eine Ausweitung individueller und gesondert zu beantragender Hilfen begegnet werden.

Angesichts der gravierenden Unterschiede im Einzugsgebiet, der tatsächlichen Bedarfslagen der aufgenommenen Kinder und Familien und der konzeptionellen Unterschiede bzw. des Kooperations- und spezifischen Betreuungsaufwands, bedarf es einer bedarfsgerechten Personalausstattung der Kindertageseinrichtungen, die diesen Standort- und Qualitätsunterschieden gerecht wird.

Der Mindestpersonalschlüssel für Kindertageseinrichtungen sollte vor diesem Hintergrund im wörtlichen Sinne als Minimalausstattung betrachtet werden und gemessen an den tatsächlichen jeweiligen Anforderungen der Kindertageseinrichtung angemessen angepasst werden.

Dabei weist das Argument der Personalbemessung durchaus einen ambivalenten Charakter auf. Eine bessere Strukturqualität ist Voraussetzung, führt aber nicht automatisch zu einer verbesserten Prozessqualität (vgl. Tietze u.a. 2012). Auch ergab sich in den projektbeteiligten Kindertageseinrichtungen aufgrund der quantitativen und qualitativen Daten kein unmittelbares Verhältnis zwischen Fachkraft-Kind-Schlüssel und subjektiv empfundener personeller Unterversorgung. Es sollten daher objektivierbare und überprüfbare Datengrundlagen für eine bedarfsgerechte Ausstattung herangezogen werden. Diese bestehen vor dem Hintergrund der Projektauswertungen aus:

- den Sozialdaten des Einzugsgebiets (z.B. IBÖ-Indikatoren oder vergleichbare Sozialplanungsdaten)
- den Angaben zu tatsächlich betreuten Kindern gemäß Kinder- und Jugendhilfestatistik (SGB VIII)[21] bzw. Ergebnissen der ESU, einschließlich Kindern mit Assistenzbedarf
- konzeptionell verankerten - und damit überprüfbaren - Schwerpunkten und Zusatzanforderungen in der Kooperation mit Eltern und mit externen Fachkräften, die mit zusätzlichem Zeit- und Personalaufwand verbunden sind.

Dem zusätzlichen Bedarf gegenüber der durchschnittlichen Belastung sollte durch eine entsprechende Personalaufstockung und/oder Leitungsfreistellung sowie in einem Maßnahmenmix, verbunden mit Qualifizierung und Maßnahmen auf der Ebene der Orientierungsqualität, entsprochen werden.

---

21 Die Erhebung der Kinder- und Jugendhilfestatistik zu den Kindern ist als Individualerhebung angelegt, d.h. die entsprechenden Angaben werden für jedes einzelne Kind erfragt. Für die Kinder in Tageseinrichtungen werden neben dem Alter und Geschlecht Angaben zu Dauer und Umfang der wöchentlichen Betreuungszeiten, zur Mittagsverpflegung sowie zum Schulbesuch erfragt. Der Migrationshintergrund wird über die Fragen nach dem ausländischen Herkunftsland der Eltern/eines Elternteils und der vorrangig in der Familie gesprochenen Sprache ermittelt. Weiter wird gefragt, ob das Kind einen nachgewiesenen erhöhten Förderbedarf wegen körperlicher, geistiger Behinderung bzw. wegen einer drohenden oder seelischen Behinderung hat, der in der Einrichtung zu einer entsprechenden Eingliederungshilfe nach dem Achten bzw. Zwölften Buch Sozialgesetzbuch führt.

Hier decken sich unsere Projekterfahrungen mit den (vorläufigen) Empfehlungen in der Nubbek-Studie:

„Im Rahmen kommunaler Bildungsplanung sollte der zunehmenden Segregation im Bildungswesen entgegengewirkt werden. Als Lösung hierzu bietet sich an, gerade diese Einrichtungen besonders zu fördern, durch hoch qualifiziertes Personal und günstige Rahmenbedingungen, wie z. B. einen verbesserten Erzieher-Kind-Schlüssel." (Tietze, W. u.a. 2012, S.15)

Eine bedarfsgerechte Personalausstattung, die den tatsächlichen und unterschiedlichen Anforderungen der Einrichtungen gerecht wird, sicher zu stellen, ist als Aufgabe der Träger und Kommunen im Rahmen der örtlichen Bedarfsplanung und Qualitätssicherung zu sehen. Aufgrund fehlender verbindlicher rechtlicher Grundlagen fehlt diesen jedoch bislang die Grundlage für eine Refinanzierung entsprechender bedarfsgerechter Personalbemessung[22] und die Legitimierung gegenüber den kommunalen Entscheidungsgremien.

Einer einseitigen Kostenverschiebung auf die Kommunen wäre durch entsprechende Refinanzierungsmaßnahmen von Landeseite zu begegnen.

„[…] unsere Landesregierung hat ja auch gesagt, Häuser in einem sogenannten sozialen Brennpunkt, die werden personell unterstützt und […] dass das endlich zum Tragen kommt, also ich denke, da warten alle drauf." (LI1,7)

7.4. Kompetenztransfer und Interdisziplinarität

ErzieherInnen in Kindertageseinrichtungen können und müssen nicht alles wissen und können. Sie benötigen auf ihrem Weg zu einer inklusiven Kindertageseinrichtung die Unterstützung vielfältiger Kompetenzen, Disziplinen und Professionen.

„Und mein Wunsch wäre dann auch, dass eben gerade solche Fachleute mit in der Einrichtung wären, wie logopädische Fachkraft, wie heilpädagogische Fachkraft, die eben nicht nur, weil es ein Kind gibt, das diese Betreuung braucht, […] unterstützen, uns unseren Rücken stärken. Durch bestimmte Aktionen, durch Anwesenheit, dass man auch mal im Team Probleme ansprechen kann, dass das ggf. anonym besprochen werden kann, wie können wir da dem Kind Unterstützung geben, wie können wir den Familien Unterstützung geben, dass es […] unter Berücksichtigung aller gemacht werden kann." (LI4,20)

Was in der jeweiligen Situation an zusätzlicher Fachlichkeit benötigt wird, ist nicht an Behinderung oder an Behinderungsformen festzumachen. Dies zeigen die Projekterfahrungen deutlich. Daher kommt dem Kompetenztransfer und der Interdisziplinarität eine besondere Bedeutung zu.

---

[22] Entsprechende Modelle wurden in Reutlingen beispielsweise im Rahmen des sog. KELEG-Prozesses angedacht, waren bislang jedoch gegenüber den kommunalen Entscheidungsgremien nicht zu legitimieren.

Nach dem 13. Kinder- und Jugendbericht erhalten 2,1% der Kinder unter 7 Jahren Maßnahmen der Frühförderung[23] (BMFSFJ 2009, 204ff). Bei durchschnittlich 11,2 % der Kinder im Alter von 3 bis 6 Jahren bestehe hiernach ein spezieller Versorgungsbedarf[24] (BMFSFJ 2009, 104). Diese Angaben stellen Durchschnittswerte dar, die in sozial belasteten Stadtteilen z.T. erheblich höher liegen dürften. Fragt man die Einrichtungsleitungen der projektbeteiligten Kindertageseinrichtungen, so liegt ein zusätzlicher Förderbedarf, einschließlich des Bedarfs an Sprachförderung, nach deren Einschätzung bei bis zu 40% der Kinder. Ohne eine entsprechende Qualifizierung und ohne einen entsprechenden Kompetenztransfer in die Kindertageseinrichtungen hinein, besteht die Gefahr, dass sich diese Bedarfslagen zunehmend in (drohenden) Behinderungen manifestieren. Prozesse erst soweit kommen zu lassen und dann mit individuellen und gesondert zu beantragenden Hilfen zu begegnen, widerspricht nicht nur dem Inklusionsgedanken, sondern überfordert langfristig auch die Hilfesysteme des SGB.

Damit verbindet sich die Frage, wie erfolgreich die angestrebten Effekte der aufgeführten Einzelleistungen sind, die in Einzelsituationen zudem additiv-ergänzend und wenig auf einander abgestimmt erfolgen. Sie könnten ggf. durch eine interdisziplinäre Zusammensetzung der Teams in den Kindertageseinrichtungen (unter Ausschöpfen des Fachkräftekataloges nach §7 (2) KitaG insbesondere Pkt. 7. und 8.) in einer weniger stigmatisierenden und effektiveren Weise unter Einbeziehung anderer Kinder und der (Bezugs-)ErzieherInnen, alltags- und lebensweltorientiert erbracht werden[25]. Zumal der 13. Kinder und Jugendbericht eindrücklich den Zusammenhang darlegt zwischen sozialer Ungleichheit bzw. Bedingungen des Aufwachsens und Entwicklungsbeeinträchtigungen mit Wirkung über die gesamte Lebensspanne bis ins Erwachsenenalter hinein.

7.5. Trägerverantwortung

Als weitere Rahmenbedingung erweist sich die Positionierung und Unterstützung durch den Träger. Die Inklusionsorientierung der Kindertageseinrichtungen und deren Fachkräfte kann wesentlich durch eine entsprechende Trägerposition unterstützt werden:

„[…] und wenn ich so vergleiche mit anderen Trägern, dann weiß ich auch, dass der Umgang mit Vielfalt manchmal anders ist und auch anders, mehr im Sine von einer Integration gelebt wird. Und das macht schon noch mal einen Unterschied, ob ich ein Kind ins System einpasse oder das System so verändere, dass es für das Kind passt. […] Also […], so von Trägerseite aus gibt es ja schon die Standards […] und ich denke, das weiß jedes Haus auch, dass es diese Standards gibt und dass es einfach die Vorgabe ist, quasi diese Standards umzusetzen. Aber

---

23 Zum Stichtag 31.12.2006
24 Definiert wurde ein spezieller Versorgungsbedarf hier „dadurch, dass von den folgenden fünf Bereichen mindestens einer zutrifft: Medikamenteneinnahme (außer Vitamine), medizinische Versorgung bzw. psychosozial/ pädagogische Unterstützung; Einschränkungen im Tun von Dingen, die die meisten Gleichaltrigen können; Erhalt einer speziellen Therapie (z.B. Physio-, Ergo- oder Sprachtherapie); sowie emotionale, Entwicklungs- oder Verhaltensstörungen, für die Behandlung/ Beratung in Anspruch genommen wird (Scheidt-Nave u.a. 2007)".
25 Eine solche inter-, bzw. multidisziplinäre Teamzusammensetzung könnte nicht zuletzt auch vor dem Hintergrund des Fachkräftemangels interessant sein, erfordert in jedem Fall jedoch einen Prozess der Teamentwicklung, um Aufgabenverteilung, Informationsfluss und unterschiedliche Professionalitäten abzustimmen und zu überdenken.

ich denke wie und in welcher Intensität du die Standards umsetzt, das ist jedem Haus oder jedem Team freigestellt. […] Das ist für mich schon auch sehr zentral; die Standards, die geben mir schon eine Richtung vor." (IT1, 21)

Im Sinne der Orientierungsqualität ist die Rolle der jeweiligen Träger in ihrer Bedeutung nicht zu unterschätzen.

7.6. Kommunale Funktionsstelle Inklusion

Als weitere, strukturelle Herausforderung, welche auch in den lokalen Beiräten diskutiert wurde, erweist sich, angesichts der Versäulung der Unterstützungssysteme, die Vielzahl unterschiedlicher Zuständigkeiten und Anlaufstellen. Dies sowohl für Eltern von Kindern mit Behinderung als auch für Kindertageseinrichtungen. Es zeigt sich, dass die Beratungsrichtung für Eltern u.a. davon abhängig ist, an welcher Stelle sie zuerst anlanden und welcher Kenntnisstand jeweils vorhanden ist.

Hier wurde von den Beteiligten verschiedentlich die Notwendigkeit einer „Funktionsstelle Inklusion" auf kommunaler Ebene formuliert. Diese sollte über die erforderlichen Kenntnisse und Informationen verfügen, um eine koordinierende und vernetzende Funktion zu übernehmen und eine systemübergreifende Beratung zu gewährleisten.

„[…]dass wir sagen, wir hätten eine Koordinationsstelle […], die all diese Informationen, die eine Einrichtung braucht, zusammenträgt und immer aktualisiert, damit […] die vielen Wege, die wir laufen müssen, die Eltern laufen müssen oder andere Institutionen auch gehen müssen, dass das ganze vereinfacht wird und dann schneller dem Kind zugute kommt, das wäre ein Wunsch von mir und ich denke auch, wenn wir diskutieren, eigentlich von uns allen, […]" (IT4, 21)

Eine solche Funktionsstelle erfordert und ermöglicht Abstimmungsprozesse und Koordination der Leistungen. Entscheidend ist, *„wie diese Aufgabe innerhalb der Kommunalverwaltung zwischen Stadtverwaltung, Jugend-, Sozial-, Gesundheitshilfe und weiteren Akteuren als Querschnittsaufgabe koordiniert und organisiert wird. Eine Federführung muss auf jeden Fall benannt werden."* (DV 2011, S. 18)

Zusammenfassend lässt sich festhalten, dass auch bei einem entsprechenden Willen der Fachkräfte und Teams inklusionsorientierte Prozesse unter den bestehenden Rahmenbedingungen und Strukturen dort Begrenzungen erfahren, wo, im Interesse der Nachhaltigkeit, der Erhalt der Handlungsfähigkeit eine Selbstsorge der Fachkräfte erfordert:

„[…] man muss auch schauen, dass man selber als Team nicht ausgelaugt wird, weil einfach auch die Situationen in den Familien einem jeden Tag bewusst sind oder noch bewusster geworden sind. […] Ja, das ist […], ein Lern-Prozess, dass einem das auch zusteht, dass man auch sagt, […] wir sehen die Situation und auch die Notwendigkeit für das Kind und für die Familie, aber wir können jetzt in unserer momentanen Personalsituation nicht mehr leisten. Wir können den Anforderungen, die dieses Kind und die Familie an uns stellen, die berechtigt sind, denen können wir nicht gerecht werden, aber auch unseren eigenen nicht. Und das ist etwas

ganz arg Schwieriges, finde ich. [...] Also ich denke, auf der einen Seite an die Personalsituation und dann [...] auch teilweise an die Fluktuation der Mitarbeiter. Dann aber auch [...] die Zusammenarbeit mit den vielfältigen Kooperationspartnern, die wir haben [...]." (LI1, 1)

Die in diesem Abschnitt dargestellten Fragen verweisen darauf, dass inklusionsorientierte Prozesse auf der pädagogischen Ebene in strukturelle Entwicklungen und einen gemeinsamen politischen Gestaltungswillen eingebettet sind.

Abschnitt III
Sozialraum – Zusammenleben und Partizipation im Gemeinwesen

8. Inklusive Sozialraumorientierung im Projekt IQUAnet

Inklusion bezieht sich nicht nur auf eine inklusive Öffnung und Weiterentwicklung der Organisation, der Haltungen und professionellen Handlungsebenen in Institutionen. Inklusion endet nicht an der Türe der Kindertageseinrichtung und ist nicht auf Bildungsinstitutionen zu begrenzen. Als gesamtgesellschaftliche Aufgabe und unter Berücksichtigung der verschiedenen Lern-, Bildungs- und Lebensräume von Kindern hat die Ebene des Sozialraums bzw. des Gemeinwesens auch über die institutionelle Organisationsentwicklung hinaus aus Perspektive des Kindes und der Familien Bedeutung.

Unter dem Leitziel ‚Inklusion über die Einrichtung hinaus' im Lebenszusammenhang der Kinder und Familien umzusetzen, war die Sozialraumorientierung daher als durchgängiges Prinzip im Projekt IQUAnet angelegt. Ziel war es, Barrieren der Teilhabe im Stadtteil zu reduzieren und vorhandene persönliche, bürgerschaftliche und fachliche Ressourcen effizient zu nutzen und miteinander in Verbindung zu setzen.

Der Sozialraum ist dabei nicht verkürzt als Stadtteil, also territorial, zu fassen, sondern im Sinne eines relationalen Raumverständnisses unter Berücksichtigung von Bedeutungen von Räumen (Raumkonstruktionen), Möglichkeitsräumen und Machtstrukturen, welche Orte, Handlungen und gesellschaftliche Prozesse in ein Verhältnis setzen. (vgl. z.B. Löw 2001; kritisch hierzu Reutlinger z.B. 2009)[26].

Je nach Perspektive zeigt sich der Sozialraum

- als gelebter Raum, im Sinne von genutzten bzw. nutzbaren Wegen und Räumen, gelebten Beziehungen, konkreten subjektiv bedeutsamen Personen,
- als zur Verfügung stehende bzw. als Zugänglichkeit der allgemeinen Angebotsstruktur von Vereinen, Kirchengemeinden, sonstigen informellen Bildungsangeboten, Fachdiensten, etc.
- oder aber als kommunaler Planungsraum (vgl. Hinte 2009).

Dies eröffnet auch einen erweiterten Blick auf das Verhältnis von Gesellschaft und professionellen Leistungen in unserem historisch gewachsenen Hilfesystem, das auf Delegation angelegt ist, bzw. auf die Wahrnehmung gemeinsamer Verantwortung von Staat und BürgerInnen im Kontext einer Inklusionsorientierung.

Staatliche Leistungen bzw. Hilfen können die Voraussetzungen für einen Zugang zu Institutionen bereitstellen.

---

26 Der zur Relationalität des Raums im wissenschaftlichen Diskurs (z.B. Reutlinger, Kessl versus Budde, Früchtel) geführte Disput scheint für den Kontext eines Praxisforschungsprojekts eher akademische Relevanz zu haben, macht aber deutlich, dass Sozialraumorientierung bereits auf der theoretischen Ebene und umso mehr auf der praktischen, keine harmonische, sozialromantische Veranstaltung ist, sondern eine konflikthafte Aushandlung unterschiedlicher Bedeutungen und Interessen und deren inhärenten Machtstrukturen beinhaltet.

Die „volle und wirksame Teilhabe an der Gesellschaft und Einbeziehung in die Gesellschaft" (UN-BRK, Art 3 u. Art 19) realisiert sich jedoch letztlich in gelebten Bezügen, sozialen und fachlichen Beziehungen und der Zugänglichkeit von örtlichen Angeboten und kommunalen Strukturen. Sie muss vor Ort von Personen gelebt und kommunal strukturell ausgestaltet werden. Die inklusive Ausgestaltung eines gelingenden Miteinanders erfordert Beziehungsgestaltung, Partizipations- und Bildungsgelegenheiten über die Kindertageseinrichtung hinaus im Lebensumfeld als gesamtgesellschaftliche Aufgabe.

Im Projektzusammenhang erwies sich u.a. das sog. SONI-Modell (vgl. Früchtel u.a. 2007) als hilfreiche Struktur:

SONI steht dabei für die Berücksichtigung der Ebenen der **S**ozialstruktur, der **O**rganisation, der **N**etzwerke und des **I**ndividuums.

Bezogen auf das Projekt IQUAnet bedeutete dies:

Sozialstruktur: Hier wurde im Projekt versucht, unterschiedliche Hilfesysteme systemübergreifend miteinander in Verbindung zu setzen und dazu beizutragen, fallübergreifende Themen und Entwicklungsbedarfe für die inklusionsorientierte Weiterentwicklung der kommunalen Strukturen aufzuschließen und nutzbar zu machen. Dabei spielten der Transfer und die Diskussion der virulenten Themen, Prozesse und Einschätzungen der Arbeit in den Kindertageseinrichtungen in den Beiräten auf kommunaler und Landesebene eine zentrale Rolle (vgl. Abschnitt IV).

Organisation: Auf der Ebene der Organisation wurde eine lebenswelt- und inklusionsorientierte Arbeit der Kindertageseinrichtungen, deren Vernetzung mit bestehenden Hilfesystemen sowie die inklusive Ausgestaltung der pädagogischen Arbeit und der erforderlichen zusätzlichen Unterstützung gefördert (vgl. Abschnitt II, Pkt. 6).

Netzwerk: Hier war es Anspruch des Projekts, nicht nur im Sinne von Vernetzung unterschiedlicher professioneller Systeme der allgemeinen Kindertagesbetreuung und zusätzlicher Unterstützungssysteme zu agieren, sondern auch darüber hinaus Verbindungen zwischen den Familien, zwischen örtlichen bürgerschaftlichen Strukturen (z.B. Stadtteilverein; Stadtteil-Arbeitskreis; Mehrgenerationenhaus etc.) und nonformalen (Vereine, Kirchengemeinden etc.) und informellen Ressourcen (z.B. engagierte BürgerInnen) als Netzwerke zu unterstützen.

Individuum: Hier war es Ziel des Projekts, die je individuelle Ausgangssituation zum Ausgangspunkt zu nehmen und Barrieren für volle und gleichberechtigte Teilhabe abzubauen, Zugänge in Einzelsituationen, insbesondere in Situationen hohen Assistenzbedarfs, zu unterstützen, Perspektiven, Stärken und Ressourcen der Beteiligten in einem personenzentrierten Sinne zum Ausgangspunkt zu nehmen und Partizipation sowie den Informationsstand über bestehende Angebote und deren Zugänglichkeit für die einzelnen Familien zu verbessern.

Exkurs:

Der Auf- und Ausbaus unseres Sozialstaats seit der Industrialisierung ging einher mit einem professionellen Hilfemonopol. In den vergangenen 100 Jahren seit dem Aufbau von (zunächst „bessernden" später fördernden) Institutionen und Hilfen der Psychiatrie, der Kinder- und Jugendhilfe, der Behindertenhilfe, der Armenhilfe, der Altenhilfe haben wir uns allzu sehr daran gewöhnt, dass für bestimmte Herausforderungen Andere, SpezialistInnen zuständig sind. Der fürsorgende Sozialstaat mit seinen Leistungen und Institutionen stellte zunächst für viele Menschen (insbesondere auch für Menschen mit Behinderungserfahrung) einen Fortschritt, einen Nachteilsausgleich, eine Verbesserung der Lebensbedingungen dar. Er unterstützte aber auch, dass Kommunen, BürgerInnen, Sozialräume, Fachkräfte in allgemeinen Bildungseinrichtungen sich nicht mehr zuständig fühlten und die Verantwortung für besondere Herausforderungen delegierten.

Die Herausforderungen wurden nicht mehr als die unseren betrachtet, sondern individualisiert, als individuelles Problem z.B. des Kindes mit Behinderung oder des Kindes mit sonderpädagogischem Förderbedarf. Die Herausforderungen wurden delegiert an SpezialistInnen. Der fürsorgende Sozialstaat hat *uns* in unserer Verantwortung entlastet.

Wir haben uns daran gewöhnt, die Menschen zu kategorisieren und die Gruppe derer, für die wir uns nicht zuständig fühlen, immer weiter ausgedehnt.

„Deswegen können die Hilfewissenschaften und Hilfeprofessionen heute unendlich viel, aber sie können nicht integrieren. Das können nur Bürger(innen), aber sie haben das Helfen den Berufshelfern überlassen mit dem Ergebnis, dass es uns Hilfeprofis heute, nach 100 Jahren desintegrierender Hilfeverberuflichung, schwer fällt, für Integration, für Zusammenhalt, für Engagement oder sozialarbeiterischer ausgedrückt: für Hilfe zur Selbsthilfe zu sorgen" (Früchtel u.a. 2013, S. 21).

Andererseits darf nicht verkannt werden, dass der Sozialstaat darin seine Wurzeln hat, dass die Gesellschaft nicht in der Lage war, die berechtigten Bedürfnisse und Menschenrechte für benachteiligte Bevölkerungsgruppen angemessen zu garantieren und umzusetzen. Die Verantwortung kann daher nicht einfach an die Gemeinschaft, an BürgerInnen und allgemeine Einrichtungen zurückgegeben werden, mit dem Hinweis auf deren Verantwortung. Im Zeichen einer Zunahme gesellschaftlicher Ent-Solidarisierungstendenzen, von Utilitarismus und Zweckrationalität, kommt staatlich garantierten Leistungen eine eher größere Bedeutung zur Vermeidung von Exklusion und Benachteiligungen bzw. für den gelingenden Zusammenhalt der Gesellschaft zu. Es geht vielmehr um deren Wirksamkeit und Effektivität unter einer inklusiven Perspektive gemeinsamer Verantwortung.

Sozialraumorientierung bietet hier einen Ansatz, Hilfestrukturen neu, in einem Sinne gemeinsamer Verantwortung, der Verknüpfung von Einzelhilfen mit umweltbezogener, strukturverändernder Unterstützung zu denken.

Stephan Thalheim

8.1. Sozialraumorientierte Aktivitäten des Projekts IQUAnet

Die Sozialraumorientierung im Projekt IQUAnet fand in folgenden Aktivitäten ihren Ausdruck:

- Lebensweltorientierung der Einrichtungen unterstützen (vgl. Abschnitt II, Pkte 5 und 6)
- Vernetzung der Einrichtungen mit anderen Professionen und Disziplinen (vgl. Abschnitt II, Pkt. 6)
- Systemübergreifende Zusammenarbeit auf kommunaler Ebene, um Ressourcen mit dem Ziel „Hilfen wie aus einer Hand" effizient und effektiv zu bündeln (vgl. Abschnitt II, Pkt. 9)
- Sozialraumanalysen
- Zukunftswerkstätten
- Teilnahme an vorhandenen Stadtteilarbeitskreisen bzw. Facharbeitsgruppen

Im Folgenden soll lediglich auf die letztgenannten Punkte eingegangen werden, da die anderen Aspekte der Sozialraumorientierung bereits an anderen Stellen des Berichts eingehend beschrieben wurden.

8.1.1. Sozialraumanalysen

Im ersten Projektjahr wurden an beiden Standorten mit Unterstützung von Studierenden der Evang. Hochschule Ludwigsburg Sozialraumanalysen durchgeführt.

Dabei ging es darum, sich zunächst ein Bild des Lebensumfelds der Kindertageseinrichtungen und der Familien zu machen. Mittels Stadtteilerkundungen wurde versucht, ein Bild über räumliche und stadtplanerische Bedingungen der Stadtgebiete zu erhalten. Bevölkerungsdaten wurden zusammengetragen, die vorhandene Angebotsstruktur wurde erhoben und durch Interviews mit Schlüsselpersonen aus dem Stadtteil versucht, eine Innenperspektive zu entwerfen.

Beide Stadtteile weisen augenscheinlich ein hohes Maß an sozialem Wohnungsbau und an Personen mit Migrationshintergrund auf. Der öffentliche Raum ist weitgehend durch Wohnbebauung strukturiert und scheint wenig Orte für Begegnung von Familien zu bieten.

In Bezug auf Kinder mit Behinderung fällt zunächst deren Nicht-Sichtbarkeit auf. Der Versuch einer quantitativen Annäherung an dieses Phänomen erwies sich als nicht zielführend, da entsprechende Daten (aus historischen Gründen) nicht erfasst werden, keine eindeutige Kategorie ‚Behinderung' existiert und nur mittelbar Zugänge möglich sind. Obwohl jeweils eine Sondereinrichtung räumlich vor Ort liegt, besuchen diese offenbar nur in Ausnahmefällen Kinder, die im Stadtteil auch beheimatet sind.

Die durchgeführten Stadtteilanalysen und Projekterfahrungen zeigen dabei, dass die sozialplanerischen Stadtteile keine homogenen Gebilde darstellen, sondern in sich soziologische Grenzen und Unterschiede in der Wohnbebauung, der Bevölkerungsstruktur, der genutzten Räume und Angebote aufweisen, welche quantitative Daten in ihrer Aussagekraft relativieren und innerhalb des Stadtteils soziologische Grenzen konstituieren. Gleichzeitig lässt sich das tatsächlich persönlich relevante und nutzbare Netzwerk an Beziehungen und Angeboten nicht in räumlichen Grenzen von Straßenzügen und Datenerfassungseinheiten darstellen. Der Raum ist eben kein Container, sondern Konstruktion bzw. „eine relationale Anordnung von Menschen und sozialen Gütern" (Löw 2001, S.224, zitiert nach Früchtel u.a 2013, S. 211) und damit je nach Fragestellung veränderlich.

8.1.2. Zukunftswerkstätten

Hierauf aufbauend wurden an beiden Standorten Zukunftswerkstätten durchgeführt.

Ansatzpunkt der Zukunftswerkstätten war *„ein konsequenter Ansatz am Willen und an den Interessen der Betroffenen. Die Betroffenen legen fest, was sie wollen und werden nicht darauf festgelegt, was sie brauchen"* (Früchtel u.a. 2013, S. 21).

Unter Beteiligung von Fachkräften der Kindertageseinrichtungen und deren Träger, von VertreterInnen der kommunalen Verwaltung/öffentlichen Trägern und freien Trägern, von Eltern und organisierter Elternvertretung, des sonderpädagogischen Bereichs, des Staatlichen Schulamts und MitarbeiterInnen des Projekts IQUAnet, konnten mit Hilfe der Zukunftswerkstätten sozialraumspezifische Themen zu einer inklusiven Weiterentwicklung sichtbar gemacht werden:

Als Entwicklungsbedarf wurden folgende Punkte benannt:

- Besonderer Bedarf wurde beispielsweise benannt in Bezug auf die Belastung/ **Entlastung von Eltern** mit Kindern mit Behinderung, welche sich mit Ausgrenzung einerseits und der eigenen Belastungsgrenze andererseits konfrontiert sehen, aber auch in Bezug auf die eingeschränkten Teilhabe- und Zugangsmöglichkeiten für Familien in Armutslagen oder mit Migrationshintergrund.
- Die Verantwortung der MitbürgerInnen lässt sich jedoch nicht funktional bestimmen bzw. einfordern. **Inklusionsorientierung** ist daher **von jeweils bestehenden sozialräumlichen und ehrenamtlichen Strukturen** (z.B. Stadtteil-Arbeitskreise/-Fachgruppen, Stadtteilverein, Mehrgenerationenhaus) **aus als Themenstellung einzubringen**. Als Ideen entstanden unterschiedliche Modelle, um BürgerInnen und Angebote in Beziehung zu setzen (z.B. sozialräumliche Unterstützung in Form eines Unterstützungspools/einer Assistenzbörse bzw. Aufbau von Familienpatenschaften). Bürgerschaftliches Engagement wird dabei jedoch als begrenzt bzw. in bestehenden Angeboten gebunden problematisiert.
- Verbesserung der Transparenz und der chancengerechteren Zugänglichkeit von bestehenden Angeboten. Lösungsansätze wurden hinsichtlich **Information von Eltern über bestehende Angebote und deren Vernetzung** gesehen, um passgenaue Hilfen und Zugänge zu unterstützen. In diesem Zusammenhang wurde auch die Notwendigkeit einer einheitlichen Anlaufstelle (z.B. Bürgerinformationsbüro bzw. InklusionbeauftragteR) benannt, welche aufgrund der Orts-, Struktur- und Feldkenntnis im Sozialraum in der Lage ist, verschiedene Angebote miteinander in Verbindung zu setzen.

- An beiden Standorten wurde auch die Notwendigkeit einer **interdisziplinären bzw. fachlichen Vernetzung** hervorgehoben. Dies betrifft zum einen die Vermittlung von sonderpädagogischen Kompetenzen und Ressourcen in allgemeine Einrichtungen, wie auch die „Entgrenzung" unterschiedlicher Angebote und Zugänge im Rahmen der Jugend- und Behindertenhilfe, der Generationen, der Kulturen und Familien in Armuts- bzw. besondere Belastungslagen.

- In den Zukunftswerkstätten wurde jeweils auch die **kommunalpolitische Verantwortung für die inklusive Sozialraumgestaltung und bürgerschaftliche Partizipation in der Stadtteilentwicklung** angemahnt. Als Ideen entstanden beispielsweise die Einrichtung regelmäßiger Lokaltermine zum Thema Inklusion im Stadtteil unter Beteiligung von kommunalpolitischen VertreterInnen, BürgerInnen, Vereinen und sozialräumlichen sozialen Dienstleistern bzw. die Einrichtung eines „Stadtteilparlaments".

Insgesamt zeigte sich, dass spezifische Themen und Lösungsideen in den Zukunftswerkstätten erarbeitet werden konnten. Deren Realisierung bedarf jedoch entsprechender zeitlicher und fachlicher Ressourcen in der weiteren moderierenden Begleitung und Umsetzung. Die in den Zukunftswerkstätten gebildeten Arbeitsbündnisse zur Realisierung der jeweiligen Ideen kamen i.d.R. nicht zusammen. In einer Kindertageseinrichtung wurde jedoch mit Unterstützung des Projekts eine Informationsbroschüre über bestehende Angebote erarbeitet und wird Eltern zur Verfügung gestellt, um die Transparenz und Nutzbarkeit von bestehenden Ressourcen zu erhöhen.

8.1.3. Sozialraumorientierung im Stadtteilbezug

Der Versuch, bestehende Strukturen, die aus der Jugendhilfelandschaft heraus entstanden sind, wie z.B. Stadtteilarbeitsgruppen, zu nutzen, stieß zwar auf eine grundsätzlich große Offenheit, es zeigte sich aber auch, dass kaum zusätzliche Ressourcen zu mobilisieren waren. Konkrete stadtteilbezogene inklusive Projekte waren angesichts der fallübergreifenden Orientierung kein drängendes Thema, oder aufgrund zeitlicher Ressourcen der Beteiligten nicht zu realisieren (z.B. geplantes gemeinsames Projekt zur stadtteilorientierten Elternbegleitung zwischen Kindertageseinrichtung, freiem Jugendhilfeträger und Mehrgenerationenhaus). Hier bedarf es konkreter Impulse und Situationen.

In Bezug auf das Bürgerschaftliche Engagement wurde deutlich, dass diese Ressource kaum über das vorhandene Maß hinaus auszubauen ist und vorhandene Aktivitäten nur begrenzt ausgedehnt werden können. Vereine und Verbände sind auf der strukturellen Ebene z.T. nur schwer zugänglich, agieren themengebunden und sind als Ehrenamt zunächst nur bedingt für den Umgang mit Vielfaltsgemeinschaften qualifiziert. Hier wäre ggf. ausgehend vom konkreten Einzelfall, orientiert an individuellen Interessen und Bedarfen, eine Öffnung von Vereinen zu unterstützen und zu qualifizieren.

8.2. Fazit

Die Bedeutung einer inklusionsorientierten Weiterentwicklung der Sozialräume wird derzeit von verschiedenen Stellen hervorgehoben. Das gilt etwa für die „Gemeinsamen Eckpunkte der kommunalen Verbände und der Verbände der Leistungserbringer in Baden-Württemberg zur Weiterentwicklung der Eingliederungshilfe für Menschen mit Behinderungen" (2006). Aber auch zahlreiche zeitlich parallel zum Projektverlauf erschienene Empfehlungen, wie beispielsweise die „Eckpunkte des Deutschen Vereins für einen inklusiven Sozialraum" (DV 2011), „inklusiver Sozialraum: Anforderungen an die Reform der Eingliederungshilfe" des Paritätischen (08.04.2011) oder das Positionspapier „inklusive Sozialplanung" des Vereins für Sozialplanung e.V. (VSOP 27.02.2012) verweisen auf die Bedeutung des Sozialraums. Der „Kommunale Index für Inklusion" (Montag Stiftung 2011) bietet konkrete Handlungsperspektiven[27].

Der Deutsche Verein für öffentliche und private Fürsorge definiert einen inklusiven Sozialraum als: *„ein barrierefreies Lebensumfeld, das alle Menschen mit und ohne Behinderung, alte und junge Menschen, Menschen mit oder ohne Migrationshintergrund selbstbestimmt gemeinsam nutzen und mitgestalten können. Zur Schaffung inklusiver Sozialräume braucht es einer gemeinsamen Strategie aller Akteure vor Ort.*

Merkmale eines inklusiven Sozialraums, der vielfältig und regional unterschiedlich gestaltbar ist, sind:

1. *Gleichbehandlung und Nicht-Diskriminierung;*
2. *Barrierefreiheit und Kultursensibilität*
3. *Begegnungs- und Netzwerk- sowie Beratungs- und Unterstützungsstrukturen;*
4. *Partizipation an Planungs-, Gestaltungs- und Entscheidungsprozessen;*
5. *Inklusion von Anfang an, d.h. Inklusion wird auch im Rahmen einer offenen Kinder- und Jugendarbeit und einer inklusiven Bildung berücksichtigt;*
6. *eine Haltung, die Alle einbezieht und Niemanden ausschließt – Wertschätzung von Vielfalt und umfassende Teilhabe"* (DV 2011, S. 4).

Dabei wird deutlich, dass Inklusion als neue Querschnittsaufgabe in kommunaler Verantwortung ein langfristiger Prozess ist, sich nicht in Fragen der Leistungserbringung erschöpfen kann, sondern einen gesellschaftlichen Wandel impliziert.

Inklusive Sozialraumgestaltung gestaltet sich auch vor dem Hintergrund der Projekterfahrungen als ein umfassender, langfristiger und aufwändiger Prozess, der von den unterschiedlichen örtlich bestehenden Strukturen, Bedarfen und Angeboten ausgehen muss.

---

27 In dessen Entwicklung sind u.a. auch die Erfahrungen aus dem Projekt IQUAnet eingeflossen.

Der Ansatz des Projekts, im Sinne des Empowerment Prozesse in Eigenverantwortung sozialräumlicher AkteurInnen anzustoßen[28], erweist sich im Nachhinein als Überschätzung der Eigeninitiative sozialräumlicher AkteurInnen. Die Fortführung und Umsetzung der angestoßenen Prozesse bedarf zum einen der aktivierenden Begleitung und damit Ressourcen, die im Projektzusammenhang und auf Seiten der TeilnehmerInnen der Zukunftswerkstatt nicht leistbar waren. Zum anderen bedarf es in der inklusiven Sozialraumgestaltung konkreter Anlässe und Situationen, von denen aus Prozesse in Gang gesetzt werden und bestehende Ressourcen mobilisiert werden können.

Die inklusive Sozialraumgestaltung stellt u.E. einen wichtigen und zentralen Aspekt der inklusiven Weiterentwicklung zivilgesellschaftlicher Mitverantwortung und gelingenden Miteinanders in gelebten Beziehungen dar. Im Nachhinein betrachtet ist dieses Anliegen jedoch nicht als Annex eines komplexen Projekts zu entwickeln, sondern bedarf gezielter Ressourcen, um bestehende Angebote, Schlüsselpersonen und Prozesse in Beziehung zu setzen und unter einem personenzentrierten und gleichzeitig lebenswelt- bzw. sozialraumbezogenen Blickwinkel zu vernetzen.

Hierbei ist nicht zuletzt die Kommune (Mainstreaming in den verschiedenen Verwaltungs- und Planungsbereichen) im Rahmen der Daseinsvorsorge, sozialer Stadtentwicklung und örtlichen Bedarfsplanung gefordert, um Benachteiligungen und Ausgrenzungen entgegenzuwirken und die Zugangs- und Teilhaberechte gemäß Art. 19 UN-Behindertenrechtskonvention, aber auch für andere Zielgruppen zu realisieren und sozialräumliche Angebote, Strukturen und Schlüsselpersonen zu koordinieren und Inklusion sozialräumlich zu implementieren.

Dies verweist auf die Notwendigkeit einer Funktionsstelle eines/einer kommunalen Inklusions- bzw. Schnittstellenbeauftragten[29].

Schädler formuliert hier (in Bezug auf Menschen mit Lernschwierigkeiten) vier Handlungsnotwendigkeiten auf kommunaler Ebene:

- barrierefreie Gestaltung der öffentlichen Infrastruktur in baulicher, kommunikativer und diskriminierungsfreier Hinsicht;
- kommunale Verantwortung für die Art und Weise der Ausrichtung des Hilfesystems;
- Sensibilisierung der Öffentlichkeit;
- Empowerment und Partizipation (vgl. Schädler 2010).

---

28 Intention des Projekts war es, keine eigenen externen Aktivitäten und Angebote zu iniziieren, die an das Projekt gebunden sind und nicht nachhaltig über den Projektzeitraum angelegt sind, sondern die Entwicklung von Eigenaktivitäten im Sozialraum zu unterstützen.

29 Inklusionsmainstreaming in Fachplanungen im Sinne einer ressortübergreifenden Abstimmung ist aufgrund der historisch gewachsenen Versäulung und ihren Konsequenzen auf allen relevanten Ebenen und der strukturellen Verantwortung der Kommunen im Rahmen der Daseins-Vorsorge nicht bei einem einzelnen Leistungsträger zu verorten, sondern kommunale Querschnittsaufgabe

Abschnitt IV

Inklusion erfordert eine Politik der vielen Hände und Köpfe – kommunale Verantwortungsgemeinschaften gestalten

Die Begleitung des Projektverlaufs in kommunalen Beiräten an beiden Standorten und in einem landesweiten Beirat ermöglichte es, die im Rahmen der wissenschaftlichen Begleitung sichtbar gewordenen Themen, Prozesse und Entwicklungsbedarfe auf einer strukturellen Ebene unterschiedlicher politischer und fachlicher Verantwortungsträger gemeinsam zu reflektieren, zu diskutieren und für strukturelle (Weiter-)Entwicklungen nutzbar zu machen. Die Verbindung von Prozessen, AkteurInnen und Strukturen im Sinne gemeinsamer Verantwortung kann als ein besonderes Merkmal des Projekts IQUAnet bezeichnet werden.

Die große Verbindlichkeit der Teilnahme der Beteiligten an den Beiräten zeugt von einem großen Engagement und zeigt, dass dem Thema Inklusion eine hohe Bedeutung auf allen Ebenen beigemessen wird - aber es auch viele Fragen aufwirft. Diese Beteiligung ist nicht selbstverständlich und war für die Projektentwicklung und dafür, dass sich aus dem Projektzusammenhang Impulse entwickeln ließen, von großer Bedeutung.

9. Systemübergreifende Zusammenarbeit kommunal gestalten – Themen, Prozesse und Ergebnisse in den kommunalen Beiräten

Ausgangspunkt und Auswahlkriterium für die Unterstützung „lokaler Netzwerke" waren Standorte, an denen von Seiten der zuständigen Beteiligten Interesse an einer inklusiven Ausrichtung der Kindertageseinrichtungen bestand und Kooperationsstrukturen (in Ansätzen) vorhanden waren. Hier konnte das Projekt in der Stadt Reutlingen auf ein jahrelanges Engagement (Stichwort „Reutlinger Erklärung") und positive Erfahrungen in 10 Jahren Zusammenarbeit zurückgreifen.

Bei der Stadt Ludwigsburg stieß das Projekt bei den kommunalen Entscheidungsträgern und beteiligten AkteurInnen ebenfalls auf eine große Offenheit und Interesse am Thema „lokale Netzwerke für Inklusion". Hierbei bildete das Stadtentwicklungskonzept „Chancen für Ludwigsburg" einen Bezugsrahmen, in welchem in sog. Masterplänen in Ansätzen inklusionsorientierte Ziele entwickelt worden waren[30].

Auch bei den Sozialdezernaten der Landkreise Reutlingen und Ludwigsburg stieß das Projekt auf große Offenheit, Interesse und erfuhr deren Unterstützung.

---

30 So wird z.B. im Bereich 9 „Bildung und Betreuung" formuliert: „Der Aus- und Umbau von Bildungs- und Betreuungsangeboten ist eine gesamtgesellschaftliche Aufgabe. Dies erfolgt zukunfts- und bedarfsorientiert. Kindern, Jugendlichen und Erwachsenen wird unabhängig von Geschlecht, Nationalität, sozialer Herkunft und individuellen Voraussetzungen ermöglicht, ihre Persönlichkeit zu entwickeln, an der Gesellschaft teilzuhaben und eine Beschäftigungsfähigkeit zu erreichen."

Die jeweiligen lokalen Beiräte setzten sich zusammen aus VertreterInnen

- der projektbeteiligten Kindertageseinrichtungen,
- der Träger der beteiligten Kindertageseinrichtungen,
- der zuständigen Fachdienste und freien Träger (z.B. der Frühförderung und der Jugendhilfe),
- der Sozialdezernate aus Stadt und Landkreis,
- der Staatlichen Schulämter
- von Elternorganisationen
- der Projektträger, der Projektkoordinatorin und der wissenschaftlichen Begleitung.

Sie sorgten für eine kritische Begleitung des Projekts und setzten sich für örtliche Weiterentwicklungen ein. Sie bezogen die Projekterfahrungen in ihre jeweiligen Arbeitszusammenhänge und bestehende bzw. neu entstandene Arbeitsgruppen z.B. zur Umsetzung der UN-BRK auf kommunaler Ebene ein.

Unter dem Leitziel der Förderung von Verantwortungsgemeinschaften und der nachhaltigen Verankerung der Projektergebnisse auf lokaler Ebene, wurden an beiden Standorten im Rahmen der lokalen Beiräte Perspektiven der kommunalen Weiterentwicklung diskutiert.

Diese systemübergreifende Zusammenarbeit in den Beiräten wurde an beiden Standorten abschließend positiv bewertet und soll in geeigneter Form über den Projektzeitraum hinaus fortgesetzt werden.

Dabei wurde auch in den Beiräten, als durchgängiges Prinzip des Projekts, eine pragmatische Herangehensweise im Sinne einer Orientierung an örtlichen und überörtlichen Gegebenheiten und Möglichkeiten, am Willen der beteiligten AkteurInnen und an möglichen nächsten Schritten gewählt. Trotz klarer inhaltlicher Positionierung der Projektträger im Sinne einer konsequenten Umsetzung von Inklusion, stand nicht die Frage nach einer idealen Lösung und damit verbundenen Forderungen und Wünschen im Mittelpunkt, sondern die Frage nach Dialog, Vernetzung, effizienter Nutzung, Gestaltung und Entwicklungsmöglichkeiten vorhandener Ressourcen in gemeinsamer Verantwortung.

Vor dem Hintergrund der rehabilitativen Ausrichtung der zusätzlichen Unterstützungssysteme, der einzelfallbezogenen Gestaltung der Hilfen als individueller Anspruch des Kindes, sind die Systeme strukturell zunächst nicht darauf ausgelegt, volle und wirksame Teilhabe als Hilfe für das Lebensumfeld im Sinne des Kompetenztransfers und Unterstützung von allgemeinen Institutionen (hier Kindertageseinrichtungen), zu unterstützen. Hier galt es, Spielräume auszuloten und die Abstimmung und Ausgestaltung der Hilfen im Sinne einer Inklusionsorientierung zu diskutieren.

Abschnitt IV: Kommunale Verantwortungsgemeinschaft gestalten

Wie lassen sich vor Ort vorhandene Kompetenzen und Ressourcen in effizienter Weise bündeln und für Kindertageseinrichtungen und im Sozialraum nutzbar machen? Wo können Verantwortlichkeiten und Zuständigkeitsbereiche der Kommune, des Landkreises und des Staatlichen Schulamts auf lokaler Ebene zusammengeführt werden, um eine Koordination der ausdifferenzierten Systeme zu gewährleisten?

Hieraus ergaben sich Anregungen und differenzierte Betrachtungsweisen. Es wurden jedoch auch praktische Barrieren und Hürden in der Überwindung und Ent-Grenzung der unterschiedlichen Systeme sichtbar.

9.1. Koordination und Vernetzung unterschiedlicher Unterstützungssysteme

Auf der Ebene der kommunalen Beiräte wurde, ausgehend von den konkreten Erfahrungen der projektbeteiligten Kindertageseinrichtungen, der übergeordneten Fragestellung nachgegangen, wie sich gemeinsame Verantwortung für Inklusion in der frühen Kindheit auf kommunaler Ebene gestalten und strukturell entwickeln lässt. Wie können die bestehenden Leistungsanteile und Kompetenzen

- der Teilhabeleistungen der Eingliederungshilfe (im Rahmen des SGB XII bzw. SBG VIII)
- der Frühförderung
- des sonderpädagogischen Systems
- der öffentlichen und freien Jugendhilfe
- der Kindertageseinrichtungen und ihrer Träger
- sowie weiterer Hilfesysteme (z.B. medizinisch-therapeutische Leistungen nach SGB V)

auf kommunaler Ebene inklusiv weiterentwickelt und im Sinne eines gemeinsamen abgestimmten Hilfesystems koordiniert werden? Welche strukturellen Möglichkeiten und Grenzen werden dabei sichtbar?

Zentraler Aspekt stellt das sog. Ressourcen-Etikettierungs-Dilemma dar; Situationen müssen erst dahin kommen, dass eine (drohende) Behinderung, ein medizinischer Bedarf oder der Anspruch auf ein sonderpädagogisches Förderangebot festgestellt wird, um eine angemessene frühe Förderung zu erhalten. Die vorhandene Regelförderung in allgemeinen Kindertageseinrichtungen und die verschiedenen zusätzlichen Förderangebote (der Frühförderung, der Eingliederungshilfe, medizinisch-therapeutischer Leistungen, der sonderpädagogischen Frühberatung und anderer Leistungen) erfolgen aufgrund unterschiedlicher Leistungsvoraussetzungen bislang meist rein additiv und sind in ihrer jeweiligen Zielsetzung i.d.R. nicht aufeinander abgestimmt.

Aus sozialpolitischer Perspektive sind die bestehenden Systeme und historisch gewachsenen Strukturen von gegenseitiger partikularer Leistungs- und Zuständigkeitsabgrenzung geprägt.

Anliegen des Projekts war es, hier Synergieeffekte und eine gemeinsame Verantwortung auf kommunaler Ebene zu unterstützen (gemeindenahes Verbundsystem).

Unter einer merkmalsübergreifenden Inklusionsperspektive wurde im Projektverlauf ein zunehmendes Aufwachsen von Kindern in (sozial) belasteten und die Entwicklung belastenden Bedingungen auch von den projektbeteiligten Kindertageseinrichtungen als ständig zunehmende Herausforderung und als Exklusionsrisiko wahrgenommen. Die Abgrenzung, wo „Normalität" aufhört und „Behinderung" beginnt, der Übergang zwischen Normalität und Förderbedürftigkeit wird damit zunehmend uneindeutig (vgl. Sohns 2010, S. 284f). Vom bestehenden Hilfesystem werden zahlreiche Kinder und Familien, die der Unterstützung bedürfen, einerseits nicht erreicht. Andererseits werden Abgrenzungen zwischen Eingliederungshilfe, Jugendhilfe, Frühförderung etc. zunehmend schwierig festzulegen. Hier bedarf es eines vernetzten Vorgehens und Entstigmatisierungsprozessen.

Aus Elternperspektive sind diese mit zahlreichen und unterschiedlichen Anlaufstellen in einem hoch differenzierten Unterstützungs- und Hilfesystem konfrontiert. Dies stellt zum einen hohe Informations- und zeitliche Anforderungen sowie Zugangshürden dar. Zum anderen müssen Eltern durch entsprechende Antragstellungen und Verfahren die angemessene Förderung ihrer Kinder in Kindertageseinrichtungen sicherstellen und sehen sich hierdurch in einer beschämenden und z.T. überfordernden Bittstellerfunktion.

Aus der Sicht der Familien und Kinder betrachtet, sind diese gerade in Situationen, in denen sie besonderer Achtsamkeit, Beziehungskontinuität und einer vertrauensvollen Zusammenarbeit mit anderen Bezugspersonen bedürfen, mit unterschiedlichen Personen und Anlaufstellen konfrontiert.

Wacker u.a (2009) weisen in ihrer Expertise zum 13. Kinder- und Jugendbericht „Delphi-Studie zu Gesundheitsförderung und Gesundheitschancen von Kindern und Jugendlichen mit Behinderungen" darauf hin, dass *„der Komplexität von Behinderungsformen und Exklusionsrisiken mit einer entsprechenden Vielfalt in den Hilfesystemen begegnet werden [muss]. Dies bedeutet nicht, eine große Anzahl heterogener Ansätze in einer Art Warenkorb vorzuhalten und unverknüpft nebeneinander zu stellen. Vielfalt erfordert vielmehr ein integriertes System (in Abgrenzung zur bloßen Addition von Angeboten) verschiedener Disziplinen, das der Gesundheitsförderung im Kindes- und Jugendalter dient und auf der Gleichrangigkeit der beteiligten Hilfesysteme beruht. Dazu müssen aus Sicht der Experten die Systemgrenzen (hier zwischen der Kinder- und Jugendhilfe und Behindertenhilfe, aber vor allem auch den medizinischen Hilfen) überwunden werden. „Begegnungsstätten" sollen identifiziert werden, in denen einzelne Disziplinen im konkreten Alltag zusammenfinden. Dies sollen neben Kindergärten, Schulen und Tagesstätten auch noch zu bildende Familienzentren sein.*

 Auf diese Weise werde die Forderung nach einem niedrigschwelligen, barrierefreien und nachhaltigen Zugang zum Gesundheitsförderungssystem, das alle sozialen Besonderheiten inkludiert, aufgenommen. Auch Versäumnisse von Eltern, die aus Unkenntnis gesundheitsrelevanter Notwendigkeiten oder aufgrund fehlender Einbindung in Unterstützungsmaßnahmen entstehen, könnten so verringert werden. Aufklärung, Kompetenzverteilung und Kooperationsgemeinschaften bilden somit nach Meinung der Experten wesentliche Faktoren einer Gesamtkonstruktion, die auf Vernetzung anstelle weiterer Versäulung der Hilfesysteme setzt. Ein wichtiges Ziel ist hierbei auch die Entlastung der Eltern durch Aufklärung und Zugänglichkeit auch von Expertenwissen. Diese Stärkung der Elternposition darf jedoch nicht – so warnen die Experten – politisch als Legitimation für einen (weiter anhaltenden) Personalabbau missbraucht werden. Eltern sollen gerade nicht zu Fachleuten „erzogen" werden, sondern als fachkundiges Unterstützungssystem die Interessen ihrer Kinder vertreten und die Familie selbst entlasten können.

Explizit wird seitens der Fachleute die Einführung von Case- und Gatemanagern als eine Art „Navigationsfachkräfte" gefordert, die diese Aufklärung, Information, Vereinfachung von Zutrittsoptionen und Entlastung aller Akteure durch ihren Einsatz gewährleisten. Diese Case- bzw. Systemmanager können nicht durch weitere Aufgabenzuweisung (z.B. an Erziehungs- und Bildungspersonal) realisiert werden, sondern benötigen entsprechende fachliche und finanzielle Ressourcen, um ihre Aufgaben wahrnehmen zu können." (Wacker u.a 2009, S. 39ff)

Vor diesem Hintergrund ergaben sich folgende Fragestellungen in den lokalen Beiräten:

Wie können Hilfen kommunal so gestaltet werden, dass sie als Hilfe (wie) aus einer Hand angeboten werden?

Wie können kommunale Strukturen so weiter entwickelt werden, dass in Kindertageseinrichtungen als Begegnungsstätte der Professionen und Disziplinen notwendige Hilfen inklusionsorientiert und abgestimmt erfolgen können?

Im Fokus stand dabei die Frage nach Modellen einrichtungsbezogener statt einzelfallbezogene Hilfegestaltung unter der Perspektive der Überwindung des sog. Ressourcen-Etikettierungs-Dilemmas. Wie lassen sich vor Ort vorhandene Kompetenzen und Ressourcen in effizienter Weise bündeln und für Kindertageseinrichtungen nutzbar machen?

Wie kann auf der kommunalen Ebene zu einer Vereinfachung und Koordination von unterschiedlichen Anlaufstellen beigetragen werden?

Hierzu wurde in den lokalen Beiräten die Notwendigkeit einer kommunalen Funktionsstelle[31] „Inklusion" als zentrale Anlauf- und Informationsstelle für Eltern und Kindertageseinrichtungen ebenso diskutiert, wie mögliche Optionen für die strukturierte Verteilung der primären Zuständigkeit im Einzelfall, z.B. durch Runde Tische unter Beteiligung von Kommune, Landkreis und Staatlichem Schulamt.

Die auf der operativen Ebene der einzelnen Kindertageseinrichtungen erreichte Koordination und Kooperation unterschiedlicher Unterstützungssysteme erweist sich auf der strukturellen Ebene als große Herausforderung. Bestehende Schnittstellen stellen komplexe Aufgaben dar, die auf kommunaler Ebene zwar pragmatische Absprachen ermöglichen, letztlich jedoch einer rechtlichen Weiterentwicklung auf Bundes-/Landesebene bedürfen.

---

31 Der Begriff „Funktionsstelle" intendiert, dass die notwendigen Informationen an einer Stelle gebündelt und koordiniert werden.

Hierzu eine abschließende Einschätzung eines Beiratsmitglieds:

„Hoheitliche Aufgaben können aus meiner Sicht [. . .] nur in Institutionen wahrgenommen werden. ‚Hilfen aus einer Hand' wird noch lange an den unterschiedlichen Antragsstrukturen scheitern. Primäre Zuständigkeit sollten die jeweiligen Regeleinrichtungen haben. Hierzu müssten an jeder dieser Einrichtungen die Kenntnisse verbessert werden." (LB1; 1)

Die Empfehlungen der Konferenz der Arbeits- und Sozialminister (ASMK) zur Weiterentwicklung der Eingliederungshilfe im Sinne der Zusammenführung von Leistungen der Sozialhilfe und der Kinder- und Jugendhilfe im SGB VIII unter einem neuen Leistungstatbestand „Hilfe zur Entwicklung und Teilhabe" (vgl. ASMK 2013) bzw. die Diskussionen um ein Bundesleistungsgesetz lassen hier in den kommenden Jahren auf rechtlich-strukturelle Weiterentwicklungen hoffen[32].

9.2. Entgrenzung der Systeme Allgemeinpädagogik und Sonderpädagogik

Eine besondere Herausforderung zeigt sich in der Doppelstruktur der allgemeinen Kindertageseinrichtungen und der Schulkindergärten. Sonderpädagogische Kompetenzen und Ressourcen sind weitgehend an Schulkindergärten gebunden. Durch deren Zuordnung zum Schulsystem und die Landesfinanzierung des sonderpädagogischen Personals bestehen nicht nur unterschiedliche Ausgangsbedingungen hinsichtlich Anstellungs- und Arbeitsbedingungen, die sonderpädagogischen Ressourcen entziehen sich hierdurch auch weitgehend kommunalen Planungsprozessen im Sinne einer Bedarfsplanung und Gesamtsteuerung.

Auf der Ebene beider lokaler Beiräte bestand eine große Offenheit, beide Systeme, das der Schulkindergärten und das der allgemeinen Kindertagesbetreuung, im Rahmen von Formen der Intensivkooperation räumlich, organisatorisch und fachlich zu verknüpfen. Diese Bemühungen scheiterten bislang vor allem an den räumlichen Gegebenheiten. U.a. durch den Ausbau der Betreuung unter dreijähriger Kinder im Rahmen des KiföG wurden diese räumlichen Bedingungen zusätzlich eingeschränkt. Optionen der Intensivkooperation, aber auch räumliche Anforderungen bei Einzelintegration sollten daher bei allen Neu- und Umbauplanungen Berücksichtigung finden.

Gefragt nach den zentralen Impulsen und Prozessen des Projekts IQUAnet, wird hierin auch aus Sicht eines Beiratsmitglieds ein wesentlicher Aspekt im Projektverlauf gesehen:

„In der Stadt Reutlingen konnten die Überlegungen zur engeren Verzahnung der Regeleinrichtungen mit den Schulkindergärten vorangetrieben werden. Die Bildung und Betreuung von Kindern mit Behinderungen ist durch das Projekt mehr in das Blickfeld der Gesamtöffentlichkeit gerückt. Dies ist meiner Ansicht nach auch der zentrale Aspekt aus dem Projekt heraus." (LB1, 1)

---

32 Wenn auch Fragen zur Einbeziehung von Leistungsbereichen der interdisziplinären und sonderpädagogischen Frühförderung und aus dem medizinisch-therapeutischen Bereich hier bislang noch weitgehend ungeklärt sind.

„Hier befindet sich das Staatliche Schulamt momentan in einem intensiven Entwicklungsprozess gemeinsam mit den Trägern der Regeleinrichtungen. Stolpersteine stellen hier ganz erheblich die räumlichen Rahmenbedingungen und die unterschiedlichen arbeitsrechtlichen Rahmenbedingungen des Personals dar, ebenso die Öffnungszeiten." (LB1, 2)

Auch am Standort Ludwigsburg bestehen diesbezüglich intensive Bemühungen und es zeigen sich vergleichbare Hürden.

9.3. Rolle und Perspektiven der Eingliederungshilfe

Mit Einführung der „Richtlinien der Landeswohlfahrtverbände Württemberg-Hohenzollern und Baden für die Gewährung von Eingliederungshilfe nach § 40 Abs.1 BSHG in Kindergärten und Schulen" 2001, erfuhr die gemeinsame Erziehung von Kindern mit und ohne Behinderung in Baden-Württemberg einen kontinuierlichen Auftrieb.

Die immanenten Konstruktionsmängel der Richtlinien (vgl. Thalheim 2004) und die Kommunalisierung der Eingliederungshilfe führten zu unterschiedlichen örtlichen Umsetzungspraktiken und lassen einen Bedarf an Weiterentwicklung der Eingliederungshilfe sichtbar werden.

Die Eingliederungshilfeleistungen gewährleisten für sich allein noch keine Inklusion. In Einzelfällen und auch strukturell steht die Eingliederungshilfe dem Anspruch auf Inklusion insofern sogar entgegen, als die Verantwortung für die gemeinsame Erziehung, Bildung und Betreuung von Kindern mit Behinderung delegiert und der Bedarf individualisiert wird. Der Entwicklungsbedarf und die Einschätzung der Eingliederungshilfe stellen sich im Projektverlauf aus verschiedenen Perspektiven durchaus unterschiedlich dar:

Aus Sicht der Kindertageseinrichtungen gestaltet sich der Hilfebedarf zeitlich nicht linear. Vielmehr besteht insbesondere bei Aufnahme und in der Zeit der Eingewöhnung ein intensiverer zusätzlicher Bedarf in Form von Beobachtung und Anpassung der Alltagsgestaltung, in der erforderlichen Aufmerksamkeit für das Kind und der Ermöglichung von Zugängen und Beziehungen in der Gruppe, aber auch in der Zusammenarbeit mit Eltern und externen Fachkräften. Dem steht die verfahrensbedingte zeitliche Dauer zwischen Aufnahmeentscheidung und Umsetzung der zusätzlichen Hilfe (durch Antragstellung, Bewilligungsverfahren, Akquise und Anstellung einer geeigneten Fachkraft) von bis zu 6 Monaten sowie eine Pauschalierung entgegen. Aus Sicht der Kindertageseinrichtungen wäre daher eine zeitnahe und flexiblere Gestaltung der Eingliederungshilfe erforderlich.

Auch die Qualifikation, das Selbstverständnis und die Auftragsklärung der Integrationshilfe werden teilweise als Klärungsbedarf benannt.

Insbesondere in Bezug auf Kinder mit hohem zusätzlichem Unterstützungsbedarf wird der Umfang der begleitenden und/oder pädagogischen Hilfen häufig als nicht ausreichend wahrgenommen.

Auf Seiten der Träger als Leistungserbringer bestehen nach wie vor Herausforderungen hinsichtlich der Akquise, Anstellung und Qualifikation von Integrationskräften, sowie in Bezug auf damit verbundene ungedeckte mittelbaren Kosten. Die Träger leisten ihrerseits einen Beitrag ggf. durch Reduzierung der Gruppenstärke in integrativ arbeitenden Gruppen. Für weitergehende Leistungen der Träger fehlt diesen jedoch eine Legitimation gegenüber den kommunalen Entscheidungsgremien und damit eine Finanzierungsgrundlage, da der von den Trägern zu leistende Anteil rechtlich nicht näher definiert ist.

In den Projektbeiräten bestand hingegen die grundsätzliche Position, dass Inklusion nicht durch einen weiteren Ausbau individueller und gesondert zu beantragender Leistungen zu realisieren ist. Inklusion sollte vielmehr langfristig durch Qualifizierung und eine bedarfsgerechte Ausstattung der Kindertageseinrichtungen sowie durch Interdiziplinarität und systemübergreifende Zusammenarbeit unterstützt werden. Hilfen aus einer Hand erscheinen unter den gegebenen rechtlichen und strukturellen Gegebenheiten jedoch als eine nicht zeitnah zu realisierende Vision.

Auch aus Sicht der fachlichen Inklusionsdiskurse beinhaltet die Integrationshilfe im Rahmen der Eingliederungshilfe die Gefahr der „Beistellpädagogik", der inneren Separation und Verantwortungsdelegation. Sie steht insofern einem inklusiven Anspruch eher entgegen (vgl. u.a. DV 2011).

Die von der ASMK und JFMK eingesetzte Arbeitsgruppe „Inklusion von jungen Menschen mit Behinderung" argumentiert in ihrem Zwischenbericht (2011) auch fachpolitisch in diesem Sinne. Sie formuliert unter Bezugnahme auf die UN-BRK und das SGB IX als Ziele für die Neuordnung der Eingliederungshilfe für junge Menschen mit Behinderung:

- *„Inklusion von Kindern mit und ohne Behinderung" als „Leitgedanke";*

- die Maxime *„Hilfen aus einer Hand", als „wesentlichen Schritt, um Inklusion zu verwirklichen" und als „Voraussetzung dafür, den jungen Menschen in seinem gesamten Lebenskontext in den Blick zu nehmen". [...] „denn die heutige Hilfelandschaft ist geprägt durch unterschiedliche Sach- und Finanzierungsverantwortung, durch die oftmals nicht abgestimmte Erbringung der unterschiedlich notwendigen Unterstützungsmaßnahmen sowie durch zergliederte Angebotsstrukturen". Eine „Verweisung von Eltern behinderter Kinder von einem Leistungsträger zu einem anderen [muss] verhindert werden".*

- ein *„einheitliches Leistungssystem für Kinder und Jugendliche unabhängig von der Art ihrer Behinderung"* das sich *„immer zuerst und vor allem an der Lebenslage Kindheit und Jugend und am individuellen Bedarf des einzelnen Kindes"* orientiert, *„um sein Wohl zu fördern und seine Teilhabechancen zu stärken".*

- *„Sicherung und Stärkung des vorhandenen Wissens um die Förderung von Kindern mit und ohne Behinderungen"* und dieses *„Wissen und Können"* von Jugendhilfe und Sozialhilfe *„im Alltag [...]"* anzubieten und umzusetzen, gemeinsam Unterstützungsleistungen zu entwickeln, den fachlichen Dialog zu stärken, *„damit die verschiedenen Leistungsangebote zu neuen Leistungen zusammengeführt werden können".*

- Hierzu sollen „vorhandene Ressourcen optimal genutzt und im Ergebnis finanzneutral umgesetzt werden". Dabei ist darauf zu achten, „dass die bisher genutzten Ressourcen der unterschiedlichen Leistungsträger auch weiterhin für die notwendigen Leistungen zur Verfügung stehen". (vgl. Arbeitsgruppe „Inklusion von jungen Menschen mit Behinderung" 2011, S. 20 ff)

Die Bund-/Länder-Arbeitsgruppe spricht sich in ihrem Zwischenbericht für eine „große Lösung SGB VIII" aus, d.h. für eine Zuordnung aller Kinder und Jugendlichen in den Zuständigkeitsbereich des Kinder- und Jugendhilfegesetzes. „Auch Kinder und Jugendliche mit Behinderungen sind in erster Linie Kinder und Jugendliche mit Ansprüchen und Erwartungen an das Leben, wie sie jedes Kind entwickelt, unabhängig davon, ob eine Unterstützungsleistung behinderungsbedingte oder familiäre sowie entwicklungsbedingte Bedarfe decken soll. Die darin liegende Koordinierungsaufgabe kann nicht Aufgabe der Eltern, sondern muss strukturell in einer Neuregelung verankert sein [...] Die ,Große Lösung SGB VIII' ist deshalb ein wesentlicher Beitrag zur Überwindung von Hindernissen für eine konsequente Inklusionspolitik, zur Beseitigung der Zersplitterung systemimmanenter sozialrechtlicher Zuständigkeiten und bedeutet insofern einen Paradigmenwechsel in der Sozialgesetzgebung" (ebd. S.29). Hierzu entwickelte die Arbeitsgruppe als neuen Leistungstatbestand das Konstrukt der „Hilfen zur Entwicklung und Teilhabe". „Alle Kinder und Jugendlichen hätten Anspruch auf eine Leistung, die ihrem individuellen Bedarf entspricht. [...] Für die Hilfeleistung stünde allein das Kind oder der Jugendliche mit seinem konkreten Bedarf oder seinen komplexen Bedarfen im Mittelpunkt". (ebd.. S. 32f)

Damit bestätigt und unterstreicht der Bericht der Arbeitsgruppe wesentliche Entwicklungen, Erfahrungen und Positionen zur Weiterentwicklung der Eingliederungshilfe, wie sie auch im Projektzusammenhang auf der Ebene der Beiräte diskutiert und sichtbar wurden.

9.4. Örtliche Bedarfsplanung

Die Vorgaben des KitaG in § 2 Abs.2, § 2a i.V.m. §3 KitaG verpflichten die Kommunen im Rahmen der örtlichen Bedarfsplanung, gemeinsam mit den Trägern zu gewährleisten, dass ausreichende und geeignete Einrichtungen mit entsprechenden Rahmenbedingungen für eine gemeinsame Förderung aller Kinder einschließlich Kindern mit Behinderung zur Verfügung stehen. Hierbei zeigen sich Umsetzungsschwierigkeiten

- aufgrund unterschiedlicher Leistungsvoraussetzungen bzw. begrifflicher Definitionen (Behinderungsbegriff des SGB VIII, SGB IX und SGB XII; Anspruch auf ein sonderpädagogisches Förderangebot; Schwerbehindertenrecht; Behinderungsbegriff der UN-BRK)
- in der Tatsache, dass aus historischen Gründen statistische Daten über Behinderung nicht erfasst werden
- aufgrund des Umstands, dass nicht für alle Kinder mit (drohender) Behinderung auch zusätzliche Leistungen beantragt werden und somit eine amtliche Feststellung einer Behinderung nicht in jedem Fall erfolgt

- in der Abgrenzung von sozial und/oder entwicklungsbedingtem zusätzlichem Förderbedarf und (drohender) Behinderung, insbesondere im Bereich der seelischen Behinderung, welche nicht zuverlässig möglich ist und von Eltern z.T. als etikettierend und stigmatisierend abgelehnt wird.

Die Stadt Reutlingen entwickelte vor diesem Hintergrund und im Interesse einer inklusiven Ausrichtung der Kindertagesbetreuung, die sich nicht auf gemeinsame Erziehung von Kindern mit und ohne Behinderung begrenzt, sondern unterschiedliche Lebenslagen und Teilhabe- und Entwicklungserschwernisse berücksichtigt, erste Überlegungen. Neben Zahlen der Eingliederungshilfe und bezüglich Kindern in Schulkindergärten sollen auch weitere Parameter, wie Ergebnisse der ESU und der Beobachtung von Bildungs- und Entwicklungsprozessen, als Planungsgrundlage einbezogen werden. Hierin kann ein modellhafter Ansatz zu einer bedarfsgerechten inklusionsorientierten Bedarfsplanung gesehen werden.

9.5. Örtliche Teilhabeplanung

Ein weiteres Ergebnis bildet vor dem Hintergrund der lokalen Beiräte des Projekts die Umsetzung der Fortschreibung der Teilhabeplanung des Landkreises Ludwigsburg unter spezifischer Berücksichtigung der Lebenswirklichkeit und der Perspektiven von Kindern und Jugendlichen.

Die besondere Bedeutung der kommunalen Ebene, der Landkreise und Kommunen, wird insbesondere auch im Hinblick auf inklusive Planungsprozesse deutlich. Der Deutsche Verein (DV) formuliert z.B. in seinen „Empfehlungen zur örtlichen Teilhabeplanung für ein inklusives Gemeinwesen" (2012): *„Wie Inklusion und Teilhabe gelingen, hängt davon ab, wie Einwohnerinnen und Einwohner miteinander umgehen, was ihre Umweltbedingungen ihnen bieten und wie sie diese nutzen können. Für alle Menschen geht es um Teilhabe- und Verwirklichungschancen.*

Es sind drei Faktoren, die Teilhabe von Menschen am gesellschaftlichen Leben wesentlich behindern oder erleichtern und die in einer örtlichen Teilhabeplanung zu berücksichtigen sind: die Zugänglichkeit öffentlicher Infrastruktur, die Struktur und Ausrichtung der Hilfesysteme sowie die Einstellungen und das Verhalten der Mitmenschen. Dementsprechend sind es drei Zieldimensionen, die eine örtliche Teilhabeplanung operationalisieren muss: die Herstellung einer barrierefreien öffentlichen Infrastruktur, die Entwicklung eines an Inklusion ausgerichteten Hilfesystems und die Sensibilisierung der Öffentlichkeit für Diskriminierungsrisiken und damit verbunden die Schaffung eines Solidaritätsbewusstseins; um die Intention der selbstbestimmten Teilhabe auszudrücken, sollte sich das Hilfesystem als Unterstützungssystem verstehen, in diesem Sinne handeln und so bezeichnet werden.

Örtliche Teilhabeplanung hat die Aufgabe, einen lokalen Weg zu einem inklusiven Gemeinwesen zu erarbeiten, der die jeweiligen örtlichen Bedingungen, Ressourcen und Potenziale kennt und zu nutzen weiß, und diesen Weg zusammen mit den verschiedenen Akteuren vor Ort zu gehen." (DV 2012, S. 5)

Auch das Zentrum für Planung und Evaluation Sozialer Dienste (ZPE) an der Universität Siegen bringt dies in seinen ‚Materialien zur örtlichen Teilhabeplanung für Menschen mit Behinderung' zum Ausdruck:

„Im Eckpunktepapier zur Weiterentwicklung der Eingliederungshilfe sieht die Bund-Länder-Arbeitsgruppe der Arbeits- und Sozialministerkonferenz einen Bedarf einer ‚trägerübergreifenden Koordinations- und Strukturverantwortung' (ASMK 2009: 5), die ungeachtet der Finanzierungszuständigkeit für Leistungen beim Sozialhilfeträger angesiedelt sein sollte. [. . .]

Die Kommune als demokratisch legitimierte politische Macht ist im lokalen Gemeinwesen und auch in der lokalen Behindertenpolitik zunächst einmal ein Akteur unter vielen (vgl. Bartelheimer 2008: 3). Sie kann Teilhabe nicht herstellen und eine inklusive Orientierung nicht erzwingen. Die Kommune hat aber zum einen eine Vorbildfunktion. Sie kann ihre Dienstleistungen nach den Grundsätzen der Inklusion anbieten und in ihrem Zuständigkeitsbereich Barrierefreiheit realisieren. Es besteht zudem die Chance, die Aktivitäten auch der anderen im Gemeinwesen Tätigen zu koordinieren und damit eine übergreifende Orientierung der unterschiedlichen Akteure zu ermöglichen. Dies ist der Grund, warum es notwendig ist, Teilhabeplanung auf lokaler Ebene anzusiedeln. Hier besteht die Möglichkeit, Inklusion und Teilhabe für die Ausgestaltung des lokalen Gemeinwesens als übergreifende Orientierung bei unterschiedlichen Akteuren zu verankern. Es besteht weiterhin die Chance, eine integrierende Planung zu initiieren, die sich nicht auf die unmittelbare Zuständigkeit der Kommune beschränkt, sondern die Aktivitäten aller Akteure im Gemeinwesen in den Blick nimmt." (Rohrmann, A. u.a. 2010, 27f)

Vor dem Hintergrund der Projekterfahrungen wurde vom Landkreis Ludwigsburg eine lebenslagen- und lebensweltorientierte Berücksichtigung von Kindern und Jugendlichen mit Behinderungserfahrung in der Fortschreibung der örtlichen Teilhabeplanung explizit aufgenommen.

Als weiterführende Frage ergibt sich: Wie lassen sich örtliche Bedarfsplanung und Teilhabeplanung unter Berücksichtigung der Inklusion in der frühen Kindheit auf einander beziehen und abstimmen?

Stephan Thalheim

Abschnitt V

Transfer der Projekterfahrungen auf Landesebene

10. Inklusive Strukturen gestalten

Die Projekterfahrungen in der Umsetzung der Projektziele wurden durch den Transfer auf Landesebene in der Breite nutzbar gemacht. Entwicklungen sollten angestoßen werden, durch

- regelmäßige Beiratssitzungen, auf denen die Projektentwicklungen diskutiert werden;
- die Durchführung einer Studienfahrt nach Jena und den Austausch über Erfahrungen an beiden Projektstandorten;
- Anregungen für Weiterentwicklung sozial- und bildungspolitischer Prozesse und für die Gestaltung der rechtlichen Grundlagen;
- die Dokumentation und Veröffentlichungen der Projekterfahrungen.

Darüber hinaus wurden die Projekterfahrungen im Rahmen von zwei landesweiten Tagungen und drei regionalen Fachtagen zum Index für Inklusion einer breiten Öffentlichkeit zugänglich gemacht.

10.1. Der landesweite Beirat

Der landesweite Beirat unterstützte die Projektentwicklung und vertritt die inhaltlichen Positionen und Interessen des Projekts im sozial- und bildungspolitischen Kontext und in der (Fach-)Öffentlichkeit auf Landesebene. Er setzte sich u.a. zusammen aus VertreterInnen des Kultusministeriums, der kommunalen Spitzenverbände, des KVJS (Landesjugendamt), der überregionalen Arbeitsstelle Frühförderung, der Fach- und Trägerverbände, der beteiligten Kommunen und Landkreise, der Unterstützer (der Heidehof- und der Paul-Lechler-Stiftungen) sowie der organisierten Elternvertretung (LAG, Lebenshilfe, AGI).

Dies bot die Gelegenheit, die Projektentwicklungen, Themen und (Zwischen-)Ergebnisse mit den relevanten politischen und fachlichen Entscheidungsträgern auf Landesebene prozesshaft zu reflektieren und zu diskutieren. Hierdurch konnten die Positionen, Rückmeldungen und Einschätzungen der Landesebene in die weitere

Projektplanung und -entwicklung einbezogen sowie andererseits virulente Themen in fachpolitische Prozesse transferiert werden.

Dabei stellt ein Projekt-Beirat kein Entscheidungsgremium dar und hat kein politisches Mandat, sondern dient vor allem der Realitätsprüfung und Qualifizierung der Projektentwicklung sowie dem Transfer der Themen und Ergebnisse in landesweit entscheidungsrelevante Zusammenhänge. Diese Aufgabenstellung des landesweiten Beirats ermöglichte eine breite Beteiligung entscheidungsrelevanter AkteurInnen und einen ergebnisoffenen Dialog.

Insgesamt wurde in den Beiratssitzungen deutlich, dass die gesamtgesellschaftliche und politische Bedeutung von Inklusion auf den verschiedenen fachlichen und bildungs- und sozialpolitischen Ebenen (an-)erkannt wird. Es zeigte sich jedoch, dass neben geteilten Zielproklamationen zahlreiche Herausforderungen und Fragen auf politischer, rechtlicher und finanzieller Ebene konkretisiert und in gesetzliche Regelungen auf Landes- und Bundesebene überführt werden müssen.

Die derzeitige Diskussion um die Umsetzung der UN-BRK wird in starkem Maße vom schulischen Bereich als Aufgabe des Landes dominiert. Für den Bereich der Kindertagesbetreuung, als vorwiegend kommunale Aufgabe im Rahmen der bundesgesetzlichen Regelungen des SGB VIII, sind diese schulbezogenen Diskurse jedoch nicht ohne weiteres übertragbar.

Im Projektverlauf zeigte sich bei den unterschiedlichen Themenstellungen, dass Entscheidungen auf Landesebene jeweils in einen größeren Themen- und Entscheidungskontext bildungs- und sozialpolitischer Entwicklungen eingebunden sind. Auch bei hoher inhaltlicher Übereinstimmung sind die diskutierten Themenstellungen und damit verbundene Entscheidungsprozesse im Rahmen grundsätzlicher Klärungs- und Aushandlungsprozesse unterschiedlicher Interessen hinsichtlich der Weiterentwicklung der Kindertagesbetreuung zu sehen.

Dabei spielt zum Beispiel durchgängig die Frage der finanziellen Auswirkungen, der Kostenfolgen unter Berücksichtigung des Konnexitätsprinzips eine große Rolle. Inklusion als kommunal auf der Ebene der Stadt- und Landkreise, der Städte und Gemeinden umzusetzende und zu gestaltende Aufgabe, erfordert entsprechend verbindliche Vorgaben und rechtliche Ausgestaltung auf Landes- und Bundesebene. Dies zieht jedoch eine entsprechende finanzielle Beteiligung dieser gesetzgeberischen Ebenen nach sich („wer bestellt, bezahlt"). Gleichzeitig stoßen inhaltliche Vorgaben und Zweckbindungen von Zuschüssen des Landes („wer bezahlt, steuert") an Grenzen der kommunalen Selbstverwaltung und der Trägerautonomie. Zudem fehlt der kommunalen Ebene der Land- und Stadtkreise, der Städte und Gemeinden ohne verbindliche politische und rechtlich Vorgaben die rechtliche Legitimations- und Argumentationsbasis gegenüber den kommunalen Entscheidungsgremien.

Steckt die Umsetzung von Inklusion also in einer Kommunalisierungsfalle?

Im Folgenden sollen vor diesem Hintergrund Diskussionspunkte und Entwicklungsperspektiven aus Sicht der wissenschaftlichen Begleitung zusammenfassend skizziert werden[133].

---

33 Bezüglich der strukturellen Entwicklungsanforderungen wurde ein gemeinsames Eckpunktepapier des KVJS und IQUAnet (KVJS 2011), ebenso wie ein Positionspapier, welches vom Projekt IQUAnet auf Grundlage der Diskussionsprozesse im landesweiten Beirat erstellt wurde, im landesweiten Beirat diskutiert. Beide Papiere werden den Ausführungen in diesem Abschnitt zugrunde gelegt.

Stephan Thalheim

10.2. Fragen der Verantwortungsgemeinschaft von Land/Kommunen/Trägern im Hinblick auf Rahmenbedingungen für Inklusion - Impulse und Positionen zur Umsetzung der UN-Behindertenrechtskonvention auf Landesebene

Die Bedeutung der Kindertagesbetreuung und der Frühpädagogik für die Bildungsbiografie und für das Gesamtbildungssystem ist inzwischen unbestritten. Der frühkindliche Bildungsbereich findet im Koalitionsvertrag der derzeitigen Landesregierung in Baden-Württemberg von 2011 ausdrücklich Berücksichtigung. Das ist landes- und bundesweit nicht selbstverständlich. Auch die Diskussion über die Umsetzung der UN-Konvention über die Rechte von Menschen mit Behinderungen erfährt derzeit in Baden-Württemberg einen starken Fokus auf den schulischen Bildungsbereich. Daher darf der frühkindliche Bereich in seiner Bedeutung nicht der notwendigen Schulentwicklung untergeordnet werden. Er bedarf besonderer Beachtung.

Im Bereich der Kindertagesbetreuung bestehen bereits zahlreiche Regelungen für die Umsetzung von Integration im Sinne gemeinsamer Erziehung und Bildung von Kindern mit und ohne Behinderung. Durch Einzelreformen entstand dabei jedoch ein ausdifferenziertes System unterschiedlicher Zuständigkeiten und Verantwortlichkeiten. Dies führt zu grundlegenden Problemen der Abgrenzung von (Teil-)Leistungen und Verantwortlichkeiten und zu örtlich unterschiedlichen Praktiken. Entwicklungsbedarf wurde daher insbesondere dahingehend thematisiert, dass die damit angesprochenen Systeme stärker verzahnt und im Sinne der UN-BRK bzw. einer Inklusionsorientierung weiterentwickelt werden sollten.

Dies betrifft insbesondere die Verzahnung und Weiterentwicklung der Systeme:

- Kindertageseinrichtung nach dem KitaG
- Orientierungsplan
- Eingliederungshilfe
- Kommunale Kooperation/Runde Tische
- Frühförderung
- Schulkindergärten
- Übergang Kindertagesbetreuung/Schule
- Fortbildung und Qualifizierung

System Kindertagesbetreuung im Rahmen des Kindertagesbetreuungsgesetzes Baden-Württemberg (KitaG):

Nach § 2 Abs. 2 KitaG sollen Kinder mit und ohne Behinderung gemeinsam gefördert werden „sofern der Hilfebedarf dies zulässt". Die Erfahrungen zeigen, dass diese Formulierung als unbestimmter Rechtsbegriff in der gängigen Praxis dazu führt, dass zum einen Kinder mit Behinderung, insbesondere solche mit hohem Assistenzbedarf, häufig nicht in Kindertageseinrichtungen aufgenommen werden. Die UN-Behindertenrechtskonvention fordert jedoch das Menschenrecht auf inklusive Bildung und das gleiche Recht aller Menschen mit Behinderungen „in der Gemeinschaft zu leben" und „ihre volle Einbeziehung in die Gemeinschaft und Teilhabe an der Gemeinschaft" (vgl. Art. 19). Die UN-BRK sieht dabei das Kindeswohl und die Wahlentscheidung (zwischen allgemein zugänglichen Angeboten) als einzig zulässige Einschränkung für gemeinsame Bildung vor. Es stellt sich die Frage, ob und wie diese Rechtsnorm und der Anspruch der UN-Behindertenrechtskonvention auf „inclusive education" in Baden-Württemberg in Gesetzen, Richtlinien und Rechtsprechung umgesetzt wird. Der Zusatz „…sofern der Hilfebedarf dies zulässt…" steht im Widerspruch zur UN-BRK und wäre im Rahmen der geforderten landes- und bundesrechtlichen Umsetzung der UN-BRK einer rechtlichen Überprüfung hinsichtlich der Vereinbarkeit mit der UN-Behindertenrechtskonvention zu unterziehen und im KiTaG ersatzlos zu streichen[34].

Im Rahmen der örtlichen Gesamtplanung sieht das KitaG in § 3 Abs.3 vor, dass gemeinsam mit den Trägern gewährleistet werden soll, dass ausreichende und geeignete Einrichtungen mit entsprechenden Rahmenbedingungen für eine gemeinsame Förderung aller Kinder im jeweiligen Stadtteil zur Verfügung stehen.

Besondere Bedeutung kommt der örtlichen Bedarfsplanung auch vor dem Hintergrund der kommunalen Daseinsvorsorge zu, welche alle BürgerInnen, unabhängig von Behinderungen oder sonstigen Benachteiligungen, umfasst. Auch hier zeigen sich örtlich unterschiedliche Umsetzungspraktiken. Nicht überall wird diese Verpflichtung entsprechend den gesetzlichen Vorgaben umgesetzt. Leistungen der Eingliederungshilfe nach dem SGB VIII oder SGB XII bleiben zunächst unberührt. Auch im Mindestpersonalschlüssel nach KiTaVO vom 25.11.210 ist ein individueller zusätzlicher Betreuungsbedarf aufgrund von Behinderung nicht abgedeckt.

Ziel sollte es sein, das System der Kindertagesbetreuung so auszustatten und zu organisieren, dass Träger und ErzieherInnen in die Lage versetzt werden, für alle Kinder, unabhängig von Art und Schwere der Beeinträchtigung und/oder erschwerten Lebenslagen, die notwendige Bildung, Erziehung und Betreuung zu gewährleisten. Im Sinne einer Inklusionsperspektive, bzw. inklusionsorientierten Qualitätsentwicklung, die sich nicht auf die gemeinsame Erziehung und Bildung von Kindern mit und ohne Behinderung begrenzt, sieht der Koalitionsvertrag der Landesregierung „zur frühkindlichen Bildung – Chancen nutzen, Potentiale entfalten" (2011) Entwicklungsbedarf bei der *„Fachkraft-Kind-Relation, der Arbeitszeit und Bezahlung der Erzieherinnen und Erzieher sowie der Neukonzeption der Tätigkeit von Einrichtungsleitungen"* (S. 4). Hierzu gehört auch die, im Koalitionsvertrag vereinbarte, besondere Berücksichtigung von Kindertageseinrichtungen *„die vor besonderen sozialen und pädagogischen Herausforderungen stehen"* (ebd.). Dabei sollten Kindertageseinrichtungen, die Kinder mit und ohne Behinderungen selbstverständlich aufnehmen, miteinbezogen werden.

Die früheren Landeszuschüsse für „Integrative Gruppen" nach dem damaligen Kindergartengesetz sind mit der Kommunalisierung in den Finanzausgleich eingeflossen, sind vor Ort jedoch nicht mehr identifizierbar. Daher

---

34 Eine „Soll-Bestimmung" beinhaltet bereits eine Möglichkeit zur Abweichung in begründeten Einzelfällen, bindet diese Möglichkeiten jedoch an fachliches Ermessen.

wären diese Zuschüsse darüber hinaus als gesonderte Leistungen des Landes für „Integrative Gruppen" nach § 1 Abs.4 KitaG ggf. wieder zweckgebunden, z.B. als Zuschuss für eine interdisziplinäre Teamzusammensetzung, gemäß § 7 KitaG einzuführen und auszugestalten.

System Orientierungsplan:

Der Orientierungsplan für Bildung und Erziehung für die baden-württembergischen Kindergärten und sonstige Einrichtungen der Kindertagesbetreuung des Kultusministeriums Baden-Württemberg betont in seiner konzeptionellen Ausrichtung die Bedeutung der Inklusion über Aspekte der gemeinsamen Erziehung und Bildung von Kindern mit und ohne Behinderung hinaus, sowohl als Querschnittsthema, als auch in Abschnitt 1.6 „Vielfalt, Unterschiedlichkeit und Gemeinsamkeit".

So nennt der Orientierungsplan unter Punkt 1.6 u.a: „Jedes Kind hat das Recht auf gleichberechtigte Bildungschancen und soziale Teilhabe. Dies erfordert von den Beteiligten eine Haltung und ein Handeln mit dem Ziel der Inklusion. Die pädagogischen Fachkräfte sind herausgefordert, die vorgefundene Vielfalt anzuerkennen und sich mit Bildungsbarrieren auseinanderzusetzen, diese abzubauen und Zugangswege zu erweitern. [. . .] Erzieher(innen) schaffen insgesamt ein Klima, in dem jedes Kind seine Fähigkeiten angstfrei zeigen kann und vor Etikettierung und Diskriminierung geschützt ist". Unter Punkt 2.3 heißt es dort weiter: „Die pädagogischen Fachkräfte nehmen jedes Kind so an, wie es ist. Es muss nicht erst besondere Leistungen erbringen, Fähigkeiten haben oder Entwicklungen durchlaufen. [. . .] Ausdruck dieser Grundhaltung sind auch Prinzipien des pädagogischen Handelns wie Partizipation, Integration, Ganzheitlichkeit sowie eine vorurteilsbewusste, geschlechtersensible Bildung und Erziehung" (ebd.).

Insgesamt besteht eine hohe Anschlussfähigkeit zwischen inklusionsorientierten Perspektiven und einer konsequente Umsetzung des Orientierungsplans. Dem Verständnis einer kind- und entwicklungsorientierten Pädagogik liegen die in der UN-Kinderrechtskonvention formulierten Rechte zugrunde: „Die UN-Kinderechtskonvention von 1989 definiert Kinder als eigenständige Träger von Rechten (insbesondere Art. 28 und 29). Zu diesen Rechten der Kinder gehört das Recht auf eine Erziehung und Bildung, die die Persönlichkeit, die Begabung und die geistigen, körperlichen und sozialen Fähigkeiten zur Entfaltung bringt. Weiter gehört dazu das Recht auf Teilhabe und Beteiligung, auf Gesundheit, auf Schutz vor Gewalt, Diskriminierung und Armut. Bildungsinstitutionen müssen sich daran messen lassen, inwieweit sie dazu beitragen, diese Rechte der Kinder einzulösen und inwieweit sie das Wohl des Kindes vorrangig vor anderen Interessen berücksichtigen" (Ministerium für Kultus, Jugend und Sport Baden-Württemberg 2011, Punkt 1).

Für alle Kinder besteht damit das gemeinsame Ziel, die Teilhabe am Gruppengeschehen zu ermöglichen, individuelle Zugänge zu entdecken und entsprechend des Entwicklungsstands zu fördern. Für jedes Kind ist zu klären, wie der notwendige Unterstützungsbedarf eingelöst werden kann. Für eine bedarfsgerechte Förderung der Kinder und zur Unterstützung der Eltern empfiehlt sich eine grundsätzlich organisierte Kooperation unter den beteiligten Stellen. Dies erfordert neben örtlichen Kooperationsstrukturen auch entsprechende Strukturen und Anpassungen auf Landesebene.

Die im Koalitionsvertrag der derzeitigen Landesregierung Baden-Württemberg vorgesehenen Regelungen zur Verbindlichkeit des Orientierungsplans im Sinne einer Verantwortungsgemeinschaft und die vorgesehenen Verbesserungen der Rahmenbedingungen und bedarfsgerechten Differenzierung sind notwendig, um die inklusionsorientierten Entwicklungen voranzubringen.

Im Projektzusammenhang wurde der Projektleitung eine Teilnahme am Arbeitskreis frühkindliche Bildung ermöglicht. Hierdurch konnten die Projekterfahrungen in die (Weiter-) Entwicklungsprozesse eingebracht werden.

System Eingliederungshilfe:

Die Regelungen zur Eingliederungshilfe der Stadt- und Landkreise für Kinder mit (drohender) körperlicher und/oder geistiger Behinderung nach § 54 SGB XII (Sozialhilferichtlinien) in allgemeinen Kindertageseinrichtungen, finden analog Anwendung für Kinder mit (drohender) seelischer Behinderung. Sie sehen begleitende und/oder pädagogische Hilfen vor, wenn der individuelle Mehrbedarf nicht mit den bestehenden Ressourcen der Kindertageseinrichtung gedeckt werden kann.

Dabei bleibt u.a. zunächst weitgehend unbestimmt, wie der zusätzliche Mehrbedarf zu bestimmen ist und was der Auftrag der Eingliederungshilfe als Teilleistung bzw. als Hilfe zur Teilhabe konkret umfasst.

Eingliederungshilfe durch Integrationsfachkräfte ist nicht als isolierte und additive Hilfe anzusehen. Maßstab ist, neben der direkten Unterstützung der Teilhabe des Kindes, eine fachliche Unterstützung der ErzieherInnen in der Kindertageseinrichtung zur inklusiven Unterstützung der Kinder mit Behinderung.

Begleitende, z.B. pflegerische, Hilfen der Eingliederungshilfe sind in Einzelfällen notwendige Assistenzleistungen im Sinne von Hilfen zur Teilhabe und sollten in ihrer Ausgestaltung eine bedarfsorientierte Flexibilisierung erfahren, um auch Kindern mit höherem Assistenzbedarf den Besuch der allgemeinen Kindertageseinrichtung zu ermöglichen.

Pädagogische Hilfen sollten perspektivisch durch Kompetenztransfer bzw. interdisziplinäre Teamzusammensetzung, fachkompetente Beratung der Fachkräfte in allgemeinen Kindertageseinrichtungen, durch Fort- und Weiterbildung des Personals, inklusionsorientierte Qualitätsentwicklung und angemessene personelle Ausstattung von Kindertageseinrichtungen überwunden werden. Die Gesamtverantwortung sollte der Kommune übertragen und die hierfür erforderlichen Mittel zur Verfügung gestellt werden.

System Frühförderung:

Die Frühförderung bzw. Frühberatung hat sich in den vergangenen 20 Jahren aus der Engführung auf eine individuelle Diagnostik und individuelle Arbeit mit dem Kind gelöst. In der Fachdiskussion besteht heute Einigkeit, dass der Erfolg der Frühförderung maßgeblich von Form und Grad der Einbeziehung der Eltern mit bedingt wird (vgl. z.B. Sohns 2012). Es wäre unter einer Inklusionsperspektive nur folgerichtig, neben der Erweiterung auf das familiäre System, auch das System der Kindertagesbetreuung, als zentralen Lebens- und Lernort der Kinder im Sinne eines gegenseitigen Kompetenztransfers einzubeziehen und Formen der mobilen Frühförderung auszubauen. In diesem Sinne verweist auch der 13. Kinder- und Jugendbericht darauf, *„dass beide Berufsgruppen durch die Kooperation eine Erweiterung ihres Wissens über den Entwicklungsstand der Kinder erreichen können und dieser Möglichkeit sehr schätzen. Gleichzeitig ergeben sich für diese fruchtbare Kooperation bis heute Probleme daraus, dass die Frühförderstellen diese Tätigkeiten nicht in Rechnung stellen können, und die Erzieherinnen keine Unterstützung für die Kooperation in Form zusätzlicher Zeitkontingente erhalten."* (BMFSFJ 2009, 207)

Die Frühförderung erfolgt insbesondere durch die sonderpädagogischen Beratungsstellen und die interdisziplinären Frühförderstellen.

Nach der Rahmenkonzeption des Sozialministeriums von 1998 stellt Frühförderung primär eine Leistung für Eltern und Kind dar. Die Rahmenkonzeption berücksichtigt die Zusammenarbeit von Frühförderstellen und Kindertageseinrichtungen in Form von ggf. Diagnostik und unterstützender Förderung in Kindertageseinrichtungen, Zusammenarbeit mit Eltern und Hausbesuche, Unterstützung und Beratung der ErzieherInnen mit dem Ziel, das Spiel- und Lernumfeld in Kindertageseinrichten so zu gestalten, dass das Kind in der Gruppe die Möglichkeit hat, seinen Bedürfnissen entsprechend zu lernen und zu spielen (vgl. Sozialministerium 1998; S. 47 ff).

In der Weiterentwicklung und Überarbeitung der Rahmenkonzeption zur Frühförderung sollten die veränderten Anforderungen, aktuellen Befunde und eine Inklusions- bzw. Teilhabeorientierung durch den Ausbau mobiler Frühförderung Berücksichtigung finden. Sie sollte stärker als bisher (in Abstimmung mit Eltern, Kindergartenfachberatung, ggf. Heilpädagogischen Fachdiensten und weiteren Beteiligten) auch die Beratung von allgemeinen Kindertageseinrichtungen als Begegnungsstätten der Professionen und Disziplinen, sowie eine strukturelle Vernetzung umfassen. Diese Notwendigkeit und die veränderten Anforderungen werden auch durch eine Expertise zum 13. Kinder- und Jugendbericht bekräftigt:

„Die mobile Frühförderung entstand aus der Notwendigkeit, Familien mit einem behinderten Kind, die ohnehin hoch belastet durch die Pflege- und Versorgungsaufgaben sind, den Zugang zur Frühförderung zu erleichtern und damit häufig erst zu ermöglichen. Kinder mit manifesten biologischen Schädigungen machen heute nur mehr knapp ein Viertel der Kinder [Anm. S.T.: in der Frühförderung] aus. Zahlenmäßig bedeutender sind Kinder mit Entwicklungsauffälligkeiten oder psychosozialen Auffälligkeiten mit schwierigen Lebens- und Entwicklungsbedingungen. Soziale Benachteiligung und daraus resultierende Entwicklungsgefährdungen rücken damit immer stärker in den Fokus der fachlichen Diskussion in der Frühförderung. Sozial benachteiligte Familien sind häufig

über eine Komm-Struktur nicht erreichbar. Aus verschiedenen Gründen (Probleme in der Alltagsorganisation, Mobilität, ...) nehmen sie ambulante Termine nicht oder nur sehr unzuverlässig wahr. Zudem ist gerade bei diesen Familien pädagogische und therapeutische Anleitung vor Ort oder eine frühe Förderung und Unterstützung der Eltern-Kind-Interaktion im häuslichen Umfeld sehr wirkungsvoll. Zahlen aus München belegen eindrucksvoll, dass sozial benachteiligte Familien vor allem über die Hausfrühförderung erreicht werden. Im Ballungsraum München schätzen Frühförderstellen, die überwiegend mobil arbeiten, den Anteil an belasteten Familien ihrer Klientel auf gut 60% ein, während eine ambulant arbeitende Stelle den Anteil auf unter 20% schätzt." (Dr. Renate Höfer, Prof. Dr. Luise Behringer (2009): S. 44).

System Schulkindergärten

Sonderpädagogische Kompetenzen sind bislang weitgehend an sonderpädagogische Institutionen, Schulkindergärten und Sonderschulen gebunden. Eltern stehen hierdurch häufig vor der Entscheidung, sich zwischen dem Wunsch nach sozialer Integration und Inklusion einerseits und dem Wunsch nach spezifischer Förderung für ihr Kind entscheiden zu müssen. Vor dem Hintergrund dieses Dilemmas kann von einer echten Wahlentscheidung der Eltern, wie sie derzeit für Baden-Württemberg diskutiert wird, nicht ausgegangen werden.

Aus wissenschaftlicher Sicht besteht auch ein Spannungsverhältnis zwischen der diskutierten Form des Elternwahlrechts mit der UN-BRK. Soweit dort von Wahlmöglichkeiten gesprochen wird (z.B. Art 19), so beziehen sich diese auf den Grundsatz der vollen und wirksamen „Einbeziehung in die Gemeinschaft und Teilhabe" und auf Angebote, die allen Menschen offen stehen.

Das Deutsche Institut für Menschenrechte als Monitoringstelle in der Umsetzung der UN-BRK geht vielmehr von einer Gewährleistungspflicht durch die Eltern aus und formuliert: *„Das Recht auf Inklusion ist ein Recht der Person mit Behinderung. Die Eltern haben bei der Ausübung der elterlichen Sorge den Leitgedanken der Inklusion zu beachten und ggf. zu erklären, warum sie keine inklusiven Bildungsangebote wahrnehmen. Die Elternberatung, von welcher Seite auch immer, muss einbeziehen, Eltern das Recht auf inklusive Bildung vorzustellen und die Eltern hinsichtlich ihrer Gewährleistungspflicht aufzuklären"* (deutsches Institut für Menschenrechte 3/2011, S. 14, vgl. auch ‚Gemeinsam leben' 4/2011).

Eine gezielte Kooperation zwischen Schulkindergärten und allgemeinen Kindertageseinrichtungen kann dazu beitragen, diese Dilemmasituation abzuschwächen und die Qualität der individuellen Förderung zu erhöhen. Hierbei wird sowohl regional als auch von Seiten der überregionalen Arbeitsstelle Frühförderung eine Intensiv-Kooperation, in Form von Kindertageseinrichtung und Schulkindergartengruppe unter einem Dach, mit gemeinsamen Planungen, Aktivitäten, Projekten etc. sowie als gemeinsame integrative Gruppe unterstützt.

In der Diskussion ist als weitere Option auch die Entwicklung von Schulkindergärten hin zu ambulanten Kompetenzzentren, die als ambulante sonderpädagogische Dienste Kinder mit Behinderung in den Kindertageseinrichtungen begleiten. Die Voraussetzungen für beide Modelle erfordern ebenfalls entsprechende Weichenstellungen und Richtungsentscheidungen auf Landesebene.

Stephan Thalheim

System Qualifizierung

Wie vor dem Hintergrund der 10-jährigen Projekterfahrungen und im Verlauf des Projekts IQUAnet gezeigt werden konnte, kommt der Qualifizierung in der Aus-, Fort- und Weiterbildung eine große Bedeutung in der Umsetzung inklusionsorientierter Prozesse und Strukturen zu. Auf Landesebene wurde dem Thema Qualifizierung der pädagogischen Fachkräfte, aber auch der Träger, Dienste und Behörden ebenfalls große Bedeutung beigemessen.

Inhaltlich besteht auch auf bildungs- und sozialpolitischer Ebene eine große Übereinstimmung dahingehend, dass eine Professionalisierung und die Entwicklung einer inklusiven Haltung wesentliche Voraussetzungen für gelingende Inklusionsorientierung auf Handlungs- und Organisationsebene in der Frühpädagogik darstellen. Die primäre Verantwortung für eine qualitative Umsetzung wird bei den einzelnen Trägern und Kommunen, aber auch beim Ministerium für Kultus, Jugend und Sport gesehen.

Nach §2 der KiTaVO stellt das Land Baden-Württemberg für die Fortbildung des in §7 KiTaG genannten pädagogischen Personals unter Berücksichtigung der Zielsetzungen des Orientierungsplans Mittel nach Maßgabe des § 29b Finanzausgleichsgesetz zur Verfügung. Diese Mittel sollen den Fachkräften aller Einrichtungen in einer Gemeinde zur Fortbildung und Prozessbegleitung für die weitere Umsetzung des Orientierungsplans zu Gute kommen. Es ist inzwischen unstrittig, dass Inklusion als zentraler Aspekt des Orientierungsplans auch im Rahmen der Finanzzuschüsse an die Kommunen zur Umsetzung des Orientierungsplans enthalten ist und Zuschüsse für entsprechende inklusionspädagogische Qualifizierung eingesetzt werden können[35].

Auch die UN-BRK sieht in Art. 4 Abs.1 Pkt. (i) die Sicherstellung entsprechender Qualifizierung *„von Fachkräften und anderem mit Menschen mit Behinderungen arbeitendem Personal"* vor *„damit die aufgrund dieser Rechte garantierten Hilfen und Dienste besser geleistet werden können",* was zu einer Umsetzung auf Gesetzgebungs- und Verwaltungsebene verpflichtet (vgl. Art 4 Abs.1 UN-BRK).

Hinsichtlich der Qualifizierungsanforderungen wurden vor dem Hintergrund der Projekterfahrungen mögliche Standards und Formate diskutiert, wie:

- die Fortführung der Qualifizierungsangebote zu „Vielfalt, Unterschiedlichkeit und Gemeinsamkeit" des Orientierungsplans
- Qualifizierung zum Index für Inklusion in Kindertageseinrichtungen und in der Gemeinde
- Qualifizierung (von MultiplikatorInnen) zur Sozialraumorientierung, zur Vernetzung der Systeme und zur Bildung von regionalen Kooperationsstrukturen.

Aus den damit verbundenen Fragestellungen ergab sich eine Beteiligung der Projektleitung an einer Arbeitsgruppe des Ministeriums für Kultus, Jugend und Sport zur Erarbeitung eines Fortbildungskonzepts zur Implementierung des Orientierungsplans.

---

35 Das Ziel, gemeinsame Standards oder gemeinsam getragene Empfehlungen auf Landesebene zu implementieren, konnte im Projektzeitraum nicht umgesetzt werden.

Zusammenfassend stellt sich aus Sicht der wissenschaftlichen Begleitung hier die Frage, ob Inklusion durch einzelne Nachbesserungen in den bestehenden Systemen umzusetzen ist? Ziel kann es unter einer konsequenten Inklusionsperspektive nicht sein, durch einen Ausbau individueller und gesondert zu beantragender Teilleistungen Barrieren abzubauen. Dies erfährt wie dargestellt durch die strukturelle Versäulung und unterschiedliche Finanzierungsgrundlagen eine Begrenzung und führt zur Aufrechterhaltung und Reproduktion dichotomer Gruppenzuschreibungen. Eine konsequente Inklusionsorientierung würde vielmehr erfordern, die sichtbar gewordenen Grenzen und Abgrenzungen zwischen den Systemen abzubauen und zu überwinden, bislang notwendige Etikettierungen zu überwinden, um Hilfen dort zur Verfügung zu stellen, wo sie benötigt werden.

Um zu verhindern, dass (zunehmend) Kinder als „behindert" etikettiert werden und eine Besonderung dieser Kinder durch Zuweisung an andere Leistungssysteme (z.B. Eingliederungshilfe, Schulkindergärten) strukturell reproduziert wird, wären erforderliche zusätzliche Unterstützungsleistungen nicht an individuelle (Defizit-)Zuschreibungen zu binden. Stattdessen wären ggf. auch tatsächliche Leistungen und besondere pädagogische Herausforderungen der Kindertageseinrichtungen einzubeziehen. Ein merkmalsübergreifendes Inklusionsverständnis, das den Abbau von Barrieren für Teilhabe und Entwicklung zum Ausgangspunkt nimmt, würde nahe legen, dass die allgemeinen Kindertageseinrichtungen für alle Kinder zuständig sind und damit verbundene (zusätzliche) Leistungen der Kindertageseinrichtungen honoriert werden, statt Stigmatisierungen und Delegation von Verantwortung zu finanzieren.

Für den Bereich der Kindertagesbetreuung, als nach dem SGB VIII geregelte Aufgabe, und vor dem Hintergrund der kommunalen Verantwortung in der Kindertagesbetreuung, wäre ggf. die Verantwortung für alle Kinder (einschließlich erforderlicher Leistungen für Assistenz, sonderpädagogische Bildung, Beratung und Unterstützung, usw.) ggf. den Kommunen zu übertragen. Hierzu wäre es konsequenter Weise erforderlich, die Schulkindergärten, im Rahmen der angestrebten Änderungen des Schulgesetzes, aus dem Schulgesetz in den Bereich der Kindertagesbetreuung zu überführen und die hierfür bislang aufgewendeten Landesmittel für Personalkosten in Schulkindergärten und sonderpädagogischer Frühberatung der kommunalen Ebene zur Verfügung zu stellen.

Eine entsprechende landesrechtliche Regelung könnte dazu beitragen, dass

- Kosten nicht einseitig zu Lasten der Kommunen verteilt werden,
- Kinder mit zusätzlichem Unterstützungsbedarf strukturell nicht immer wieder besondert werden,
- erforderliche Unterstützungsleistungen abgestimmt und weniger additiv erbracht werden,
- sonderpädagogische Kompetenzen und Ressourcen auch in allgemeinen Kindertageseinrichtungen ausreichend und entsprechend den örtlichen Bedarfen zur Verfügung stehen,
- eine Gesamtplanung im Rahmen einer abgestimmten örtlichen Bedarfsplanung (nach §3 KitaG) und der örtlichen Teilhabeplanung gelingt.

Dies würde in der Konsequenz bedeuten, dass für die gemeinsame Bildung und Erziehung an allgemeinen Schulen die Verantwortung primär bei den Regierungspräsidien bzw. den Staatlichen Schulämtern und damit in der Finanzierungszuständigkeit des Landes anzusiedeln wäre (vgl. u.a. Höfling 2012).

Der Beitrag und die inklusive Ausgestaltung medizinisch-therapeutischer Leistungen wie Ergotherapie etc. – im Sinne des Kompetenztransfers und der Einbindung in die Alltagsgestaltung und allgemeine Förderung - ist dabei auf struktureller Ebene als weiteres System jedoch noch wenig thematisiert.

10.3. Landesweite Implementierung des Index für Inklusion – Aktivitäten und Perspektiven

Das Ministerium für Kultus, Jugend und Sport Baden-Württemberg (Kultusministerium) unterstützte den Transfer der Projektergebnisse auf vielfältige Weise und trug hierdurch dazu bei, dass die Projekterfahrungen landesweit nutzbar gemacht werden konnten.

So wurde der Index für Inklusion vor dem Hintergrund des Projekts IQUAnet zusammen mit der Tagungsdokumentation „Vielfalt entdecken" (Jerg, Schumann, Thalheim (Hrsg.) 2011) vom Kultusministerium flächendeckend an alle allgemeinen Kindertageseinrichtungen in Baden-Württemberg versandt.

Da jedoch deutlich wurde, dass die Wirkung des Index für Inklusion ohne eine entsprechende Einführung begrenzt bleibt, wurden von GEW und IQUAnet zusammen landesweit drei regionale Tagungen zum Index für Inklusion konzipiert und in Karlsruhe, Ludwigsburg und Biberach durchgeführt. Das Kultusministerium übernahm dabei die Schirmherrschaft.

Diese Tagungen stießen auf ein breites Interesse und ermöglichten, neben den fachlich-theoretischen Einführungen in die Arbeit mit dem Index für Inklusion, auch Praxiserfahrungen mit dem Index aus unterschiedlichen Kindertageseinrichtungen in Baden-Württemberg einzubeziehen. Die Diskussionsbeiträge unterstreichen, dass ein großes Interesse bei den Kindertageseinrichtungen und Trägern nach Fortbildungsformaten besteht, die die Einführung und anfängliche Begleitung der Kindertageseinrichtungen in der Anwendung des Index für Inklusion unterstützen. Regional stehen hierfür jedoch MultiplikatorInnen mit entsprechenden Erfahrungen in der inklusionspädagogischen Qualifizierung und in der Index-Arbeit kaum zur Verfügung.

Dies führt zu Überlegungen, die bestehenden Qualifizierungsangebote für ErzieherInnen und in einzelnen Kindertageseinrichtungen perspektivisch um die Zielgruppe von MultiplikatorInnen zu erweitern, welche die Qualifizierung und Index-Arbeit jeweils vor Ort unterstützen können. Eine entsprechende MultiplikatorInnenfortbildung bieten bislang die GEW (für Mitglieder) und bundesweit die Montag Stiftung an.

10.4. Literatur

Arbeitsgruppe der ASMK und JMK „Inklusion von jungen Menschen mit Behinderung" (2013): Inklusion von jungen Menschen mit Behinderung. URL: http://www.asmk.sachsen-anhalt.de/fileadmin/Bibliothek/Politik_und_Verwaltung/MS/ASMK/Abschlussbericht_Endfassung.pdf (Zugriff: 29.07.2013)

Arbeitsgruppe der ASMK und JMK „Inklusion von jungen Menschen mit Behinderung" (2011): Zwischenbericht. URL: https://www.lwl.org/spur-download/bag/71_11an1.pdf (Zugriff: 07.01.2012)

ASMK (2009): Weiterentwicklung der Eingliederungshilfe für Menschen mit Behinderung. Beschlussprotokoll der 86. Arbeits- und Sozialministerkonferenz am 25./ 26. November 2009, TOP 5.2. URL: http://www.asmk.sachsen-anh alt.de/fileadmin/Bibliothek/Politik_und_ Verwaltung/MS/ASMK/Ergebnisse_der_86_Konferenz_am_25_ und_26_November_2009_in_ Berchtesgaden.pdf (Zugriff: 29.09.2010)

Bhp Verlag (Hrsg.) (2011): !Gemeinsame Wege - Inklusion als Anspruch und Auftrag der Heilpädagogik, Berlin

Bielefeldt, Heiner (2009): „Zum Innovationspotential der UN-Behindertenrechtskonvention", Bonn Berlin.

BMFSFJ (2009): 13. Kinder- und Jugendbericht, Berlin

BMFSFJ (2012): Dritter Zwischenbericht zur Evaluation des Kinderförderungsgesetzes, Berlin

Booth, Tony (2010): „Wie sollen wir zusammen leben? – Inklusion als wertebezogener Rahmen für pädagogische Praxisentwicklung", Berlin .

Booth, Tony/Ainscow, Mel (2003): Index für Inklusion – Lernen und Teilhabe in der Schule entwickeln. Herausgeber der deutschen Fassung: Boban, Ines/Hinz Andreas, Halle-Wittenberg

Booth, Tony/Ainscow, Mel/Kingston, Denise (2006): Index für Inklusion - Tageseinrichtungen für Kinder. Herausgeber der deutschen Fassung: Gewerkschaft Erziehung und Wissenschaft (GEW). Frankfurt/M.

Bundesministerium für Arbeit und Soziales (2011a): „Übereinkommen der Vereinten Nationen über die Rechte von Menschen mit Behinderungen. Erster Staatenbericht der Bundesrepublik Deutschland", Bonn/ Braunschweig.

Bundesministerium für Arbeit und Soziales (Hrsg.) (2011b): Unser Weg in eine inklusive Gesellschaft. Der nationale Aktionsplan der Bundesregierung zur Umsetzung der UN-Behindertenrechtskonvention, Berlin

Budde, Wolfgang/Früchtel, Frank/Hinte, Wolfgang (Hrsg.) (2006): Sozialraumorientierung: Wege zu einer veränderten Praxis. Wiesbaden

Cloerkes, Günther (2007): Soziologie der Behinderten, Heidelberg, 3. Auflage

Deinet, Ulrich (Hrsg.) (2009): Methodenbuch Sozialraum, Wiesbaden

Der Paritätische (2011): Inklusiver Sozialraum - Anforderungen an die Reform der Eingliederungshilfe. Positionsbestimmung, Berlin. URL: http://www.lag-sb-rlp.de/dokumente/upload/70749_parit%C3%A4tischer_inklusiver_sozialraum_2011.pdf (Zugriff: 26.07.2012)

Deutsches Institut für Menschenrechte (2011): „Stellungnahme zum Nationalen Aktionsplan der Bundesregierung anlässlich der Anhörung im Deutschen Bundestag am 17. Oktober 2011", Berlin

Deutsches Institut für Menschenrechte (2011): „Stellungnahme der Monitoring-Stelle (31. März 2011) Eckpunkte zur Verwirklichung eines inklusiven Bildungssystems (Primarstufe und Sekundarstufen I und II) – Empfehlungen an die Länder, die Kultusministerkonferenz (KMK) und den Bund", Berlin

Deutsche UNESCO-Kommission e.V. (DUK) (2010): Inklusion: Leitlinien für die Bildungspolitik, Bonn

Deutsche UNESCO-Kommission e.V. (DUK) (2011): Inklusive Bildung in Deutschland stärken, Resolution der 71. Hauptversammlung der Deutschen UNESCO-Kommission, Berlin, 24. Juni 2011

Deutscher Verein für öffentliche und private Fürsorge e.V. (DV) (2011b): Eckpunkte des Deutschen Vereins für einen inklusiven Sozialraum, Berlin

Deutscher Verein für öffentliche und private Fürsorge e.V. (DV) (2011a): Erstes Diskussionspapier des Deutschen Vereins zu inklusiver Bildung, Berlin

Deutscher Verein für öffentliche und private Fürsorge e.V. (DV) (2012): Empfehlungen zur örtlichen Teilhabeplanung für ein inklusives Gemeinwesen, Berlin URL: ttp://www.deutscher-verein.de/03-events/2012/materialien/dokumentation-f-117-12/material/DV-25-11_Empf_oTP_120314.pdf (Zugriff: 26.09.2013)

Feuser, Georg (2010): Integration und Inklusion als Möglichkeitsräume. In: Stein, Anne-Dore/ Krach, Stefanie/ Niediek, Imke (Hrsg.) (2010): Integration und Inklusion auf dem Weg ins Gemeinwesen: Möglichkeitsräume und Perspektiven, Bad Heilbrunn

Feuser, Georg (2011): Teilhabeforschung aus Sicht von Forschung und Lehre.URL: http://www.georg-feuser.com/conpresso/_data/Feuser_-_Teilhabeforschung_aus_Sicht_von_Forschung_und_L.ehre.pdf. (Zugriff: 24.06.2012)

Forum Menschenrechte (Hrsg.) (2011): Menschenrechte und frühkindliche Bildung in Deutschland. Empfehlungen und Perspektiven. Berlin

Frehe, Horst (2012): Von der Fürsorge zur Persönlichen Assistenz - Von der Objekt- zur Subjektförderung: Anforderungen an ein Bedarfsbemessungssystem, unveröffentlichtes Manuskript

Früchtel, Frank//Budde, Wolfgang/ Cyprian, Gudrun (2013): Sozialer Raum und soziale Arbeit. Fieldbook, Wiesbaden 3. Auflage

Früchtel, Frank/Cyprian, Gudrun/Budde, Wolfgang (2013): Sozialer Raum und soziale Arbeit. Textbook, Wiesbaden 3. Auflage

Gebhardt, Irene (2011): Inklusion im Ort leben: Das Wiener Neudorf Inklusionsprojekt. In: Jerg/ Schumann/ Thalheim (Hrsg.) (2011): Vielfalt entdecken: Erfahrungen mit dem Index für Inklusion in Kindertagesstätten und Gemeinde. Reutlingen

Gemeinsam leben – Zeitschrift für Inklusion, 19. Jg. Heft 4, 10/2011.

Gewerkschaft für Erziehung und Wissenschaft (Hrsg.): Index für Inklusion (Tageseinrichtungen für Kinder), Frankfurt am Main 2006.

Haefke, Sybille/ Mattke, Ulrike (2012): Die Einführung des Index für Inklusion in einer Kindertageseinrichtung in Schleswig-Holstein. In: Bhp Verlag (2012): !Gemeinsame Wege - Inklusion als Anspruch und Auftrag der Heilpädagogik, Berlin, S. 147 - 160

Heimlich, Ulrich (2013): Kinder mit Behinderung – Anforderungen an eine inklusive Frühpädagogik. Eine Expertise der Weiterbildungsinitiative Frühpädagogischer Fachkräfte (WIFF). München

Hinte, Wolfgang/ Treeß, Helga (2011): Sozialraumorientierung in der Jugendhilfe: Theoretische Grundlagen, Handlungsprinzipien und Praxisbeispiele einer kooperativ-integrativen Pädagogik, Weinheim und München; 2. Auflage

Hinz, Andreas (2009): Aktuelle Erträge der Debatte um Inklusion – worin besteht der ‚Mehrwert' gegenüber Integration? Vortrag auf dem Kongress „Enabling Community" der Evangelischen Stiftung Alsterdorf und der Katholischen Fachhochschule für Soziale Arbeit Berlin am 18. – 20. Mai 2009. URL: http://www.nrw-eineschule.de/sites/default/files/Hinz%20Aktuelle%20Ertraege%20der%20Debatte%20um%20Inklusion.pdf

Hinz, A./ Körner, I./ Niehoff, U. (Hrsg.) (2012): Von der Integration zur Inklusion: Grundlagen-Perspektiven-Praxis, Marburg. 3. Auflage

Höfer, Renate/Behringer, Luise (2009): Interdisziplinäre Frühförderung: Angebot und Leistungen. Expertise zum 13. Kinder- und Jugendbericht der Bundesregierung. Herausgeber: Sachverständigenkommission des 13 Kinder- und Jugendberichts

Höfling, Wolfram (2012): Rechtsfragen zur Umsetzung der Inklusion im Schulbereich. Gutachten von Prof. Dr. Wolfram Höfling im Auftrag des Städtetages Nordrhein-Westfalen

Holz, Gerda (2010): Kommunale Strategien gegen Kinder- und Bildungsarmut – der Ansatz kindbezogener Armutsprävention. In: Zeitschrift für Inklusion, Nr. 4/2010

Jerg/ Schumann/ Thalheim (Hrsg.) (2003): Von Anfang an! – Qualifizierung zur InklusionsassistentIn in Kindertageseinrichtungen, Reutlingen

Jerg/ Schumann/ Thalheim (Hrsg.) (2006): Vielfalt und Unterschiedlichkeit im Bildungsdiskurs, Reutlingen

Jerg/ Schumann/ Thalheim (Hrsg.) (2011): Vielfalt entdecken: Erfahrungen mit dem Index für Inklusion in Kindertagesstätten und Gemeinde. Reutlingen

Jerg, Jo/ Thalheim, Stephan (2012): Inklusive Entwicklungen in Kindertageseinrichtungen gestalten. Projekt IQUAnet. In: Tacheles Magazin, Nr. 49 (09/2012), S. 11-19

Klemm, Klaus (2010): Gemeinsam lernen. Inklusion leben. Gütersloh. Im Auftrag der Bertelsmann Stiftung (Hrsg.)

Klinger, S./Knapp, G. / Sauer, B. (Hg.) (2007): „Achsen der Ungleichheit . Zum Verhältnis von Klasse, Geschlecht und Ethnizität", Frankfurt/New York.

Kreuzer, Max/ Ytterhus, Borgunn (Hrsg.) (2011): „Dabei sein ist nicht alles" – Inklusion und Zusammenleben im Kindergarten, München, 2. Auflage

Kron, Maria/ Papke, Birgit (2006):Frühe Erziehung Bildung und Betreuung von Kindern mit Behinderung: Eine Untersuchung integrativer und heilpädagogischer Betreuungsformen in Kindergärten und Kindertagestätten, Bad Heilbrunn

KVJS (2011): Arbeitspapier des KVJS-Landesjugendamt zur Förderung von Kindern mit Behinderung, erstellt in Zusammenarbeit mit IQUA, zur Kenntnis genommen in der AG „Frühkindliche Bildung" des Kultusministeriums, Stuttgart

Liga der freien Wohlfahrtspflege in Baden-Württemberg e.V. (2006): Gemeinsame Eckpunkte der kommunalen Verbände und der Verbände der Leistungserbringer in Baden-Württemberg zur Weiterentwicklung der Eingliederungshilfe für Menschen mit Behinderungen. Stuttgart

Löw, Martina (2001): Raumsoziologie, Frankfurt a.M.

Ministerium für Arbeit und Sozialordnung, Familie, Frauen und Senioren Baden-Württemberg (2011): Familien in Baden-Württemberg. Frühkindliche Bildung, Betreuung und Erziehung

Ministerium für Kultus, Jugend und Sport Baden-Württemberg (2011): „Orientierungsplan für Bildung und Erziehung in baden-württembergischen Kindergärten und weiteren Kindertageseinrichtungen", Stuttgart.

Montag Stiftung Jugend und Gesellschaft (2011): Inklusion vor Ort: Der kommunale Index für Inklusion – ein Praxishandbuch, Berlin

Ondracek, Petr (2011): Index für Inklusion. In: Ondracek, Petr/ Störmer, Norbert (2011): Diagnostik und Planung. European Inclusion Studies/ Studium Europäischer Inklusion, Band 5, Berlin; 2. Auflage

Ondracek, Petr/ Störmer, Norbert (2011): Diagnostik und Planung. European Inclusion Studies/ Studium Europäischer Inklusion, Band 5, Berlin; 2. Auflage

Otto, Hiltrud/Schröder, Lisa/Gernhardt, Ariane (2013): Kulturelle Heterogenität in Kitas. Weiterbildungsformate für Fachkräfte. Eine Expertise der Weiterbildungsinitiative Frühpädagogischer Fachkräfte (WIFF). München

Platte, Andrea (2010): Inklusion als Orientierungsrahmen für Qualitätsentwicklung in der Frühpädagogik. In: Zeitschrift für Inklusion Nr. 3/ 2010. URL: http://www.inklusion-online.net/index.php/inklusion/article/viewArticle/64/67 (Zugriff: 13.03.2012)

Prengel, Annedore (2009): Hoffnungen und Herausforderungen der „Pädagogik der Vielfalt". In: Sielert, Uwe u.a. (2009): Kompetenztraining „Pädagogik der Vielfalt", Weinheim und München

Prengel, Annedore (2010): Inklusion in der Frühpädagogik. Bildungstheoretische, empirische und pädagogische Grundlagen. Expertise für das Projekt Weiterbildungsinitiative Frühpädagogische Fachkräfte (WIFF)

Reutlinger, Christian (2009): Bildungslandschaften: eine Raumtheoretische Betrachtung. In: Böhme, Jeanette (Hrsg.) Schularchitektur im interdisziplinären Diskurs, Wiesbaden, S. 119 -139

Rohrmann, Albrecht/ Schädler, Johannes / Wissel, Timo/ Gaida, Mareike (2010): Materialien zur örtlichen Teilhabeplanung für Menschen mit Behinderungen, Siegen. In: ZPE Schriftenreihe Nr. 26. URL: http://www.uni-siegen.de/zpe/forschungs-netzwerke/teilhabeplanung/pdf/zpe_ schriftenreihe_nr_26_komplett.pdf (Zugriff: 29.07.2012)

Sann, Alexandra (2011): Frühe Hilfen über Systemgrenzen hinweg. Ein gemeinsames Anliegen von Frühförderung und Kinder- und Jugendhilfe. In: Gemeinsam Leben – Zeitschrift für Inklusion, Jahrg. 19, 2011, Heft 1, S. 4-11

Sarimski, Klaus (2012): Behinderte Kinder in Kindertagesstätten, Stuttgart

Schädler, Johannes (2010): Grundlagen und Strategien einer Örtlichen Teilhabeplanung für Menschen mit Behinderungen. In: Rohrmann, A./ Schädler, J./ Wissel, T./ Gaida, M. (2010): Materialien zur örtlichen Teilhabeplanung für Menschen mit Behinderungen. ZPE-Schriftenreihe Nr. 26, Siegen

Schädler, Johannes (2011): Full citizenship – Anmerkungen zur Entwicklung der Bürgerrechte von Menschen mit Lernschwierigkeiten. In: Kulig, Wolfgang u.a. : Empowerment behinderter Menschen. Theorien, Konzepte, Best-practice. Stuttgart, S. 15 – 30.

Schumann, Brigitte (2010): „Wie die KMK das Förderschulsystem retten will – Das Elternwahlrecht als Notnagel für den Erhalt des Förderschulsystems", in: blz, Mitgliederzeitschrift der GEW Berlin 01/2010

Seitz, Simone/Finnern, Nina-Kathrin/Korff, Natascha/Thim, Anja (2012): Kinder mit besonderen Bedürfnissen – Tagesbetreuung in den ersten drei Lebensjahren. Eine Expertise der Weiterbildungsinitiative Frühpädagogischer Fachkräfte (WIFF). München

Sennett, Richard (2012): ZUSAMMENARBEIT, Was unsere Gesellschaft zusammenhält, München

Sielert, Uwe u.a. (2009): Kompetenztraining „Pädagogik der Vielfalt": Grundlagen und Praxismaterialien zu Differenzverhältnissen, Selbstreflexion und Anerkennung, Weinheim und München

Sohns, Armin (2010): Frühförderung: Ein Hilfesystem im Wandel, Stuttgart

Stadt Reutlingen (2009): Projektbericht Kindertagesbetreuung im Wandel – auch in Reutlingen. Evaluation und Weiterentwicklung der Strukturen der institutionellen Kindertagesbetreuung in Reutlingen

Stein, Anne-Dore/Krach, Stefanie/Niediek, Imke (Hrsg.) (2010): Integration und Inklusion auf dem Weg ins Gemeinwesen: Möglichkeitsräume und Perspektiven, Bad Heilbrunn

Stein, Anne-Dore (2012): Die Bedeutung des Gemeinwesens für die Inklusionsdiskussion. In: Bhp Verlag (2012): !Gemeinsame Wege - Inklusion als Anspruch und Auftrag der Heilpädagogik, Berlin, S. 53 - 62

Störmer, Norbert (2012): Alle Kinder leben, spielen und lernen in einer Kindertagesstätte in Gruppensituationen – Was kann die Heilpädagogik fachlich hierzu beitragen? In: Bhp Verlag (2012): !Gemeinsame Wege - Inklusion als Anspruch und Auftrag der Heilpädagogik, Berlin, S. 131 - 136

Sulzer, Annika/Wagner, Petra (2011): Inklusion in Kindertageseinrichtungen – Qualifikationsanforderungen an die Fachkräfte. Eine Expertise der Weiterbildungsinitiative Frühpädagogischer Fachkräfte (WIFF). München

Thalheim, Stephan (2004): Ein Kindergarten für alle Kinder, Reutlingen

Thalheim, Stephan/Jerg, Jo (2006): Inklusive Bausteine in Bildungsplänen und ihre Bedeutung für die Aus- und Weiterbildung. In: Jerg, J./Schumann, W./ Thalheim, S. (2006): Vielfalt und Unterschiedlichkeit im Bildungsdiskurs, Reutlingen, S.69-76.

Thalheim, Stephan/Jerg, Jo/Schumann, Werner (Hrsg.) (2008): Inklusion im Kindergarten – Qualität durch Qualifikation, Reutlingen

Tietze, Wolfgang u.a (2012): NUBBEK Nationale Untersuchung zur Bildung, Betreuung und Erziehung in der frühen Kindheit. Fragestellungen und Ergebnisse im Überblick, Berlin

Wacker, Elisabeth/Wetzler, Rainer/Frings, Stefanie (2009): Delphi-Studie zu Gesundheitsförderung und Gesundheitschancen von Kindern und Jugendlichen mit Behinderungen. Expertise zum 13. Kinder- und Jugendbericht der Bundesregierung. Herausgeber: Sachverständigenkommission des 13 Kinder- und Jugendberichts URL: http://www.dji.de/fileadmin/user_upload/bibs/13_KJB_Delphi-Studie_Wacker_etal.pdf (Zugriff: 20.11.2010)

Weiß, Hans (2010): Kinder in Armut als Herausforderung für eine inklusive Perspektive. In: Zeitschrift für Inklusion- online.net 4/2010. URL: http://www.inklusion-online.net/index.php/inklusion-online/article/view/114/114 (Zugriff: 08.02.2011)

Werner, Walter (2012): Positionspapier „Inklusive Sozialplanung". Verein für Sozialplanung e.V. Speyer. URL: https://www.deutscher-verein.de/03-events/2012/materialien/dokumentation-f-117-12/material/VSOP_InklusiveSozialplanung_120227.pdf (Zugriff 02.08.2012)

Wernstedt, R. /John-Ohnesorg, M. (2010): Inklusive Bildung. Die UN-Konvention und ihre Folgen, Berlin.

Wevelsiep, Christian (2009): Systemtheoretische Perspektiven in der Behindertenpädagogik. Aus: Enzyklopädie Erziehungswissenschaft Online

Winker, G./Degele, N. (2010): Intersektionalität – Zur Analyse sozialer Ungleichheit", Bielefeld

Wocken, Hans (2011): „Vom Wohl und Wehe des Elternwahlrechts". In: Gemeinsam Leben 19. Jg. 2011, Heft 4, S.196 - 204

Teil C

Zusammenfassende Thesen und Empfehlungen aus dem Projekt IQUAnet (2009 -2012)

(Wini Dürr, Jo Jerg, Sabine Kaiser, Helga Platen, Werner Schumann, Stephan Thalheim)

Die folgenden Empfehlungen sind entstanden aus einer gemeinsamen Reflexion des Projektverlaufs und einer Zusammenschau unterschiedlicher Perspektiven der ProjektmitarbeiterInnen. Sie beziehen somit die Ergebnisse der wissenschaftlichen Begleitung ebenso mit ein wie die Praxiserfahrungen und Prozesse aus Sicht der Projektkoordinatorin sowie die Perspektiven der organisierten Elternselbsthilfe und der Hochschule in der Projektleitung und als gemeinsamer Projektträger.

Die Empfehlungen gliedern sich nach den Projektebenen Kindertageseinrichtungen, Sozialraum, Kommune und Landesebene.

I Empfehlungen auf der Ebene der Kindertageseinrichtungen

In der Umsetzung von Inklusion in Kindertageseinrichtungen ist die Frühpädagogik herausgefordert, Vielfalt und Gemeinsamkeit der Kinder und Familien zu gestalten und Benachteiligungen und Barrieren der Partizipation abzubauen.

Der Anspruch der Inklusion geht dabei über die gemeinsame Erziehung von Kindern mit und ohne Behinderung hinaus und bezieht unterschiedliche Lebenslagen und familiäre Belastungen (z.B. aufgrund von Armut/sozio-ökonomischer Benachteiligung, Migrationshintergrund/Kultur, Geschlecht, Religion etc.) mit ein.

Hierbei dürfen und können die pädagogischen Fachkräfte jedoch nicht alleine gelassen werden und die alleinige Umsetzungsverantwortung tragen. Ein gelingendes Miteinander in Verschiedenheit bedarf auf der Ebene der Kindertageseinrichtungen neben einer lebensweltorientierten und differenzsensiblen Pädagogik (und entsprechender Qualifizierung) auch der Orientierungssicherheit durch den Träger und kommunaler Zielsetzungen, vor allem aber auch der Zusammenarbeit und des Kompetenztransfers externer Fachdienste.

Wo es gelingt, eine inklusionsorientierte Kultur, Struktur und Praxis in Kindertageseinrichtungen zu implementieren, wird Inklusion von den Teams der projektbeteiligten Kindertageseinrichtungen nicht vorrangig als zusätzliche Belastung, sondern als Gewinn in der Qualitäts- und Teamentwicklung gewertet, die sich gut mit anderen pädagogischen Ansätzen vereinbaren lässt und einen Bezugsrahmen bietet.

Im Projekt spielte dabei der Index für Inklusion (in seiner Version für Tageseinrichtungen für Kinder) eine zentrale Rolle.

Wini Dürr, Jo Jerg, Sabine Kaiser, Helga Platen, Werner Schumann, Stephan Thalheim

1 **Der Index für Inklusion kann ein geeignetes Instrument sein, um die inklusive Kultur, Struktur und Praxis der Kindertageseinrichtungen weiter zu entwickeln. Die Arbeit mit dem Index für Inklusion bedarf dabei in der Einführung und der Implementierungsphase einer externen Begleitung.**

Der Index für Inklusion in Kindertageseinrichtungen stellt ein geeignetes Instrument dar, um inklusive Qualität zu reflektieren, den Umgang mit unterschiedlichen Vielfaltsdimensionen zu bewältigen und zu qualifizieren sowie Teamprozesse zu unterstützen. Die Arbeit mit dem Index für Inklusion scheint angesichts der zahlreichen Reflexionsfragen zunächst aufwändig und herausfordernd. Sie bedarf daher einer bewussten Auseinandersetzung und Entscheidung (des Teams und/oder Trägers), der Einführung und ggf. externer Begleitung. Der Index für Inklusion lässt dabei unterschiedliche Zugangswege und Umsetzungsweisen zu. Er setzt an der bestehenden Vielfalt und virulenten Fragen an und kann hierüber dazu beitragen, Vielfalt zu erweitern. Nach unseren Erfahrungen sollte(n):

- in jedem Fall das Gesamtteam in die Arbeit mit dem Index für Inklusion einbezogen werden;
- in die Arbeit mit dem Index für Inklusion durch eine externe Begleitung eingeführt (ca. 8 Std.) und der Prozess im Rahmen regelmäßiger Beratungstermine ca. alle 6- 8 Wochen über ca. 1 Jahr implementiert werden, um nachhaltige Wirkung zu entfalten;
- als Voraussetzung ein Wille des Teams zu einer inklusiven Weiterentwicklung der Kindertageseinrichtung gegeben sein[36];
- im Rahmen der Qualitätssicherung, nach dem SGB VIII und KitaG, von Trägerseite auf eine Implementierung des Index für Inklusion und auf eine begleitete Einführung hingewirkt werden;
- hierzu durch entsprechende Rahmenempfehlungen und Standards auf Landesebene die Einrichtungen und deren Träger in der Implementierung des Index für Inklusion unterstützt werden.

2 **Die Qualität der Teilhabe und Partizipation der Kinder setzt eine vertrauensvolle Zusammenarbeit mit deren Eltern (und ein Sich-willkommen-Fühlen der Eltern) voraus. (Familien- und Lebensweltorientierung als fachlicher Schwerpunkt)**

Die Aufmerksamkeit auf eine vertrauensvolle Zusammenarbeit mit Eltern zu legen, ist Voraussetzung, um deren Lebenswelt und somit die der Kinder zu verstehen und stabile Verbindungen von Anfang an herzustellen.

---

36 Als empirisches Ergebnis ist diese Voraussetzung fachlich durchaus ambivalent einzuschätzen, da damit Inklusion als Bürgerrecht und als Verwirklichung eines (Menschen-)Rechtsanspruchs auf die Ebene der subjektiven Bereitschaft verschoben wird. Wo jedoch Wünsche (für deren Verwirklichung die Verantwortung auf andere delegiert wird) (vgl. Hinte 2009) im Vordergrund stehen, lassen sich inklusive Prozesse mit Hilfe des Index nur unter großem Aufwand implementieren. „Wer Inklusion will, findet Wege, wer nicht will, findet Gründe" (Hubert Hüppe; ehemaliger Bundesbehindertenbeauftragter)

Der Erziehungspartnerschaft zwischen Kindertageseinrichtung und Eltern/Erziehungsberechtigten kommt unter einer Inklusionsperspektive besondere Bedeutung zu. Ihr ist daher pädagogisch besondere Beachtung zu schenken. Wo es gelingt, die Lebenslagen und Lebenswelten im Stadtteil mit in den Alltag der Kindertageseinrichtung einzubinden, wachsen die beiden Welten zusammen. Dies kann zu einer größeren (Arbeits-)Zufriedenheit der pädagogischen Fachkräfte beitragen. Für Eltern wird die Kindertageseinrichtung zur zentralen Anlaufstelle, zum ersten Ort für inklusive Anfragen.

> **3** **Kooperation mit externen Fachkräften: Die Kindertagesbetreuung und die verschiedenen Hilfesysteme bzw. unterschiedlichen Formen der Unterstützung(sleistungen) sind unter einer Inklusionsorientierung zusammen zu führen, um durch Kompetenztransfer und Synergieeffekte vorhandene Hilfen abgestimmt und effizient erbringen zu können. (Kindertageseinrichtungen als Begegnungsstätten der Disziplinen und Professionen)**

Die Kooperation der Kindertageseinrichtungen mit unterschiedlichen Fachkräften, Professionen und Disziplinen ist unter einer Inklusionsperspektive auszubauen.

Jedes Kind benötigt unterschiedliche Unterstützung. Jede Einrichtung verfügt über unterschiedliche Kompetenzen und Erfahrungen. In diesem Sinne bedarf es des Kompetenztransfers unterschiedlicher Professionen und Disziplinen in die Kindertageseinrichtungen. Zusätzliche Hilfen sind, um effizient und effektiv erbracht zu werden, so auszugestalten, dass sie an der alltäglichen Lebenswelt und Alltagsgestaltung der Kinder und Familien ansetzen und die beteiligten Bezugspersonen des Kindes und der Familie, einschließlich Kindertagesbetreuung, unter Achtung ihrer jeweiligen Rolle und Aufgabe in die Lage versetzen, die erforderliche Förderung der Kinder im Alltag zu unterstützen[37] und diese inklusiv zu gestalten. D.h. zusätzliche Hilfen sind abgestimmt zu erbringen und bestehende Beziehungen und Alltagserfahrungen der Kinder einzubeziehen. Dies erfordert insbesondere eine vertrauensvolle Zusammenarbeit von Kindertageseinrichtungen, Eltern und externen Fachdiensten.

Dies betrifft auch die Zusammenarbeit mit Einrichtungen der Frühförderung/Frühberatung, mit öffentlichen und freien Trägern der Jugendhilfe und Leistungserbringern aus dem medizinisch-therapeutischen Bereich, aber auch mit weiteren örtlich relevanten Fachdiensten und Beratungsstellen (Erziehungsberatungsstellen, Psychologische Beratungsstellen, Kinderschutzbund u.ä.).

Je nach Einzelsituation und Einrichtung werden unterschiedliche Kompetenzen benötigt.

Diese Zusammenarbeit mit und zwischen externen Fachkräften ist auch strukturell in der Konzeption der jeweiligen Kindertageseinrichtung zu verankern.

---

37 D.h. ohne in die Rolle von Ko-TherapeutInnen gedrängt zu werden

Bei Stellenbesetzung sollte der Fachkräftekatalog des KitaG (§7) stärker ausgeschöpft werden, um eine interne Multidisziplinarität zu gewährleisten. Dies ist insbesondere vor dem Hintergrund des derzeitigen Fachkräftemangels als Chance zu begreifen.

II Empfehlungen zur inklusiven Sozialraumorientierung:

4

> Inklusive Sozialraumentwicklungen bedürfen eines/einer (unabhängigen) Schnittstellenbeauftragten/Inklusionsbeauftragten auf kommunaler Ebene, der/ die unterschiedliche Gruppen (Familien, Kinder, Generationen, Milieus, Angebote) in Beziehung setzen kann.
> Inklusive Sozialraumgestaltung bedarf zudem konkreter Situationen, Anlässe und Zielsetzungen.
> Dabei sollten, ausgehend von den örtlichen Bedingungen, vorhandene Strukturen (z.B. Stadtteil-Arbeitskreise, Stadtteilvereine, Schlüsselpersonen, Angebote) genutzt werden statt Parallelstrukturen aufzubauen.

Sowohl das gemeinsame Eckpunktepapier „Gemeinsamen Eckpunkte der kommunalen Verbände und der Verbände der Leitungserbringer in Baden-Württemberg zur Weiterentwicklung der Eingliederungshilfe für Menschen mit Behinderungen" (2006), als auch zahlreiche zeitlich parallel zum Projektverlauf erschienene Empfehlungen, wie beispielsweise die „Eckpunkte des Deutschen Vereins für einen inklusiven Sozialraum" (DV 2011), die Empfehlungen „inklusiver Sozialraum: Anforderungen an die Reform der Eingliederungshilfe" des Paritätischen (08.04.2011), das Positionspapier „inklusive Sozialplanung" des Vereins für Sozialplanung e.V. (VSOP 27.02.2012) sowie der Kommunale Index für Inklusion „Inklusion vor Ort" (Montag Stiftung für Jugend und Soziales 2011) stellen die Bedeutung einer inklusiven Weiterentwicklung der Sozialräume heraus.

Staatliche Leistungen können die Voraussetzungen für eine Platzierung in Institutionen bereitstellen. Die „volle und wirksame Teilhabe an der Gesellschaft und Einbeziehung in die Gesellschaft" (UN-BRK, Art 3 u. Art 19) realisiert sich jedoch letztlich in gelebten Bezügen, Beziehungen und örtlichen Strukturen. Sie muss vor Ort von Personen gelebt und kommunal strukturell ausgestaltet werden. Die inklusive Ausgestaltung eines gelingenden Miteinanders erfordert Beziehungsgestaltung, Partizipations- und Bildungsgelegenheiten in der Institution und darüber hinaus im Lebensumfeld mit seinen Bildungsorten und Lernwelten, als gesamtgesellschaftliche Aufgabe.

Die inklusive Sozialraumgestaltung stellt u.E. einen wichtigen und zentralen Aspekt der inklusiven Weiterentwicklung zivilgesellschaftlicher Mitverantwortung und gelingenden Miteinanders in gelebten Beziehungen dar, ist jedoch im Rückblick nicht als Annex an ein komplexes Projekt zu entwickeln, sondern bedarf gezielter Ressourcen, um bestehende Angebote, Schlüsselpersonen und Prozesse in Beziehung zu setzen und unter einem personenzentrierten Blickwinkel zu vernetzen.

Hierbei ist nicht zuletzt die Kommune (Mainstreaming in den verschiedenen Verwaltungs- und Planungsbereichen) im Rahmen der Daseinsvorsorge, sozialer Stadtentwicklung und örtlichen Bedarfsplanung gefordert, um Benachteiligungen und Ausgrenzungen entgegenzuwirken und die Zugangs- und Teilhaberechte gemäß Art. 19 UN-Behindertenrechtskonvention, aber auch für andere Zielgruppen zu realisieren und sozialräumliche Angebote, Strukturen und Schlüsselpersonen zu koordinieren, um Inklusion sozialräumlich zu implementieren.

III Empfehlungen auf der Ebene der Kommune

5 Systemübergreifende Zusammenarbeit von Landkreis, Kommune, Frühförderung, Staatlichem Schulamt, öffentlichen und freien Trägern der Jugendhilfe, Trägern der Kindertageseinrichtungen und Betroffenenvertretungen, z.B. Elternselbsthilfe, sollte auf kommunaler Ebene strukturell verankert werden.

An beiden Projektstandorten wurde die systemübergreifende Zusammenarbeit in den lokalen Beiräten insgesamt als gewinnbringend erlebt und soll in unterschiedlicher Form nach Projektende fortgesetzt werden. Hierüber kann eine Abstimmung unterschiedlicher Teilleistungen, die Klärung von Schnittstellen und gemeinsamer Zielsetzungen in geteilter Verantwortung im Sinne einer kommunalen Strategie zur Umsetzung von Inklusion (soziale Stadt) unter Berücksichtigung der spezifischen örtlichen Strukturen und Voraussetzungen unterstützt werden. Entsprechende systemübergreifende Arbeitsbündnisse bedürfen jedoch eines definierten und legitimierten Auftrags und der abgestimmten Zielsetzung.

6 Bedarfsgerechte Personalausstattung der Kindertageseinrichtungen unter Berücksichtigung der Sozialdaten des Einzugsgebiets, der Bedarfslagen der aufgenommenen Kinder und konzeptioneller Bausteine.

Die Projekterfahrungen zeigen, dass eine ausschließlich an der Betriebsform ausgerichtete Personalausstattung (nach dem Gießkannenprinzip) der Realität der Kindertageseinrichtungen nicht gerecht wird. Angesichts der gravierenden Unterschiede im Einzugsgebiet, der tatsächlichen Bedarfslagen der aufgenommenen Kinder und Familien und der konzeptionellen Unterschiede bzw. des Kooperations- und spezifischen Betreuungsaufwands, bedarf es einer bedarfsgerechten Personalausstattung der Kindertageseinrichtungen.

> **7** Räumliche Bedingungen für gemeinsame Erziehung im Rahmen der Einzelintegration und für offene Formen der Intensivkooperation mit Schulkindergartengruppen (Schulkindergartengruppe und Regeleinrichtung unter einem Dach) sollten bei allen Neu- und Umbauplanungen verbindlich berücksichtigt werden.

Der Mindestpersonalschlüssel für Kindertageseinrichtungen sollte vor diesem Hintergrund im wörtlichen Sinne als Minimalausstattung betrachtet werden und gemessen an den tatsächlichen jeweiligen Anforderungen der Kindertageseinrichtung angemessen angepasst werden.

Hier zeigte sich im Projektverlauf, dass auf Seiten der Staatlichen Schulämter, der Träger von Regeleinrichtungen und der Kommunen an beiden Standorten eine große Bereitschaft und ein Interesse besteht, Schulkindergartengruppen in Form der Intensivkooperation mit Regeleinrichtungen zu verbinden. Dies stellt zwar i.d.R. zunächst keine inklusive Betreuungsform dar, solange die Kinder der Schulkindergartengruppe weiterhin dem sonderpädagogischen System zugeordnet werden. Auch sind damit zahlreiche Klärungsprozesse hinsichtlich der unterschiedlichen Vergütung, der Ferienzeiten und Öffnungszeiten verbunden.

Aus pragmatischer Sicht ist hier jedoch ein entscheidender Schritt hin zu einer Entgrenzung der Systeme der Sonderpädagogik und der Regeleinrichtungen und zu einem gegenseitigen Kompetenztransfer derzeit möglich. Diese Bereitschaft scheitert, nicht zuletzt vor dem Hintergrund des Ausbaus der Plätze für unter dreijährige Kinder, an beiden Standorten bislang an den räumlichen Voraussetzungen.

Auch im Rahmen der Einzelintegration und für Kinder mit erhöhtem Förderbedarf zeigen sich in drei von vier projektbeteiligten Einrichtungen räumliche Barrieren. Diese bestehen zum einen in architektonischen Barrieren und/oder nicht ausreichenden Bewegungsräumen, vor allem aber in fehlenden Rückzugs- und Ruheräumen für Kleingruppenarbeit oder für Kinder, die zwischenzeitlich der Rückzugsmöglichkeit und Ruhe oder Pflegemaßnahmen bedürfen.

Hier wären daher bei allen Neu- und Umbauplanungen entsprechende Möglichkeiten zu prüfen und herzustellen.

Zusammenfassende Thesen und Empfehlungen

8

> Die Ausdifferenzierung und Flexibilisierung der Eingliederungshilfe als Unterstützungsleistung sollte im Sinne der Inklusion in Höhe und Qualität angemessen gestaltet werden. Pädagogische Hilfen sollten langfristig durch eine bedarfsgerechte und interdisziplinäre Ausrichtung der Kindertageseinrichtungen soweit wie möglich überwunden werden.

Die Projekterfahrungen zeigen, dass unter den derzeitigen Bedingungen Leistungen der Eingliederungshilfe häufig noch eine Voraussetzung für die Aufnahme von Kindern mit Beeinträchtigungen oder für deren Verbleib in der Regeleinrichtung darstellen. Dabei zeigte sich auch, dass sich der Hilfebedarf i.d.R. nicht linear gestaltet, sondern insbesondere in der Anfangszeit der Aufnahme und Eingewöhnung ein erhöhter zusätzlicher Aufwand i.S.d. Hilfe zur Teilhabe besteht. Auch besteht unter einer inklusiven Perspektive insbesondere der Bedarf für zusätzliche Ressourcen der Bezugserzieherin/des Bezugserziehers in der Arbeit mit dem Kind, in der Zusammenarbeit mit den Eltern und für den Aufbau von Kooperationsbeziehungen zu externen Fachkräften (Kompetenztransfer und Zielabstimmung), während die Leistungen der Eingliederungshilfe in der Regel als kindbezogene Leistungen statt als Unterstützung für das System der Kindertageseinrichtung ausgestaltet sind. Dies kann zu interner Separation und interner Verantwortungsdelegation und ggf. zu Mitnahmeeffekten beitragen. Auch sind Leistungen im Sinne des Abbaus von Teilhabebarrieren im Lebensumfeld und der inhaltlichen Abstimmung unterschiedlicher Hilfen i.d.R. nicht vorgesehen. Daneben zeigten sich auch weiterhin die bekannten Schwierigkeiten und Konstruktionsmängel in der Gestaltung der Eingliederungshilfe.

Eingliederungshilfe als personenbezogene und gesondert zu beantragende Hilfe trägt zudem dazu bei, Behinderung eindimensional als Abweichung von einer „Normalentwicklung" zu definieren und verdeckt die enorme intrakategoriale Differenzierung und höchst heterogene Ausgangslage und Vielfalt kindlicher Entwicklungsprozesse, die sich von Geburt an auf körperliche, psychische und kognitive Aspekte beziehen. Dabei bleiben auch qualitative Aspekte selbstverständlicher, voller und wirksamer Teilhabe ebenso unberücksichtigt, wie der Umstand, dass Inklusion mehr umfasst als die gemeinsame Erziehung von Kindern mit und ohne Behinderung. *„Es geht um die Wertschätzung aller Kinder mit ihrer Vielfalt von Merkmalen, die eine Gesellschaft ausmachen wie Schicht/Milieu, Kultur/Ethnie, Sprache, Gender, sexuelle oder politische Orientierung, Religion und andere."* (BFSFJ 2012, 73).

Insgesamt kann die Unterstützung der Teilhabe im Rahmen der Eingliederungshilfe jedoch als Hilfskonstruktion und Teilleistung zur Aufnahme von Kindern mit Behinderung in Kindertageseinrichtungen angesehen werden, die für sich qualitativ noch keine inklusive Wirkung im Sinne der vollen, wirksamen und gleichberechtigten Teilhabe bzw. des gelingenden und selbstverständlichen Miteinanders entfaltet, als „Beistellpädagogik" einem inklusiven Anspruch zuweilen sogar entgegen steht.

Insbesondere im Bereich der pädagogischen Hilfen sollten daher individuell und gesondert zu beantragende Hilfen langfristig durch bedarfsgerechte Personalausstattung, Leitungsfreistellung, Qualifizierung der Fachkräfte, Interdisziplinarität und Kompetenztransfer überwunden werden. Im Bereich der begleitenden Hilfen als Assistenzleistungen im engeren Sinne wäre eine größere Flexibilität in der Höhe der Leistung wie auch im zeitlichen Verlauf (z.B. Jahrespauschale) eine Möglichkeit, in stärkerem Maße auch Kindern mit hohem Assistenzbedarf Teilhabemöglichkeiten in Kindertageseinrichtungen zu ermöglichen.

9 Örtliche Teilhabeplanung und örtliche Bedarfsplanung für den Bereich der Kindertageseinrichtungen sollten aufeinander abgestimmt erfolgen.

Besondere Bedeutung erhält im Kontext des Aufbaus inklusiver Strukturen die kommunale Ebene der Landkreise und Kommunen auch im Hinblick auf Planungsprozesse im Bereich der örtlichen Teilhabeplanung und der örtlichen Bedarfsplanung nach § 3 KitaG.

Hierbei sehen wir die Notwendigkeit, unterschiedliche Akteursgruppen, insbesondere auch organisierte Elternselbsthilfe, als legitime VertreterInnen ihrer Kinder aktiv einzubeziehen, wie es die UN-BRK (Art. 4 Abs. 3 und Art 29 (b)) vorschreibt.

Die Vorgaben des KitaG in § 2 Abs.2, § 2a i.V.m. §3 KitaG verpflichten die Kommunen im Rahmen der örtlichen Bedarfsplanung, gemeinsam mit den Trägern zu gewährleisten, dass ausreichende und geeignete Einrichtungen mit entsprechenden Rahmenbedingungen für eine gemeinsame Förderung aller Kinder einschließlich Kindern mit Behinderung zur Verfügung stehen.

Beide Planungsbereiche örtliche Bedarfsplanung und örtliche Teilhabeplanung sollten aufeinander abgestimmt erfolgen, um eine verkürzende Reduzierung von Inklusion auf Leistungen der Eingliederungshilfe zu überwinden und Synergien vorhandener Ressourcen kommunal effektiv zu nutzen, systemübergreifende Lösungen zu unterstützen und unterschiedliche Bedarfslagen verschiedener Bevölkerungsgruppen im Sinne eines inklusiven Gemeinwesens zu berücksichtigen.

10 Eine einheitliche kommunale Anlauf- und Koordinierungsstelle für Eltern und Einrichtungen ist als Funktionsstelle bei der Kommune anzubinden.

Hierbei geht es in erster Linie darum, im Rahmen der kommunalen Daseinsvorsorge und des verwobenen Unterstützungssystems, mit seinen unterschiedlichen Zugangsvoraussetzungen und Leistungsanteilen, eine koordinierende Anlaufstelle zu schaffen. Im Projektverlauf wurde deutlich, dass es vom Zeitpunkt der Feststellung einer Behinderung und den eher zufällig gewählten Erstanlaufstellen (Regelkindergarten, Eingliederungshilfe, Kinderarzt/-ärztin, interdisziplinäre Frühförderung, sonderpädagogische Frühberatung etc.) abhängt, in welche Richtung Eltern beraten werden und mit welchen Zielsetzungen welche Unterstützungssysteme zum Tragen kommen. Die Verfahrenswege der einzelnen Hilfesysteme sind zwar in der Regel definiert, aber nicht aufeinander bezogen, unterliegen unterschiedlichen Leistungsvoraussetzungen und Zielsetzungen. Sie erfolgen strukturell und fallbezogen i.d.R. nicht koordiniert. Dies führt sowohl für Eltern, wie auch für Kindertageseinrichtungen zu einer Verunsicherung und Unübersichtlichkeit hinsichtlich der Vielzahl von Anlaufstellen und Unterstützungssystemen. Eltern sehen sich hierbei häufig in einer „Bittstellerfunktion". Sowohl im Interesse einer effizienten abgestimmten Leistungserbringung, i.S.v. Synergieeffekten und der Vermeidung von Doppelleistungen/ Leistungsüberschneidungen, als auch in der kommunalen Umsetzung der UN-Behindertenrechtskonvention sowie einer Verknüpfung mit sozialräumlichen Ressourcen könnte eine solche Stelle, im Rahmen der derzeitigen (unzureichenden) gesetzlichen Regelungen, dazu beitragen, Schnittstellen strukturell und im Einzelfall zu klären, kommunale Vernetzung und mobile Leistungserbringung zu unterstützen. Im Sinne der kommunalen Verantwortung im Rahmen der Daseinsvorsorge und für die allgemeine Kindertagesbetreuung wäre eine solche Stelle daher vorrangig bei der Kommune anzusiedeln.

Insgesamt kommt damit der Kommune in der Realisierung inklusiver Möglichkeiten fachlich und planerisch eine zentrale Stellung zu.

IV Empfehlungen auf Landesebene

11

> Eine umfassende Regelung auf Landesebene für Inklusion in Kindertageseinrichtungen sollte im Sinne eines Gesamtkonzepts darauf ausgerichtet sein, dass die pädagogische Verantwortung für alle Kinder in Regeleinrichtungen liegt und zusätzliche Unterstützungsangebote (der Frühförderung, der sonderpädagogischen Frühberatung, der Sprachförderung, der medizinisch-therapeutischen Hilfen usw.) in einen inklusionsorientierten Alltag der Kindertageseinrichtung in Zusammenarbeit mit den Eltern „von Anfang an" eingebunden sind.

Im Bereich der Kindertagesbetreuung bestehen bereits zahlreiche gesetzliche Regelungen und Richtlinien für die Umsetzung gemeinsamer Erziehung. Durch Einzelreformen entstand jedoch ein ausdifferenziertes System unterschiedlicher Zuständigkeiten und Verantwortungsbereiche, die angesichts der Erfahrungen in der praktischen Umsetzung und vor dem Hintergrund der UN-BRK u.E. einer Überprüfung, Anpassung und der Entwicklung eines Gesamtkonzepts in der frühen Kindheit bedürfen. Ziel sollte es sein, das System der Kindertagesbetreuung so auszustatten und zu organisieren, dass Träger und ErzieherInnen in die Lage versetzt werden, für alle Kinder, unabhängig von Art und Schwere der Beeinträchtigung und unabhängig von ihrer sozialen Herkunft, notwendige Bildung, Erziehung und Betreuung zu leisten, die, wie es im Koalitionsvertrag der Landesregierung Baden-Württemberg heißt, „an den Stärken der Kinder ansetzt, deren Vielfalt wertschätzt und soweit wie möglich innerhalb der Gruppe fördert und nicht separiert" (Koalitionsvertrag der Landesregierung 2011, 4).

Dies erfordert, bei der besonderen Berücksichtigung von „Einrichtungen, die vor besonderen sozialen und pädagogischen Herausforderungen stehen" (ebd.), im Sinne einer bedarfsgerechteren Ausstattung auch Einrichtungen mit Integrativen Gruppen nach § 1 Abs.4 KitaG zu berücksichtigen.

Um „Inklusion voranzubringen und gemeinsam mit den Trägern, Verbänden und Betroffenen ihre Umsetzung in die Wege zu leiten" (ebd.), ist durch Anpassung landesrechtlicher Regelungen (z.B. Rahmenvereinbarung Frühförderung) darauf hinzuwirken, dass zusätzlich erbrachte Hilfen und Unterstützungsleistungen der Systeme der interdisziplinären Frühförderung, sonderpädagogischen Frühberatung, Sprachförderung u.a nicht additiv, sondern mobil als Unterstützung der Regeleinrichtungen und Familien inklusionsorientiert, d.h. eingebunden in die Alltagsgestaltung und unter Vermeidung innerer Separierung, in Regeleinrichtungen erbracht werden.

12 Eine gemeinsame Bildung, Erziehung und Betreuung von allen Kindern in Kindertageseinrichtungen von Anfang an erfordert die gemeinsame Verantwortung aller Beteiligten im Rahmen ihrer jeweiligen Zuständigkeit und ihrer jeweiligen Handlungsspielräume: der Politik, der Verwaltungen auf kommunaler und Landesebene, der kommunalen Spitzenverbände und Dachverbände der freien Wohlfahrtspflege sowie der Leistungs- und Einrichtungsträger. Zielsetzung einer solchen Verantwortungsgemeinschaft ist es, die Rahmenbedingungen in Kindertageseinrichtungen so zu gestalten, dass Kinder mit Behinderungen grundsätzlich die Regeleinrichtung besuchen können und nur in besonders begründeten Fällen angemessene Vorkehrungen und spezifische Einzelfallhilfen zusätzlich erbracht werden müssen.

Inklusion erfordert auch auf der politischen Ebene Vertrauen und Verantwortung, Dialog und Kooperation. Nur gemeinsam lassen sich Rahmenbedingungen herstellen, damit jedes Kind und jede Einrichtung eine angemessene Unterstützung erhalten, um volle und gleichberechtigte Teilhabe aller Kinder zu ermöglichen.

Aufgabe der Träger der Kindertageseinrichtungen ist es dabei, auf entsprechende inklusionspädagogische Qualifizierung und interdisziplinäre Zusammensetzung der Teams hinzuwirken und eine entsprechende Orientierungsqualität und Rückhalt für die Fachkräfte der Einrichtungen sicher zu stellen. Hierfür bedarf es auf Landesebene, des Kultusministeriums und der Verbände entsprechender Rahmenvereinbarungen und ggf. Standards der Qualifizierung, die verdeutlichen, dass Inklusion eines der Leitziele des Orientierungsplans darstellt und daher im Rahmen der hierfür zur Verfügung gestellten Mittel zur Qualifizierung entsprechend Berücksichtigung finden muss und hierzu der Fachkräftekatalog des § 7 (2) KitaG (insbesondere Pkt. 7. und 8.) stärker zu berücksichtigen ist.

Aufgabe der Kommunen ist - neben der Berücksichtigung der gemeinsamen Bildung und Erziehung in der örtlichen Bedarfsplanung, Strukturentwicklung (soziale Stadt), der Unterstützung zivilgesellschaftlichen Engagements in Sozialräumen und Leitlinienorientierung - auch die Sicherstellung angemessener struktureller Rahmenbedingungen zur angemessenen Förderung aller Kinder in Form von Anpassung der Gruppengröße, bedarfsgerechter Personalerhöhung sowie die Sicherstellung räumlicher Voraussetzungen für Einzelintegrationsmaßnahmen und Intensivkooperation mit Schulkindergartengruppen.

Hierfür fehlt den Kommunen als zentrale Verantwortungsebene zum einen die Steuerungskompetenz gegenüber sonderpädagogischen und medizinisch-therapeutischen Leistungsbereichen, v.a. aber die Refinanzierungsgrundlage und rechtliche Legitimation gegenüber kommunalen Entscheidungsgremien.

Die Aufgabe der Landkreise liegt - neben der Berücksichtigung der Kindheit und Jugend in der Teilhabeplanung und der Evaluation (gemäß § 80 SGB VIII) der Berücksichtigung der gemeinsamen Erziehung in den örtlichen Bedarfsplanungen (gemäß §§ 2 , 2a i.V.m. § 3 KitaG) - v.a. in der personenzentrierten, bedarfsorientierten und inklusionsorientierten Weiterentwicklung der Eingliederungshilfe (und Jugendhilfe) als Teil-(habe-)leistung, welche auch personenübergreifende Teilhabeaspekte der Stärkung der Regeleinrichtungen und der Sozialraumorientierung beinhaltet.

All diese kommunalen Verantwortungsbereiche geraten dort an Grenzen, wo auf Landes- und Bundesebene keine ausreichend verbindlichen Vorgaben und Refinanzierungs-möglichkeiten (gegenüber dem Land, dem Bund oder eigenen kommunalen Entscheidungsgremien) zur Verfügung stehen. Hier ist, nicht zuletzt vor dem Hintergrund der UN-BRK und der Koalitionsvereinbarung der Regierung des Landes Baden-Württemberg, (ungeachtet der Verantwortung des Bundes) die Landesebene in besonderem Maße gefordert, entsprechende Rechtsicherheit und Verbindlichkeit herzustellen.

Wini Dürr, Jo Jerg, Sabine Kaiser, Helga Platen, Werner Schumann, Stephan Thalheim

13

Die Umsetzung der Inklusion in Kindertageseinrichtungen erfordert eine entsprechende inklusionspädagogische Qualifikation der Fachkräfte durch unterschiedliche Formate in der Aus-, Fort- und Weiterbildung. Hierfür bedarf es definierter curricularer Mindeststandards und Rahmenbedingungen für Qualifizierung sowie regional zur Verfügung stehender MultiplikatorInnen für die Praxisbegleitung.

Art. 4 Abs 1 (i) der UN-BRK fordert *„die Schulung von Fachkräften und anderem mit Menschen mit Behinderungen arbeitendem Personal auf dem Gebiet der in diesem Übereinkommen anerkannten Rechte zu fördern, damit die aufgrund dieser Rechte garantierten Hilfen und Dienste besser geleistet werden können".*

Nach unseren Erfahrungen in der Qualifizierung von Fachkräften der Kindertagesbetreuung sind entsprechende Qualifizierungsmaßnahmen auf ein weiter gefasstes Vielfaltsverständnis, unter Berücksichtigung unterschiedlicher Lebenslagen und unter Einbeziehung des gesamten Teams auszugestalten (vgl. u.a. Thalheim, Jerg, Schumann 2008).

Zwar ist eine Inklusionsorientierung in den derzeitigen Lehrplänen der Fachschulen für Sozialpädagogik in Baden-Württemberg im Handlungsfeld ‚Unterschiedlichkeit und Vielfalt leben' inzwischen verankert. Auch wurde vor dem Hintergrund der Projekterfahrungen der ‚Index für Inklusion' vom Kultusministerium an alle Kindertageseinrichtungen in Baden-Württemberg verschickt und damit erste Qualifizierungsgrundlagen, die über gemeinsame Erziehung von Kindern mit und ohne Behinderung hinausreichende Gestaltung von Vielfalt berücksichtigen, geschaffen. Die Praxiserfahrungen im Projekt IQUAnet und in der Weiterbildung zur ‚Fachkraft für inklusive Pädagogik' zeigen jedoch, dass es sinnvoll erscheint, in der Qualifizierung und in der Umsetzung des Index für Inklusion an der Anschlussfähigkeit zur konkreten Praxiserfahrung, den spezifischen Fragestellungen, der Situation und den pädagogischen Konzepten der jeweiligen Einrichtung anzuknüpfen und Praxis- und Teamentwicklung qualifizierend und moderierend zu begleiten. Hierüber können Fragen der Haltung, der Fach- und Selbstkompetenz, der Teamentwicklung, der Gestaltung von Vielfaltsgemeinschaften und des Abbaus von Barrieren für Partizipation in der Praxis erfolgreich entwickelt werden.

Dies bedeutet in der Konsequenz eine Umorientierung von der Qualifizierung einzelner Fachkräfte hin zur Qualifizierung von Systemen der Kindertagesbetreuung.

Als Format werden Inhouse- und Teamentwicklungsprozesse als zielführend unterstützt.

Die Stadt Reutlingen als Träger startete ihrerseits vor dem Hintergrund des Projekts eine Qualifizierungsoffensive mit dem Ziel, Inklusionspädagogik mit bestehenden Ansätzen der Bildungs- und Lerngeschichten/Vorurteilbewusster Erziehung zu verknüpfen und ein bis zwei Fachkräfte je Einrichtung flächendeckend in ihren Kindertageseinrichtungen zu qualifizieren. Ebenso die Evang. Gesamtkirchengemeinde Reutlingen als ebenfalls projektbeteiligter Träger.

Um entsprechende Qualifizierung in die Fläche zu bringen und zu gewährleisten, dass der an alle Kindertageseinrichtungen versandte ‚Index für Inklusion' in seinen Potentialen erkannt und genutzt wird, bedarf es u.E. einer entsprechenden qualifizierten Prozessbegleitung.

14 Kommunalisierung und Zuordnung der sonderpädagogischen Förderung im frühkindlichen Bereich zum System der Kindertagesbetreuung

Insbesondere die Zuordnung sonderpädagogischer Frühberatung und von Schulkindergärten als schulvorbereitende Einrichtungen zum Schulgesetz, stellt die Eltern und Kommunen in ihrer zentralen Verantwortung vor große Herausforderungen. Diese in historischer Betrachtung durchaus als Fortschritt zu bewertende Fachlichkeit führt in ihrer landesfinanzierten Parallelstruktur und vor dem Hintergrund der, von der Landesregierung favorisierten, Wahlmöglichkeit für Eltern dazu, dass Eltern vor der Entscheidung stehen, sich zwischen funktionaler Normalisierung im Sinne rehabilitativer Förderung und sozialer Normalisierung im Sinne von Integration entscheiden zu müssen, was aufgrund unterschiedlicher Kategorien Eltern vor eine Dilemma-Entscheidung stellt. Hier gilt es, von einer Entweder-oder-Entscheidung zu einer Sowohl-als-auch-Option zu kommen.

Auf Seiten der Kommunen führte die historisch bedingte Zuordnung sonderpädagogischer Förderung in der frühen Kindheit zur Landesebene dazu, dass über Jahrzehnte Kinder mit Behinderung nicht im Blickfeld der Daseinsvorsorge, der Zivilgesellschaft und der kommunalen Planungen waren. Die aktuellen Entwicklungen u.a. des KitaG und der UN-BRK fordern zwar zunehmend eine kommunale Planungs- und Gestaltungsverantwortung für alle Kinder, während die sonderpädagogischen Kompetenzen weitgehend in Schulkindergärten gebunden sind und sich damit als landesfinanzierte Personalmittel der kommunalen Steuerung, Bedarfsplanung und Daseinsvorsorge weitgehend entziehen. Ein langfristiger Erhalt sonderpädagogischer Kompetenz im Kontext der Inklusionsorientierung legt daher nahe, Schulkindergärten und sonderpädagogische Frühberatung, einschließlich der bisherigen hierfür aufgewendeten Landesmittel, im Rahmen der angestrebten Schulgesetzänderung dem System der Kindertagesbetreuung[38] zu übertragen. Dies bedeutet nicht zwangsläufig die sofortige Auflösung aller Schulkindergärten, sondern sichert die an kommunalen spezifischen Bedingungen orientierte örtliche Gesamtplanung und qualitative Steuerung unter Einbeziehung der spezifischen sonderpädagogischen Kompetenzen.

---

38 Entsprechend der kommunalen Herkunft bzw. dem Wohnort der Erziehungsberechtigten

15 Einrichtung einer landesweiten Informations- und Netzwerkplattform zur Inklusion in Kindertageseinrichtungen

Inklusion ist spätestens mit Einführung der UN-BRK, welche volle und wirksame Teilhabe stärker als bisherige Menschrechtskonventionen als Menschenrecht formuliert (vgl. Bielefeld 2009) zum Leitprinzip künftiger Entwicklungen geworden. Ähnlich wie beispielsweise Leitprinzipien wie Demokratie oder Nachhaltigkeit sind Leitorientierungen als Prozess zu begreifen, die nicht dadurch in ihrer Bedeutung verlieren, dass die Bedingungen zu einer vollen Umsetzung (noch) nicht gegeben sind und nie vollständig und widerspruchsfrei zu realisieren sind. Vielmehr sind sie Handlungsmaxime, an der sich künftige Entwicklungen in einem Abstimmungsprozess unterschiedlicher Interessen auszurichten haben.

In diesem Prozess sind Erfahrungs- und Informationsaustausch sowie positive Beispiele in ihrer Bedeutung nicht zu unterschätzen.

Inklusive Entwicklungen im Bereich der Elementarpädagogik benötigen in Baden-Württemberg daher ein Netzwerk und eine Plattform, die es ermöglichen, dass erfahrene Einrichtungen ihr Know-how anbieten und für Interessierte partnerschaftlichen Austausch und kollegiale Beratung bieten können.

Eine solche Plattform beispielsweise in Form einer Netzwerkkarte wäre ggf. in Verantwortung des Kultusministeriums zu realisieren und dort zu verorten.

Dabei sollten klare Kriterien[39] aufgestellt und ggf. evaluiert werden, die sicherstellen, dass Inklusion nicht durch euphemistische Umetikettierungen ihr Entwicklungspotential einbüßt.

16 Die UN-Konvention muss zu notwendigen Anpassungen des Landesrechts führen, damit Inklusion als (Menschen-)Recht verankert und nicht länger als Freiwilligkeitsleistung betrachtet wird.

Das KitaG formuliert in §2 (2) den Anspruch, dass Kinder mit und ohne Behinderungen gemeinsame gefördert werden sollen „...sofern der Hilfebedarf dies zulässt". Die Erfahrung zeigt, dass diese Formulierung als unbestimmter Rechtsbegriff dazu führt, dass zum einen Kinder mit Behinderung, insbesondere solche mit hohem Assistenzbedarf, häufig nicht in den Kindertageseinrichtungen aufgenommen werden. Zum anderen ist die angestrebte Subsidiarität der Schulkindergärten gegenüber Re-

---

[39] Solche Kriterien könnten beispielsweise sein:
- Verankerung von Inklusion und der Aufnahme aller Kinder des Wohnumfelds in der Konzeption
- Entsprechende Qualifikation im Team
- Methodische Instrumente im Umgang mit Vielfalt und Gemeinsamkeit

geleinrichtungen, bzw. die primäre Zuständigkeit der Regeleinrichtungen hierdurch kaum konsequent umzusetzen. Die UN-BRK sieht jedoch das Kindeswohl und die Wahlentscheidung als einzige zulässige Einschränkung für gemeinsame Bildung vor.

Der Zusatz „... sofern der Hilfebedarf dies zulässt" wäre daher einer rechtlichen Überprüfung zu unterziehen und im KitaG zu streichen.

Auch eine Entgrenzung der versäulten Systeme und die besondere kommunale Verantwortung erfordern entsprechende rechtliche Anpassungen. Träger und Kommunen können ihrer Verantwortung nur nachkommen, soweit sie über eine rechtlich verbindliche und/oder von den kommunalen Spitzenverbänden mitgetragene Legitimation gegenüber den kommunalen Entscheidungsgremien verfügen.

Darüber hinaus wäre durch eine Anpassung und Aktualisierung der Rahmenvereinbarung zur Frühförderung und des Schulgesetzes zu gewährleisten, dass auch interdisziplinäre Frühförderung, als Komplexleistung und sonderpädagogische Frühberatung, verstärkt eine sozialräumliche und lebensweltorientierte Perspektive und Handlungsfähigkeit erhält, mobil ausgerichtet wird und als Hilfe für Kind, Eltern und Regelsysteme konzipiert wird.

Die Umsetzung der Ziele der UN-BRK, die im Koalitionsvertrag auch für die Kindertagesbetreuung aufgenommen wurde, erfordert eine finanzielle Unterstützung von Kommunen und Trägern durch Bund und Land; vor allem vor dem Hintergrund, dass die Rahmenbedingungen von Kindertageseinrichtungen, „die Personalausstattung der Kindertageseinrichtungen und die Qualifizierung der pädagogischen Fachkräfte" in den vergangenen Jahren nicht entsprechend den „wachsenden Anforderungen" angepasst wurden (Koalitionsvertrag Baden-Württemberg 2011, 4).

Bei allen notwendigen rechtlichen Anpassungen sind die (organisierten) Eltern der Elternselbsthilfe entsprechend Art 4 Abs. 3 und Art. 29 Abs1 (b) der UN-BRK auf allen Ebenen zu „konsultieren" und „aktiv einzubeziehen".

Entsprechende landes- bzw. bundesgesetzliche Mindestanforderungen im o.g. Sinne scheinen auch vor dem Hintergrund notwendig, damit Träger der Kindertagesbetreuung gegenüber der Kommune bzw. die kommunalen Verwaltungs- und Fachebenen gegenüber ihren kommunalen Entscheidungsträgern notwendige Anpassungen politisch und finanziell legitimieren und fachlich umsetzen können.

Literatur:

BMFSFJ (2012): Dritter Zwischenbericht zur Evaluation des Kinderförderungsgesetzes, Berlin

Bündnis 90/DIE GRÜNEN /SPD: Der Wechsel beginnt. Koalitionsvertrag zwischen Bündnis 90/DIE GRÜNEN und der SPD Baden-Württemberg. Baden-Württemberg 2011-2016, Stuttgart 2011

Bundesministerium für Arbeit und Soziales (2011a): Übereinkommen der Vereinten Nationen über die Rechte von Menschen mit Behinderungen. Erster Staatenbericht der Bundesrepublik Deutschland, Bonn/ Braunschweig.

Deutscher Verein für öffentliche und private Fürsorge e.V. (DV) (2011b): Eckpunkte des Deutschen Vereins für einen inklusiven Sozialraum, Berlin

Der Paritätische (2011): Inklusiver Sozialraum - Anforderungen an die Reform der Eingliederungshilfe. Positionsbestimmung, Berlin. URL: http://www.lag-sb-rlp.de/dokumente/upload/70749_parit%C3%A4tischer_inklusiver_sozialraum_2011.pdf (Zugriff: 26.07.2012)

Hinte, Wolfgang/ Treeß, Helga (2011): Sozialraumorientierung in der Jugendhilfe: Theoretische Grundlagen, Handlungsprinzipien und Praxisbeispiele einer kooperativ-integrativen Pädagogik, Weinheim und München; 2. Auflage

Liga der freien Wohlfahrtspflege in Baden-Württemberg e.V. (2006): Gemeinsame Eckpunkte der kommunalen Verbände und der Verbände der Leistungserbringer in Baden-Württemberg zur Weiterentwicklung der Eingliederungshilfe für Menschen mit Behinderungen. Stuttgart

Montag Stiftung Jugend und Gesellschaft (2011): Inklusion vor Ort: Der kommunale Index für Inklusion – ein Praxishandbuch, Berlin

Thalheim, Stephan/Jerg, Jo/Schumann, Werner (Hrsg.) (2008): Inklusion im Kindergarten – Qualität durch Qualifikation, Reutlingen

Werner, Walter (2012): Positionspapier „Inklusive Sozialplanung". Verein für Sozialplanung e.V. Speyer. URL: https://www.deutscher-verein.de/03-events/2012/materialien/dokumentation-f-117-12/material/VSOP_InklusiveSozialplanung_120227.pdf (Zugriff 02.08.2012)

IQUAnet Projektstruktur

IQUAnet-Team

Evang. Hochschule Ludwigsburg

Prof. Jo Jerg, Projektleitung
Prof. Dr. Werner Schumann, Projektleitung
Sabine Kaiser, Praxiskoordination
Stephan Thalheim, Wiss. Begleitung

Arbeitsgemeinschaft Integration Reutlingen e.V. (AGI)

Wini Dürr, Vorstand der AGI
Helga Platen, Vorstand der AGI
Kerstin Schröter, Mitarbeiterin

Kooperationskindertageseinrichtungen in Ludwigsburg und Reutlingen

Städtische Kindertagesstätte Gustav-Groß-Straße in Reutlingen
Evang. Kindergarten „Sonnenblume" in Reutlingen
Katholischer Kindergarten „Arche Noah" in Ludwigsburg
Evang. Friedrich-Fröbel-Kinderhaus in Ludwigsburg

Mitglieder der Beiräte auf lokaler und Landesebene

Lokaler Beirat Reutlingen

Evang. Gesamtkirchengemeinde
Simone Neu-Wagner (Fachberaterin)

Evang. Kindergarten "Sonnenblume"
Kerstin Schmale (Leitung)

GERK
Claudia Schönjahn (Vorstand)

Interdisziplinäre Frühförderstelle
Susanne Blessing (Leitung)

Landratsamt Reutlingen
Andreas Bauer (Sozialdezernent)
Andrea Vogel (Fachberaterin)

Oberlin Jugendhilfeverbund / FABI
Rainer Piechocki (Leitung)

Pro juventa gGmbH
Hans-Anton Maier (Geschäftsführer)

Staatl. Schulamt Tübingen
Martin Schüler (Schulrat)

Stadt Reutlingen
Joachim Haas (Sozialamt)
Kariane Höhn (Leiterin Tagesbetreuung für Kinder)
Gaby Müller (Fachdienst Inklusion

Städt. Kindertagesstätte Gustav-Groß-Straße
Susanne Braun (Leitung)

Lokaler Beirat Ludwigsburg

Evang. Friedrich-Fröbel-Kinderhaus
Carmen Bräunig (Leitung)

Evang. Kirchenpflege Ludwigsburg
Horst Buchholz (Personalleiter ErzieherInnen)
Stefanie Faigle (Koordinatorin für Kindertagesangelegenheiten)

Gemeinsam e.V.
Michaela Möller (Vorsitzende)

Kath. Verwaltungszentrum Ludwigsburg
Doris July (Stabsstelle Pädagogik)

Kath. Kindergarten „Arche Noah"
Katja Holz (Leiterin)

Landratsamt Ludwigsburg
Rolf Hahnenkratt (Fachbereichsleiter)
Christiane Keuter (Sozialplanerin)

Staatl. Schulamt Ludwigsburg
Anna Ensslin (Schulrätin)
Sabine Käppeler (Frühförderung)
Waltraud Paulik-Hummel (Frühförderung)

Stadt Ludwigsburg
Mandy Schober / Diana Clauß (Abteilungsleitung Kinder und Familie)
Eva-Maria Landeck (Fachberatung)

Landesweiter Beirat des Projektes IQUAnet

AWO-Bezirksverband Württemberg e.V.
Christian Lohr (Referent Kinder- und Jugendhilfe)

Der Paritätische LV Baden-Württemberg
Ute Walker (Leiterin Bereich Sozialpolitik)

Evang. Landesverband Tageseinrichtungen für Kinder in Württemberg
Christa Buttermann (Referentin)

Gemeindetag Baden-Württemberg
Christiane Dürr (Referentin für Soziales, Kultur)

Gemeinsam leben – gemeinsam lernen e.V., BW
Claudia Heizmann (1. Vorsitzende)

Heidehof-Stiftung GmbH
Michael Brenner (Geschäftsführer)

Kommunalverband Jugend und Soziales (KVJS)
Rudolf Vogt (Referatsleiter)

Landesverband kath. Kindertagesstätten
Dr. Ursula Wollasch (Geschäftsführung)

Landkreistag Baden-Württemberg
Christa Heilemann (Ltd. Verwaltungsdirektorin)

Landratsamt Ludwigsburg
Rolf Hahnenkratt (Fachbereichsleiter)

Landratsamt Reutlingen
Andreas Bauer (Sozialdezernent)

Lebenshilfe Baden-Württemberg
Nora Burchartz (Referentin)

Ministerium für Kultus, Jugend und Sport Baden-Württemberg
Christa Engemann (Ministerialrätin)
Christiane Andrä-Schwarz (Schulamtsdirektorin)

Paul-Lechler-Stiftung gGmbH
Dieter Hauswirth (Geschäftsführer)

Sozialministerium Baden-Württemberg
Peter Baumbusch (Ministerialrat)

Städtetag Baden-Württemberg
Agnes Christner (Dezernentin)

Stadt Ludwigsburg
Konrad Seigfried (Erster Bürgermeister)

Stadt Reutlingen
Joachim Haas (Leitung Sozialamt)

Überregionale Arbeitsstelle für Frühförderung
Ingrid Schmid (Leiterin Päd. Bereich)